高校排球教学实践及其
课程创新研究

王 然 著

吉林科学技术出版社

图书在版编目（CIP）数据

高校排球教学实践及其课程创新研究 / 王然著 . --
长春 : 吉林科学技术出版社 , 2021.6
ISBN 978-7-5578-8132-0

Ⅰ . ① 高… Ⅱ . ① 王… Ⅲ . ① 排球运动—教学研究—
高等学校 Ⅳ . ① G842.2

中国版本图书馆 CIP 数据核字 (2021) 第 102807 号

高校排球教学实践及其课程创新研究

著	王　然
出 版 人	宛　霞
责任编辑	冯　越
封面设计	飒　飒
制　版	飒　飒
幅面尺寸	170mm×240mm
字　数	200 千字
页　数	270
印　张	16.875
印　数	1-1500 册
版　次	2021 年 6 月第 1 版
印　次	2022 年 5 月第 2 次印刷

出　版　吉林科学技术出版社
发　行　吉林科学技术出版社
地　址　长春市福祉大路5788号
邮　编　130118
发行部电话 / 传真　0431-81629529　81629530　81629531
　　　　　　　　　　81629532　81629533　81629534
储运部电话　0431-86059116
编辑部电话　0431-81629518
印　刷　保定市铭泰达印刷有限公司

书　号　ISBN 978-7-5578-8132-0
定　价　50.00 元

前　言

体育专业是目前我国高等教育的重要组成部分，深受广大高校学生的喜爱。针对排球这项运动的综合练习，能够显著地增强高校学生的身体弹跳力、柔韧性及一些综合性的身体素质，缓解师生的心理压力，释放不良情绪，为相对单调与枯燥的高校学习和生活增加新的活力。现阶段，高校学生的排球体育教学训练等工作存在一些问题，为此，高校相关体育教师应当积极深入研究，结合高校学生的实际运动特点，制定合理的排球教学策略，保证高校排球体育教学训练工作的技术和质量，推动高校学生排球和综合身体素质的不断提高。

鉴于此，笔者撰写了《高校排球教学实践及其课程创新研究》一书。本书针对当前排球发展及高校排球的教学过程，尝试总结出高校排球课程创新并进行了系统的挖掘，这对于探索和引导当代高校排球教学和提高教育、教学质量提供了依据，具有理论意义和现实意义。

本书共有十章。依据高校排球教学规律，介绍了排球运动的起源、排球运动的传播与发展、排球运动的特点与功能、排球运动的分类；对高校排球教学现状进行了梳理，阐述了高校排球教学困难分析、大学生的生理和心理特征、高校排球教学的改革等知识；从高校排球教学的目标、高校排球教学的内容、高校排球教学的方法、高校排球理论教学与教学组织等多个方面对高校排球教学进行了概述；对高校排球课堂教学的高校体育教学模式的构建、情景教学模式、团队教学模式、兴趣教学模式、分层教学模式、高校排球教学模式优化的建议等方面展开了探究；对高校排球实用技术进行了系统分析，并对高校排球实用战术与教学实践进行了探析；从高校排球课程设置现状及其影响因素、高校排球课程的实践探索、高校排球课程的教学效果、高校排球课程体系的构建等多个角度对高校排球课程设置现状进行了深入探讨；对高校排球课程心理与素质训练进行了创新探究；对高校排球教学中排球游戏的运用也进行了创新探索。

笔者在撰写本书的过程中，借鉴了许多前人的研究成果，在此表示衷心的感谢！

由于高校排球教学实践及其课程创新研究需要探索的层面比较深，笔者在撰写的过程中难免会存在不足，对一些相关问题的研究不够透彻，提出的策略方法也有一定的局限性，恳请前辈、同行以及广大读者斧正。

作　者

2021 年 1 月

目　录

第一章　排球运动简介

第一节　排球运动的起源

现代许多体育运动项目都起源于英国，而篮球和排球则是由美国人创始的。19世纪末的美国资本主义经济迅速发展，大量的劳动力得到解放，人们开始追求能强身健体且富有趣味性和深刻文化内涵的体育运动项目。而当时盛行的橄榄球、篮球等运动比较紧张激烈，相对适合年轻人参加，但多数中老年人只能望而却步。1895年，美国马萨诸塞州（旧称麻省）霍利沃克市的基督教青年会干事威廉·基·摩根在经过一段时间的摸索之后，创造了一种运动量适当，又富有趣味性、男女老少都能参加的室内娱乐性新项目——排球游戏。最初的排球游戏以网球和篮球为基础，游戏时在篮球馆里把网球网架到6.5ft(1.98m)的高度，然后让人们用篮球内胆当作游戏用球，像打网球一样隔着球网来回击打，使其在空中飞来飞去，直至球在一方场地落地为失败一次，这就是排球运动的雏形。当时排球游戏只作为人们的一种消遣活动。

由于篮球内胆太轻，在空中飘忽不定，不易控制其方向、路线和落点，而改用篮球和足球又太重太大，不能用手部击打，并极易挫伤参与者的手指、手腕，因此必须设计出轻而小的球。于是，摩根找到了当时美国规模较大的司堡尔丁体育用品公司，要求他们设计出一种既不伤手指、手腕，又不会一触就跑的用软牛皮包制的球。司堡尔丁体育用品公司按摩根的要求，设计制作了与现在排球相接近的、外表是皮制的、内装橡皮胆、圆周为25～27in（63.5～68.6cm）、质量为9～12oz（255～340g）的历史上的第一批排球。

摩根把这种游戏式的运动取名为"Mitontte"，意思是"小网子"。1896年，在美国马萨诸塞州斯普林菲尔德基督教青年会体育指导大会上进行这种游戏的首次示范表演赛，获得了在场观众的赞赏。当时，观看比赛的春田市的阿尔福德·哈尔斯戴德博士发现这种打法和网球有些相似，于是建议把这一运动命名为"Volley ball"，即"空中连续截球"之意。这个名称更加符合游戏的本意，即让球在空中飞来飞去，而参与者是在来回不断地"Volley"（截击），因而得到了摩根及表演者的一致同意。1951年，"Volleyball"这个复合词第一次正式出现在印刷物上，一直被沿用至今并成为现代排球的国际通用名。同年，春田市的两个排球队进行了第一次公开比赛，并采用了美国人卡麦隆制定的排球比赛规则，两场比赛均是5人对5人。

在排球运动的早期历史上，对于比赛的场地面积、球网高度以及双方参赛人数都没有统一的规则，只要比赛双方人数对等即可。1897年，基督教青年会出版了第一版官方排球规则汇编，在美国《体育》杂志上公开介绍了排球比赛的打法及简单规则，但当时并没有对排球运动规则的统一产生太大影响。直到1912年对早期的比赛规则修订之后，排球运动才开始蓬勃发展起来。1916年，规则除了把室内排球比赛每方上场队员人数限定为6人外，还把排球网高定为8ft(约2.44m)，并且采用轮转发球。这些规则的修改，为1922年在纽约城举办的第一届全美男排冠军赛铺平了道路。1928年美国排球协会成立，不久以后就取代了基督教青年会成为美国排球运动的主要组织者。同年，在女子排球比赛中采用了独立的规则，其中的一些规则如比赛双方每队上场8名队员，以及每次发球轮转采用双发制，一直沿用到20世纪50年代。1949年美国举办了第一届女子排球比赛，从那时起女子排球运动得到了迅速普及。

在教会、社会、学校纷纷热衷于排球运动的同时，美国军队也开始重视排球运动，并将其列入军事体育项目。第一次世界大战以来，排球运动在军队中得到了广泛的开展，在空军中一度达到了狂热的程度。但是，排球运动在美国一直带有强烈的娱乐性，因而长期以来只是当作娱乐项目对待，直到1942年，也就是排球运动诞生的第47个年头，才举行了第一届全美排球锦标赛。1952年，全美陆军举行排球淘汰赛，从此排球运动才超出娱乐范围，朝着运动竞赛的方向发展。

第二节　排球运动的传播与发展

一、排球运动的传播

美国的春田学院是排球的发源地，该校的基督教青年会是最早传播排球运动的组织。当时，基督教青年会的干事、传教士、春田学院毕业的学生以及参加第一次世界大战的美国军队都成为排球运动的初期传播者。

美国通过教会的传播和军队的军事活动，逐渐把排球运动传播到世界各地。由于各地传入排球运动的时间及采用的比赛规则不同，所以运动水平的提高程度也不尽相同，排球运动的形式也随之迅速发生了演化。

排球运动的传播主要受到了地理位置的影响，6人制排球首先传入美洲其他国家。1900年，通过基督教青年会的传播，加拿大成为第一个在美国以外开展排球活动的国家。1905年传入古巴，1909年传入波多黎各，1912年传入乌拉圭，1914年传入墨西哥，1917年传入巴西。在美洲各国，人们习惯将排球运动看成是一项消遣娱乐活动，并没有看重它的体育竞技性质，直到1964年排球运动被列入奥运会正式竞赛项目，排球运动在美洲所受的冷遇才得到改善，运动水平也随之提高。

排球运动传入亚洲的时间也较早，主要是通过基督教青年会的传播。1900年传入印度，1905年传入中国，1908年传入日本，1910年传入菲律宾。排球运动在亚洲的发展过程中先后经历了16人制、12人制、9人制的比赛形式及相应的规则演变，直到20世纪50年代初才正式开展6人制排球运动。亚洲排球运动技、战术的发展对世界排球运动的发展做出了巨大的贡献。

排球运动传入欧洲的时间迟于亚洲，是由参加第一次世界大战的美国士兵将排球运动带到了欧洲大陆和地中海沿岸。1914年传入英国，1917年传入法国、意大利、俄国，1918年传入南斯拉夫，1919年传入捷克斯洛伐克、波兰，1922年传入德国。排球运动传入欧洲虽晚，但传入的是6人制排球，而且当时排球运动已经成为一项竞技性运动，所以很快在欧洲得以发展，在相当长的一段时间里，欧洲国家的排球运动水平始终名列世界排坛的前茅。

排球运动传入非洲的时间最晚，1923年传入埃及、突尼斯、摩洛哥等国。由于起步较晚，传入后又没能广泛地开展，所以至今非洲排球运动的技战术水平在世界排坛中还处在落后的位置。尽管近几年，非洲的肯尼亚和阿尔及利亚两队取得的进步不容否认，但是非洲球队的整体水平较之欧美和亚洲确有差距，非洲排球要想有所作为尚需时日。

排球运动自 1895 年创始到 20 世纪 30 年代，已经逐步发展成为遍及世界五大洲、为广大人民所热衷的体育运动项目。尽管开始时这项运动的水平不高，并且大都只是一种游戏性的健身活动，但是奠定了排球运动向世界性发展和向高水平发展的基础。

二、排球运动的发展

世界排球运动发展 120 多年来大体经历了三个阶段，即从娱乐排球向竞技排球过渡阶段，竞技排球迅猛发展阶段，竞技排球的多元化和娱乐排球再兴起阶段。

（一）从娱乐排球向竞技排球过渡阶段

排球运动诞生之初，是为中老年人锻炼身体而创造的一种娱乐性的游戏活动。人们对球进行隔网拍打，相互嬉戏，以使球不落地为乐趣。初始时技术简单而粗糙，双方只是争取用手一次将球击过网，若不能一次将球击过，会有同伴再击。在游戏过程中人们逐渐体会到，一次击球过网不一定是最佳方式，有时从前场近网处甚至跳起击球过网，反而能创造更好的获胜机会。这样便出现了多次击球的打法，以寻找最佳时机或为技术更好的同伴创造得分机会，即形成了有意识、有目的、有组织的集体配合战术的雏形。

后来人们又认识到，一方无休止地击球也不合理，于是产生了每方击球至多 3 次必须过网的规定。这一规定的产生，使单一的拍击动作开始分化为传球和扣球两种技术。富有攻击性的扣球技术的出现，吸引了更多的年轻人参加，使得单纯以娱乐、游戏为目的的排球运动逐渐增添了激烈对抗的色彩，为对付扣球又产生了拦网技术，发球也采用了增加力量的侧面上手球，至此排球运动产生了质的飞跃。

随着排球运动竞技性、对抗性的加强，引起人们对比赛规则的重视。1921—1938 年规则进行了多次修改和完善，发球、传球、扣球和拦网已成为当时的四大基本技术。在运用各项技术的同时，形成了有意识、有目的、有组织的战术配合，场上队员也出现了位置分工。到了20世纪30年代末和40年代，排球战术进一步发展，为了对付集体拦网，大力扣球和吊球相结合的打法相继产生，与之相适应的拦网保护战术系统初步形成。

这一阶段排球运动的特点是从开始时的娱乐游戏性质逐渐向竞技过渡，国际间的比赛并没有形成统一的竞赛规则、竞赛制度和竞赛组织。

(二) 竞技排球迅猛发展阶段

第二次世界大战后，一些国家已相继成立了排球协会。人们希望国际上有个统一的组织来开展国际上的排球竞赛与交流。1946年8月26日，由法国、捷克斯洛伐克、波兰三个国家的排球代表在布拉格召开会议，倡议成立国际排球联合会。1947年4月，国际排联在巴黎正式召开成立大会，有14个国家的排协负责人出席了会议，选举了法国的保尔·黎伯为第一任主席。此次大会制定了国际排联宪章，成立了技术委员会、竞赛委员会和裁判委员会，并正式出版了通用的排球竞赛规则。国际排联的成立，标志着排球运动从此摆脱了娱乐游戏的性质而进入竞技排球的新阶段。

国际排联成立后组织了一系列国际性的大赛，如第一届欧洲男子（1948年）、女子（1949年）排球锦标赛，第一届世界男子（1949年）、女子（1952年）排球锦标赛，第一届世界杯男子（1965年）、女子（1973年）排球赛，第一届世界青年男、女（1977年）排球锦标赛和奥运会男、女（1964年）排球赛。这些国际比赛以后每隔4年举行一次，一直延续至今。此外，国际排联下属的各洲联合会也定期组办锦标赛、洲运动会排球赛、洲青年锦标赛等。在众多的大型比赛和广泛的国际交往促进下，排球运动的技、战术得到了蓬勃的发展。20世纪50年代，东欧一些国家排球运动技术水平较高。苏联男、女排均以身高体壮、扣球力量大且凶狠而成为当时"力量派"的代表，曾多次蝉联世界冠军。捷克斯洛伐克男排是当时"技巧派"的代表，他们以扣球线路变化多和控制球的落点为特色，扣球轻重结合，是"力量派"的主要对手，但在实际抗衡中仍是"力量派"占上风。

20世纪60—70年代初是排球技术和战术发展较快的一个时期，世界排坛呈现不同流派各显特色，不同风格先后称雄的局面。60年代初，日本女排在大松博文教练的带领下创造了滚动救球、小臂垫球及勾手飘球技术，突破了以苏联、东欧为代表的技术模式，从此改写了苏联女排独霸世界冠军的历史。日本女排在技术上的三大发明是排球技术和战术上的一次重大革命，为排球运动的发展做出了极大的贡献。这一时期的女子排球，是以日本为代表的"防守加配合"和苏联为代表的"进攻加力量"打法的抗衡，她们平分了八届大赛的金牌，世界女排进入了日苏对垒的时代。

1965年国际排联对规则进行了修改："允许手过网拦网"，规则的这一改变，使如何突破拦网，提高网上控空权成为比赛取胜的关键。当时男子"力量派"打法已不占优势，德意志民主共和国队因以突出高大队员的"超手扣球"解决了这一问题并取得了连续两年的世界冠军而被称为"高度派"。当时中国男排针对拦网规则的变化，创造了"盖帽拦网"和"平拉开扣球"技术，开创了"小个子打大个子"的先河，引起了世界排坛的哗然。很快日本男排在学习我国"平拉开扣球"和"近体扣球"的基础上创造了"短平快""时间差""位置差"等进攻打法。1972年在第20届奥运会上，日本队击败以高度著称的德意志民主共和国队，为亚洲夺得了首枚奥运会男子排球赛的金牌。至此，以中国队和日本队为代表的"速度派"开始形成。这一时期男子排球四大流派的对峙，丰富了排球的技、战术打法。这时的排球运动逐渐以其激烈的对抗性和高度的技巧性展现自己的魅力。国际排联为了推动排球运动的发展，1977年再次修改了规则，即拦网触手后仍可击球3次，这样又给组织进攻提供了更多的机会，进一步提高了攻防的激烈程度。20世纪70年代后期中国男排首创了"前飞""背飞"等空间差系列打法，中国女排发明的"单脚背飞"技术，波兰男排创造的后排进攻战术，使排球运动进攻战术配合进入到从二维空间发展到三维空间、从平面配合发展到立体配合的新阶段。在这一阶段美洲的排球运动也得到迅猛发展，古巴男、女排和美国女排迅速崛起并跻身于世界强队之列。随着国际交往的不断增多，各种流派在相互取长补短中逐渐融合。欧洲各队吸取了亚洲的快攻打法，向强攻加快攻、力量加技巧方向发展。亚洲各队在进一步发展快变战术的同时，重视提高运动员的高度以增强进攻威力。总之，20世纪70年代是竞技排球发展速度最为突出的时期，由单一模式到不同流派的产生，由重攻轻守到攻防兼备，由追求高度和力量到追求技、战术，由注重个人技巧到讲究集体配合，竞技排球技、战术产生了质的飞跃。

（三）竞技排球的多元化和娱乐排球的再兴起阶段

1. 竞技排球的多元化

进入 20 世纪 80 年代的竞技排球已度过了它的成长、发育时期而逐步走向成熟，当初那种只要在技术、战术的某一环节能够超群的队伍就有可能问鼎的时代已一去不复返。中国女排之所以在 1981—1986 年连续 5 次夺冠，正因为她们是一支既有高度又有灵活性，既能攻又能防，既能快又能高的全面型球队，练就了一套攻防全面、战术多变，以高制矮、以快制高的技战术打法，中国女排在世界排球运动发展史上写下了最辉煌的篇章。这一时期，美国男排创造性地运用了沙滩排球中的二人接发球战术，发明了摆动进攻战术。在比赛中队员还大胆地运用跳发球和后排进攻技术，使前排的快变与后排的强攻有机地结合成纵深立体进攻战术，并且该队队员不仅文化素养高，善于改革创新，而且防守积极，作风顽强，终于使这支过去一直默默无闻的球队连续 4 次获得世界冠军。

中国女排和美国男排的成功，标志着排球运动技战术观念的革命，也预示着排球运动进入了全攻全守的新时期。全攻全守已不仅是个人攻防技术的称谓，而是指整体全方位的攻守。全攻首先从观念上打破了传统的进攻模式，意味着进攻的手段是从发球开始并包含拦网。西欧男排继美国男排崛起后，在职业联赛的交流中进一步发展了美国男排的攻防体系，使跳发球和纵深立体进攻战术达到运用自如且很少失误的程度，尤其是意大利、荷兰等国，跳发球空中飞行时间仅为 0.5s，速度达到 30m/s，且拦网的成功率很高，因此进攻已不再是第 3 次击球的专利了。

全攻意味着进攻的变化已不局限在网前的二维空间内，而是充满整个场地的三维空间。意大利、荷兰等国的男排不仅有高快结合的前排进攻，而且有在前排进攻配合下，从二传出手到扣球仅用 0.8s 的短平快后排进攻，形成了高快结合、前后结合的全方位进攻局面。

全守即体现全方位的防守，首先是技术动作的全方位。当今由于进攻水平的不断提高，那种单纯依靠手和手臂击球的动作要防起迅雷不及掩耳般的扣球是相当困难的。为了促进攻守平衡，国际排联本着积极鼓励防守技术的发展，同时又不消极地限制进攻技术的原则，从 1984 年开始，先后从规则上放宽了对运动员第一次击球时判断连击犯规的尺度，1992年将合法的触球部位从髋关节以上改为膝关节以上，1994年又由膝关节以上改为身体的任何部位均可触球，于是出现了手、脚、身全方位的防守动作，扩大了队员的防守面积，提高了防守质量。1998年规则又增加了后排自由防守队员。其次，体现在当代防守观念的转变，即由预判的"出击防守"代替了固定位置的"等待防守"，"高位防守"的取位则更需要运动员具有高水平的判断反应及控制球的能力。最后，全方位的防守还体现在针对对手的进攻特点，随时调整拦网与防守的配合，打破原有的防守阵型模式，从而兼顾防守效果和防后的反攻进行布阵。

20世纪90年代，意大利、荷兰男排以惊人的速度在国际上确立了领先的地位，标志着竞技排球走向社会化、职业化的时代已经到来。由于排球运动的职业化趋势，排球运动的技战术水平又跃上了一个新的台阶。职业俱乐部的设立使意大利排球水平突飞猛进，男排水平尤为突出。1988年以前的历次世界大赛中，意大利男排只有4次进入前8名，而1988年后每次都打入大赛的前8名(其中4次荣登冠军宝座，4次获亚军)，意大利女排也获得2002年世界锦标赛冠军。在女排方面，古巴女排在高举高打的同时，也加快了进攻速度，并克服了情绪波动的弱点，在90年代独领风骚，1989—2000年先后夺得8次世界冠军。

进入21世纪，世界排坛的格局发生了根本的变化。女子排球方面，古巴女排走下神坛，不再一枝独秀，中国、俄罗斯、意大利、巴西、美国女排呈多强林立的局面。男子排球方面，从诸强纷争变为巴西队异军突起，自雷纳多执教巴西男排以来，他们先后夺得了2002年世界锦标赛、2003年世界杯和世界男排联赛及2004年奥运会的冠军。

2. 娱乐排球的再兴起

随着时间的推移，排球运动的娱乐性逐渐被其竞技性所取代。进入20世纪80年代以来，竞技排球的技术和战术都发生了质的变化，全方位的攻、防更增加了比赛的观赏性。但随着现代经济的发展，人们对物质文化消费的需求也在不断提高，健身娱乐逐渐成为人们消除疲劳的有效方法。人们在观看比赛中获得赏心悦目的享受之余，也渴望亲自体验参与这项运动的乐趣。由于排球运动本身的高度技巧性，往往使前来参加运动的人望而却步。因此，人们希望有一种大众都能够参加的排球运动尽快诞生，于是人们开始从球的性能、比赛规则上进行了适合各自需要的修改，全球性的娱乐排球便应运而生。

国际排联在竞技排球中的一系列改革，虽然吸引了更多的观众，但参与的还不多，这无疑会影响人们对该项运动的喜爱，于是国际排联对这些适合大众开展的排球运动形式给予了积极的支持和重视。20世纪90年代国际排球联合会把沙滩排球列入了整体发展规划，并成立了沙滩排球委员会，确定了第一部正式竞赛规则。1996年沙滩排球成为亚特兰大奥运会正式比赛项目。目前，软式排球、迷你排球（小排球）都组织过世界性的青少年比赛。总之，娱乐排球的再兴起，标志着现代排球运动进入了竞技排球与娱乐排球共存的新时代。

第三节 排球运动的特点与功能

一、排球运动的特点

排球运动是属于技能主导类隔网对抗性的集体项目，与其他球类运动相比，具有自身的特点。

（一）击球技术的特点

1. 空中击球且触球时间短促

无论是在排球比赛，还是在排球游戏中，运用的各种击球方式都必须是击空中的球。因此，参加排球运动的人在时间和空间感觉上得到的锻炼和提高是其他球类项目不可比拟的。排球竞赛规则始终不允许"持球"，即不允许在击球部位停留的时间过长。这一特点既能提高运动员在短暂的触球时间内对来球的力量、速度、角度因素的准确判断能力，又能提高运动员把来球准确地击向预定目标的控制能力。

2. 身体任何部位均可击球

目前所有的球类运动都有其规则限定的身体合法触球部位，唯独排球竞赛规则规定运动员全身任何部位均可触球。因此，排球运动能使参加该项运动的人在击球过程中充分体现自我才能和展现各种高超的击球技巧。

(二) 战术配合的特点

排球比赛双方都可以利用规则允许的 3 次击球机会,通过精心设计和巧妙配合,在瞬间完成精彩的战术组合和激烈的攻防转换,体现了运动员高度的战术意识、队员之间合作的默契程度和准确程度,具有激烈的对抗性、高度的技巧性和严密的集体性。

(三) 竞赛规则的特点

1. 独特的记分方法

在每球得分制的比赛中,发球队胜 1 球得 1 分,接发球队胜 1 球得发球权同时得 1 分。

2. 攻防技术的双重性和全面性

在比赛过程中,各项排球技术既能得分,又能失分,具有攻防双重性。也就是说,每项技术攻中有防、防中有攻,相互转化、相互制约,这就要求排球运动员必须具有扎实的基本功,熟练和全面地掌握技术。

(四) 场地器材设备的特点

排球运动的场地要求比较简单,既可设在室内,又可设在室外。只要有一块空间,在地板上、沙地上、草地上、雪地上,甚至水中都可以进行排球活动。根据运动的目的,可选择多种球 (如软式排球、气排球等),比赛规则也易于简化和变通,其形式多种多样。参加人数可多可少,运动负荷能大能小,适合不同年龄、性别、体质和训练程度的人,在不同的场地上进行活动,因此有广泛的群众性。同时,排球比赛隔网进行,双方斗技,没有身体接触,安全性高,是人们休闲的理想方式,具有高雅的休闲性。

因此,排球运动具有形式的多样性和广泛的群众性、技术的全面性和高度的技巧性、激烈的对抗性和严密的集体性、休闲的娱乐性和活动开展的便利性等特点。

二、排球运动的功能

(一) 健身功能

排球运动具有竞技与娱乐并存的特点，不同年龄、不同性别、不同技术水平的人都能参与活动或比赛。排球运动随着社会发展持续存在并且长盛不衰，很大原因就在于其所具有的增强体质，促进人们身心健康发展的功能。通过排球运动的参与，掌握其基本技能并学会参与排球运动的健身方法，不仅能提高人体心血管系统和呼吸系统机能水平，促进骨骼和肌肉的生长发育，提高人的力量、速度、弹跳、灵敏、耐力等专项身体素质和运动能力，而且能调适和保持心理健康，培养与锻炼良好的心理素质，达到延年益寿，提高生活质量的目的。

(二) 教育功能

1. 传授排球运动的文化知识

通过排球运动向人们传授关于身体健康的知识，人们了解排球运动的由来和发展、规则与方法、规范的技术要领以及其中的科学道理、健身方法以及欣赏比赛的知识等。培养人们正确的体育观和体育意识，养成终身体育锻炼的习惯，为其今后形成健康的生活方式奠定基础。

2. 培养团结协作、顽强拼搏的优秀品质

排球运动比赛中的球不能落地而且击球至多 3 次必须过网的特有规则，使参加排球比赛的人要随时准备弥补同伴判断错误而无法接或因其他原因没有接到位的球，为了发挥本方的进攻力量而不惜奔跑扑救，给下一次击球的人创造便利条件。因此，经常参加排球运动，可以培养人们良好的爱国主义精神、体育道德作风、团结协作的集体主义精神以及顽强拼搏的优秀品质。

3. 培养人的瞬间判断和应变能力

排球运动在某种意义上是一项依靠判断决定行动的运动，尤其是在现代排球比赛中，准确的判断已成为制胜的重要因素之一。判断的基础是眼观六路、耳听八方，通过观察对方和同伴的动作、击球的声音、场上的布局等，预测将要发生的事情而迅速做出决策。排球比赛也是一项靠集体配合取胜的球类竞赛，个人特长的发挥往往是在同伴发挥特长的前提下取得的。因此，运动员在场上要相互协调，并不断观察同伴的意图，才能默契地与之合作。而排球比赛中，球既不能落地，又不能持球，使参加比赛的人必须具备应变能力，因此经常参加排球运动的人，既能锻炼体魄，愉悦身心，又能提高机敏、应变、协调、配合的能力。

（三）提高国家威望，振奋民族精神

追溯历史，排球运动对国人的精神产生过重大的影响。1981年3月20日，中国男子排球队在争夺世界杯排球赛亚洲区预赛的关键一战中，先输两局，后奋起直追，连赢3局，终以3:2战胜韩国队，取得参加世界杯排球赛的资格。比赛结束后，激动的北京大学学子喊出的"团结起来，振兴中华"的口号，一夜之间，传遍大江南北，极大地鼓舞了刚刚开始改革开放，努力建设"四个现代化"的国人。

20世纪80年代中国女排在夺得五连冠之后的经验总结凝练出了时代最强音：女排精神。女排精神很好地诠释了"为国争光、无私奉献、团结友好、顽强拼搏"的中华体育精神。女排精神之所以备受推崇，最重要的是那种足以流芳百世的不畏强敌、顽强拼搏、永不言弃的精神，远远比"五连冠"本身更加能鼓舞国人。2003年中国女排重新夺得世界冠军，2004年中国女排在雅典奥运会上，团结拼搏，上演大翻盘，以3:2战胜俄罗斯队，又一次夺得奥运会冠军。女排的胜利，给中华民族伟大复兴增添了光彩。

在2016年里约奥运会上，中国女排以荡气回肠的完美逆袭，为祖国赢得一枚弥足珍贵的金牌。中国女排的出色表现，生动诠释了奥林匹克精神和中华体育精神，为祖国争了光，为民族争了气，为奥运增了辉，为人生添了彩，激发了全国人民的爱国热情和全世界中华儿女的民族自豪感，增强了中华民族的凝聚力、向心力、自信心。中国女排以高昂的斗志、顽强的作风、精湛的技能和敢于争第一、敢于挑战和超越自我的行动，诠释和刷新了"无私奉献、团结协作、艰苦创业、自强不息"的女排精神，引发了一场触及国人灵魂的精神洗礼，有力地弘扬了中国精神。在国家由大向强发展的关键阶段，我们尤其需要大力弘扬女排精神，凝聚起实现中华民族伟大复兴的磅礴力量。

（四）经济功能

排球运动发展至今天，已经在200多个国家和地区得到了广泛的开展，围绕排球运动已经产生了大量的物质财富和精神财富，包括与排球运动相关的场地器材、各种排球实体等。而这些相关的物质实体生产实际上需要花费大量的人力物力，也伴随着大量的经济活动。随着大众传媒的发展，各国的排球联赛以及国际排球赛事都蕴含着经济活动，吸引了大量的赞助商。排球运动相关产业已经成为体育产业的主要组成部分，室内排球、沙滩排球都为人类发展产生了可观的经济效益。随着社会经济的发展，排球运动本身所蕴含的巨大的经济功能与价值越来越被人们所认同。

第四节 排球运动的分类

排球运动由于运动负荷适中，娱乐性强，易于接受，深受各阶层人们的喜爱。在其发展过程中又不断分化和繁衍，产生多类排球。

一、沙滩排球

沙滩排球诞生于20世纪20年代美国西部的加利福尼亚海岸，最初是作为闲暇游戏形式出现的。人们在节假日纷纷涌向海边度假，兴起了在沙滩上玩排球的娱乐活动。竖起竹竿，挂上球网，形成了原始的沙滩排球比赛。由于从事这项活动的人越来越多，水平也越来越高，且受到商界的重视，逐渐地，沙滩排球由娱乐活动演变成了一项新兴的竞技运动。1940年在美国加利福尼亚海滨举行了第一次正式的沙滩排球比赛。1987年2月在巴西里约热内卢举行了第一届世界男子沙滩排球锦标赛。1996年沙滩排球作为排球运动的一个正式比赛项目被列入了亚特兰大奥运会。较大型的比赛还有世界锦标赛、挑战赛和大满贯赛。

二、软式排球

软式排球于20世纪80年代起源于日本，同一时期欧洲也有类似的软式排球运动，随后逐渐在世界范围流行，但目前尚没有统一的国际比赛规则。软式排球以其质地软、气压小、球速慢、难度低、伤害少、趣味性高、娱乐性强、老少皆宜、健身价值高等特点，深受广大少年儿童和中老年人的喜爱和欢迎。软式排球有充气式和免充气式两种，集娱乐性与竞技性于一体，是一项极有发展前景的群众体育项目。

软式排球由柔软的橡胶制成。成人组用球重 210±10 克，周长 78±1 厘米；儿童组用球重 150±5 克，周长 66±1 厘米。场地为 13.40 米×6.10 米，网高 2 米。比赛时双方场上队员均为 4 人。比赛有家庭组和年龄组两种。家庭组比赛由从家庭中选出的成人男女各一名和儿童两名组队。年龄组分金、银、铜三个级别组，铜组由 30~39 岁男女各一名及 40~49 岁男女各一名组成，银组由 40~49 岁男女各一名及 50~59 岁男女各一名组成，金组由 50 岁以上男女各两名组成。比赛采用三局两胜制。按顺时针轮转发球后无场上位置限制，4 名队员都可参与拦网及网前扣球，但家庭组的成人在后排时不得进入前场区扣球及拦网。任何队员都不能扣、拦发球，不能过网拦网。比赛采用每球得分制，最高分限为 17 分。

软式排球重量轻、体积大、球体柔软的特性，使得它不受性别、年龄、体质、技术水平的限制，可组织真正没有排球技术基础的初级比赛，使排球的基本技术如上手传球等操作起来更容易，深受不同年龄层次人们的欢迎。如今，软式排球已推广到新加坡、韩国、加拿大和美国等国家。

我国于 1995 年引入日本软式排球，同年 4 月，在北京体育大学举办了我国历史上首次软式排球比赛。1996 年 1 月，中国排球协会宣布，中国排协拟大力开展沙滩排球和软式排球活动，以吸引广大青少年投身其中。

三、9 人制排球

排球运动 1900 年传入亚洲为 16 人制（每排 4 人，分 4 排站位）。受远东运动会的影响，后来亚洲排球运动自成体系，演变为12人制（每排 4 人，分 3 排站位）和 9 人制（每排 3 人，分 3 排站位），具有没有位置轮转、规则比较宽松、技术要求不高、较易开展的特点。排球运动在我国开展的情况是：1905—1919 年，16 人制；1919—1927 年，12 人制；1927—1951 年，9 人制。

四、残疾人排球

为了丰富残疾人体育活动的内容，残疾人排球应时而生。根据残疾人的生理特点，残疾人排球分为坐式排球、立式排球、盲人排球三种形式。坐式排球最早于1956年在荷兰出现，1980年男子坐式排球第一次作为正式比赛项目进入残奥会，2004年女子坐式排球被列为正式比赛项目。坐式排球是专为双下肢残疾的人设计的一种坐地面打的排球活动。比赛场地10米×6米，进攻线距中线2米，男子网高1.15米，女子网高1.05米，网宽0.8米。比赛采用6人排球规则，只是增加了比赛中击球时击球队员臀部不得离地这一规定。站式排球是为单下肢残疾的人设计的一种戴假肢站立而打的排球活动。比赛规则和场地要求完全同6人排球，只是要求参赛者必须有一个假下肢。盲人排球是为盲人专门设计的排球活动。排球中装有响铃，球飞行时或落地时会发出清脆的响铃声以便于盲人运动员击打。

五、气排球

气排球是我国土生土长的一项群众性排球活动。1984年，呼和浩特铁路局济宁分局为了开展老年人体育活动，在没有规则限制的情况下，组织离退休职工用气球在排球场上打着玩。由于气球过轻且易爆，他们将两个气球套在一起打，最后又改用儿童软塑球。随后又参照6人排球规则制定了简单的比赛规则，并将这种活动形式取名为"气排球"。

1991年，在北京举行的全国铁路老年体育工作会议决定在全路老年人中推广气排球。火车头老年体协依据排球规则，编写了第一本《气排球竞赛规则》，并在上海特制了比赛用气排球。

1992年3月，石家庄举办了第一期全路气排球学习班。同年11月，在武汉举行了首届全路老年人气排球比赛，共有7支男队和6支女队参赛。

1993年3月，火车头老年人气排球协会在北京正式成立。同年7月，全路第2届老年人气排球赛分别在齐齐哈尔和锦州举行。从此，一年一届的老年气排球赛在全路形成。

气排球由软塑料制成。比赛用球重约100～150克，比普通排球轻100～150克；圆周79～85厘米，比普通排球圆周长15～18厘米；比赛场地

12米×6米，比普通场地长、宽各少6米和3米；比赛网高男子为2米、女子为1.80米，比普通网高各低0.43和0.44米；参赛队员5人。球的颜色为黄色。其打法和记分方法与竞技排球基本相同。

气排球的上述特点使排球运动的技巧性降低，比赛中球的飞行速度减慢，来回球的次数增加，击球花样增多，初学者对球的恐惧感消失，因而大大增强了气排球比赛的趣味性、吸引力和可观赏性。这些特点尤其适合老年人健身的需要和少年儿童活动的需要。

六、墙排球

墙排球是近年来在美国比较流行的一种娱乐性健身排球。它是在长12.19米、宽6.10米、顶高6.10米的墙球场地上架起高2.13米的网，采用三打三、二打二或四打四的形式，打法和普通排球一样，但可以利用墙的反弹，只要球不落地就可以继续打。这种健身排球对人的反应和技术技巧要求较高，玩起来精彩有趣。1987年2月，中国男排访美时，邹志华、余有为教练和刘军翻译3人就曾同美国男排教练邓菲、路迪、沙托在德克萨斯州的阿马雷诺市进行了一场墙排球比赛，结果中方3人以3∶0获胜，但赛后他们浑身的酸痛也持续了四五天，由此可见墙排球的健身功效。

七、妈妈排球

妈妈排球开始于日本的名古屋，因参加者多为孩子的妈妈而得名。比赛分7个组别，采用淘汰制，得分不受发球限制，类似乒乓球比赛。1979年6月，名古屋市妈妈队访问我国，介绍和表演了这种娱乐排球，上场表演的队员中还有一位是82岁的已有6个孙子的妈妈的妈妈。从此，妈妈排球在我国也逐渐开展起来。1987年5月，上海举办了全国首届妈妈排球邀请赛，江苏、山东、上海、国家体委4支妈妈队参加了比赛。

八、小排球

和妈妈排球相呼应，小排球活动在世界各国普遍得到开展。小排球好就好在"小"字上，球小，仅重190克，是大排球的70%。人小，在日本，小学四年级开始打胶合小排球；在俄罗斯，9~10岁的三年级学生学习小排球；在我国，12 岁以下编为业余体校一个组别，开始学习小排球；1983 年 5 月于法国的布瓦塞隆宫成立了欧洲小排球委员会，对 12 岁以下儿童传授排球技巧。

九、雪地排球

雪地排球是在美国滑雪胜地开展的一项排球活动。人们在零下 15℃的高山雪地，头戴滑雪帽，脚穿滑雪鞋，衣着滑雪服，在雪野中竞赛。比赛采用 3 人制，每局 7 分球。

第二章　高校排球教学现状与特征

第一节　高校排球教学现状梳理

根据相关调查研究显示，我国校园排球课程教学的现状可以从以下几个方面去体现。

一、学生对排球课程的兴趣

兴趣是最好的老师，只有对排球课程感兴趣，学生们才会更加主动地参加排球课程的学习。相关调查显示，大部分的学生对排球课程感兴趣，只有少数学生对排球课程不感兴趣。其中对排球有兴趣的学生都认为排球运动是一项能够锻炼身体、培养团队合作能力，受益终身的体育运动，这无疑是对高校开展排球课程的极大鼓舞，证明排球运动相较于其他体育运动而言，有其独特的魅力。但一些学生对排球运动的兴趣程度一般或者是不感兴趣，影响学生对排球运动兴趣程度的因素是多方面的，有学生自身的因素，也有教师的因素。对排球运动不感兴趣的学生，其原因可大致归结为以下几个方面：

(1) 不喜欢教师的教学风格，感觉教师教学太单调，枯燥乏味。

(2) 由于自身的排球基础差，掌握技能的能力弱，久而久之，对排球运动的兴趣变弱。

(3) 部分学生认为排球运动缺乏身体对抗性，没有激情，不适合朝气蓬勃的大学生，这部分学生中主要是以男生为主。

(4) 由于校园里排球运动氛围不浓，因此学生对学习排球的兴致也不高。

从上述情况来看，教师要具备课堂应变能力，能够在教学活动中依据教学内容及实际情况，有目的、有计划地激发和培养学生的学习兴趣，且上课语言要简洁易懂，上课要懂得风趣幽默，结合教学方法和手段的改革，摒弃以往单调、枯燥的教学方式，在教学过程中主动创造情绪，这不仅能够提高学生的学习兴趣，以笑话的方式加深学生的学习印象，提高学习效果，还可以提高教师的教学效果，使学生能够积极主动地参加排球课程的学习。

二、学生参加校园排球课程的目的和原因

由于我国大部分高校的排球课程采取的是选修课的形式，因此，要想深入了解排球教学的情况，必须先了解学生参加排球课程的目的和原因。

(一) 学生参加校园排球课程的目的

相关调查研究显示，学生参与排球课程的原因是多种多样的，主要包括以下几个方面：

(1) 通过参加排球课程锻炼身体，增强体质。

(2) 学习排球运动的技术和战术，参加排球运动赛事。

(3) 通过参加排球运动赛事，愉悦自己的身心，减轻学业上的压力。

(4) 希望学习排球理论知识和文化。

(5) 学习排球裁判知识。

(6) 提高社交能力，为工作和生活打下基础。

(7) 获取学分。

(二) 学生参加校园排球课程的原因

学生参加排球课程的原因也是多方面的，主要包括以下几种：

(1) 受媒体宣传和排球名人的影响。近些年来，中国女排在国际赛场上取得了非常令人瞩目的成绩，多次获得世界冠军，对学生们选修排球课程起到了非常重要的带动作用，这是一部分学生选修排球课程的重要原因。

(2) 有的学生是因为自己本来对排球就很感兴趣。

(3) 有的学生是因为自己之前接触过排球。

(4) 有的学生是受到周围同学打排球的影响。

(5) 本学校的排球氛围较为浓厚，所以选修了排球课程。

(6) 出于对排球运动的好奇。

三、校园排球课程教学的形式

现阶段，普通高校开设的排球课程大部分采用传统的硬式排球进行教学，有的学校还会采用软式排球进行教学，此外，少部分的学校采用气排球和沙滩排球进行教学。这是由各个高校的自然条件和场地设施等条件决定的，在一定程度上丰富了我国校园排球教学课程，吸引了更多学生参与。

四、校园排球课程教学的学时设置

合理的学时数是促进教学顺利实施，取得良好教学效果的重要条件，同样也是学生取得良好学习效果的重要保障。目前，我国各个地区排球教学的课时数不尽相同。相关调查显示，我国苏南地区大部分高校的排球课程开设时间为两个学期，即 64～72 学时；山西大部分高校的排球课程开设为一个学期，即 32～36 学时。学生们普遍反映，一个学期的学时数太短，不利于排球技术的学习和掌握，开设两个学期的课时数是最恰当的，可以使学生学好相关的课程。学生们反映，两个学期的排球课程学习，可以让他们基本掌握排球的技术，了解简单的战术，并简单了解排球比赛，进而参与其中。一个学期的课时，无法让学生掌握排球的基本技术，不利于自己更深入地了解排球运动。

五、校园排球课程教学的考核内容

现阶段，我国大部分高校对学生排球课程学习的考核主要是通过以下几个内容来进行的：

(一) 排球技能的考核

在高校排球课程教学的考核中，对排球技能的考核主要包括对排球垫球、发球的考核，有的学校也进行传球的考核，学校对扣球和拦网两项内容一般是不进行考核的。这种考核比较符合学生学习的特点，在短短的两个学期里，学生们很难掌握所有的排球技能。

(二)身体素质的考核

现阶段，对学生身体素质的考核是排球教学课程的重要考核内容，在进行相关考核时，对男生进行1000米和引体向上的考核，对女生进行800米和仰卧起坐的考核。由于身心健康是高校体育课的重要目标，因此，对于身体素质的考核是非常关键的。

(三)排球理论的考核

在进行排球课程考核时，还要对排球理论进行考核，由于学习时间较短，大部分高校对排球理论的考核都是通过开卷形式进行的，理论试卷一般是由排球教研室的教师集体研究而出的。通过理论考核，可以让学生更加了解排球这项运动，为他们今后参加排球运动提供帮助。

(四)学生学习态度的考核

大部分学校都将平时的学习态度作为学生期末总成绩考核的内容之一，具体表现为学生平时出勤情况、课堂提问、课外作业、活动比赛结果、课堂表现等，学习态度在一定程度上可以反映学生学习排球课程的积极性，因此，有必要对学生的学习态度进行考核。

排球课程的上述考核内容可以较为全面地反映学生的学习情况，促进学生排球课程的全方位学习，使学生可以更好地掌握排球理论知识和相关的技战术，并实现排球教学课程的目标。

六、校园排球课程教学的目标

教学目标的确定对教学过程有着重要的意义和作用，它是教学的出发点和归宿，一切教学活动皆是围绕教学目标进行和展开的。依此而言，体育教学目标就是指在一定时间和范围内，通过师生的努力所要达到教学结果的状态、规格或标准。在一项体育运动项目的教学活动中，明确的教学目标决定了教师教学的方向，为学生学习定下标准，同时也决定着体育教学的效果，关系着学校整体体育目标的实现和学生终身体育意识的形成。

现如今，随着学校体育教育的全面改革，体育教学指导思想的不断深入发展，各高校排球课程的教学目标也较以往产生了些许变化，更加强调和突出学生的综合发展，主要包括以下几个方面：

（1）在全面发展学生体能的基础上，突出有氧耐力和力量素质锻炼，提高学生心血管健康功能和基础体力。

（2）使学生能够较全面地了解排球运动的特点和发展趋势，掌握排球运动的基本理论知识和技术、技能、比赛规则。

（3）培养学生的参与意识、竞争与团队合作能力及良好的体育道德作风，提高学生的心理健康水平，提高其社会适应能力。

（4）逐步培养学生对排球运动的浓厚兴趣，为其终身体育奠定基础。

（5）加强学生的排球运动意识，提高学生自我锻炼的能力和欣赏排球比赛的水平，促进学生身体机能、素质的发展。

（6）了解排球文化，传承排球精神。

在这些目标中，各个学校都把强身健体、培养学生终身体育意识、掌握排球基本技战术以及促使学生心理健康等作为排球课程教学的主要目标，这也是我国体育课程的要求。

七、校园排球课程教学的方法

目前，我国排球教学方法主要指的是，在排球教学过程中，教师根据排球教学的目的、任务、内容所采取的措施和手段，主要包括语言法、直观法、完整与分解法、预防与纠正错误法、游戏法、比赛法、分组教学法、合作学习法、探究教学法等。其中，语言法主要表现为讲解、口令指导、口头评定、默念、自我暗示。"默念"是指在做出动作之前，默想全部动作的过程或用力大小及出球方向等；"自我暗示"是指在练习过程中，暗自默念技术动作的关键字句，如蹬地、跟腰、提肩、夹肘、压腕等字眼。直观法是指借用视觉、听觉、肌肉本体等感觉官来感知动作的一种教学方法，主要表现为动作示范、教具与模型（挂图、照片、图表等较为直观且清晰的教学工具）、电影与录像（一种现代教学手段，旨在激发学生的学　兴　，生动形象真实的一种教学方法）等。

在实际的校园排球教学过程中，大部分高校主要是以传统的教学方法为主，多数只采用以教师为主导的方式，并没有充分贯彻好以学生为主体的教育原则，教师这一主导角色运用得比较完善，而学生这一主体角色却难以得到真正的落实，这种教师满瓶子灌、学生被动接受的老套路严重地阻碍了学生学习排球的积极性。

随着体育教学的不断改革与发展，譬如程序教学、探究式教学等新的教学方法也随之出现，这就要求教师必须在原来传统教学的基础上，顺应时代潮流，适当地结合这些现代的教学方法进行创新。这种多元化的教学方法多方面、全方位地满足了不同学生的需求，具体落实到每一位学生身上，因材施教才能达到理想的效果，从而实现教学目标。

此外，在排球教学过程中，学生的学练方法也非常重要。目前，我国排球教学主要采取以下几种学练方法：

（1）自学方法。自学方法是指学生学习排球的基本理论，领会动作要领，掌握技术环节的一种方法，比如阅读、观察、比较、讨论等。

（2）自练方法。自练方法是指学生以自身的独立活动为主，有目的、反复地进行排球某一技术动作练习的方法，包括模仿、适应、反馈、强化等。

（3）自评方法。自评方法是指学生个体在练习过程中，对自己学练的标准、质量、效果进行判断，进而采取控制与调节的一种方法，包括目标、动作负荷、效果等。

在学习过程中，大部分学生都可以通过以上三种方法的综合运用来进行排球技能的练习，从而更加熟练地掌握排球技能。

第二节　高校排球教学困难分析

一、大学生排球运动参与情况

篮球、排球、足球并称为三大球，是高校最常见的运动项目。据调查，大学生对这三大球类的喜爱程度中排球处于最末位置，但是由于排球活动娱乐性强，并且常年开展，排球主要来自班级和学校、体育消费相对较低等场所，与其他体育活动相比，其爱好程度仍处于较靠前的位置。由于排球教学在各个阶段的普遍开展，绝大多数学生都有参与排球运动的经历，但是只有很少一部分学生到大学阶段后仍继续参与排球运动，存在接触时间晚、参与时间短、参与频率不固定等现象。这与排球的技术难度高有关。刚开始接触时，排球对手臂的刺激较大，会有疼痛感，尤其使女生参与排球的积极性有所下降。大学生课外参与排球活动的人数较多，但经常性参与者较少，偶尔性参与者比例偏高。

二、排球教学现状分析

学生在入学时排球基础水平普遍较低，教师的教学方法又缺乏创新，课堂气氛不活跃，造成学生学习兴趣不浓，积极性、主动性不高，教师的教学热情也不强。要使学生在有限的学时内，较好地掌握排球基本知识、基本技术、基本技能，仍然存在着很大困难。在教学内容安排方面一般是遵循教科书章节顺序，先技术教学、后战术教学，技、战术教学内容截然分开。这种安排虽然一方面体现了教材内容从易到难的教学顺序；另一方面又体现了技术是战术的基础，同时还能使技、战术教学内容分类一目了然。但是这种安排的最大缺陷在于不能直接体现技、战术内容之间的内在联系，不能体现不同的战术对技术的具体要求，不能在教学中直接再现排球比赛的实际情景。技、战术分开教学使学习与运用失去了连续性和系统性，容易使学生因在大部分学习时间里体验不到乐趣而出现厌学、烦躁等不良情绪，继而不能达到预期的教学效果。

(一) 时数配置特点

高校体育排球普修的教学一般都安排在一个学期进行，课次连续，并且都同理论课、考核课相贯穿。各院校在学时分配比重上不尽相同，但还是有统一的一面，在各项目中，实践部分占的比重最大，而其中又以基本技术所占最多。北体大是按 43.8% 设置的，达到了总数的近一半。可见，各院校对排球教学中的技术环节都是比较重视的，同时这也符合运动项目教学原则。在调查中发现，技能部分没有列入普修考核范围，因此，师生都不重视，使技能时数安排形同虚设。

(二) 内容安排特点

普修课的教学内容比较多。单从数字考虑，要在 46 个学时内完成

36.75 个教材的学习，平均 1 个教材只有 1.25 个学时，这样完成基础内容教学几乎是不可能的。通过对各高校教材内容的集中研究可以发现，所有基础内容都在"重点教材"中，表明大纲对基础内容的重视。"一般教材"的设置按难易程度而分，显示了技、战术安排和教学安排的渐进性；"介绍教材"中介绍一些难度较大的技、战术，既丰富了学生的知识又提高了他们的兴趣。但是由于教材数量偏多，重点教材所分配的时数不足，学习过程相对复杂，且用时间较多，影响了学习效果，所以实用价值不明显的技、战术不应作为"重点内容"提出。

(三) 先进教学方法和手段使用局限性较大

尽管电化教学、录像或投影教学以及课件教学是目前较为先进的教学手段，为广大师生所喜爱，但是能够经常使用这些教学方法的学校还不太多，偶尔使用这些教学方法的学校占据相当大比例。普修课教学在使用这些教学手段时具有较大的局限性，原因主要是：

（1）目前许多学校多媒体教室较少，不可能所有的必修理论课教学都使用，并且由于受传统意识支配，专选课教学在使用多媒体教室时比普修课有优先权，所以，大部分高校采取的做法是兼顾所有的课程，优先安排专选课。

（2）市场上流通的教学课件非常有限，排球普修课教学要想使用课件，就要求任课教师自己动手制作，而一些体育教师计算机水平有限，制作的课件局限性较大，甚至不能制作课件，这也在一定程度上限制了先进教学手段的运用。

(四) 课余训练与课堂教学关系松散

目前，我国高校体育教育专业学生的课余训练与课堂教学的关系较为松散。大部分高校排球任课教师认为课余训练指导的重要性程度为一般。由于高校体育教育专业必修课教学时数缩减而招生制度又倾向于文化成绩，一些高校教师建议将学生课余时间有效利用起来，通过组织各班级运动队、排球爱好者团体、多组织比赛等形式调动学生在课余时间锻炼的积极性。目前许多高校排球普修课教学还仅限于课堂传授。因此，大学生的学习模式应该充分体现自主，给学生充分的自由活动时间是必要的。但是，受体育专业招生学生素质和课程时数的影响，鉴于大学传授专业技能的本质使命，控制足够的时间让学生掌握必备的专业技能同学生的自主学习具有同等重要的意义，问题的关键是尺度的把握和学生自身素质的衡量。

(五) 教学评价体系不完善

在传统的体育教学理念下，片面化的评定严重挫伤了学生学习的热情，学生很难在一个公平的环境下进行学习和评比，这在很大程度上影响了高校排球课的教学。

当前，我国新的课程标准对具体的体育教学内容没有特殊和细致的规定，这在很大程度上使得体育教师在教学组织方面有了充分发挥智慧的空间，同时也要求教师在培养学生体育素养的基础上，从整体上提高学生的能力。但在目前的高校排球运动教学中，很多教师在面对新课程时，难以系统地认识和把握新课程标准的体育教学理念，导致其在排球教学内容选编方面缺乏务实精神，盲目求新，而且目前大多数高校的排球教学评价仍以终结性评价为主，这种评价形式很不科学，难以充分发挥学生在学习中的主体性作用。其不足主要表现在以下几个方面：

（1）排球教学的终结性评价只重视学生达标结果的考核，忽视对学生的情意表现、学习态度和进步幅度等内容的评价。导致有些学生虽然认真学习排球技战术和基本知识，但在最终的考试中仍无法取得理想成绩，而另外一些学生却能在排球教学过程中找到"漏洞"，在考试中轻而易举地拿高分，因此，该评价体系不能客观地评价学生的学习情况。

（2）终结性评价的教学评价方式使得教师在排球教学课的考核上，过分重视学生掌握教学内容的结果，忽视对学生奋斗过程内容的考虑，不利于调动学生学习的积极性和主动性。

（3）我国高校排球教学中以终结性评价为主的教学评价体系，不利于提高学生的创新能力和体育人文价值观的形成，使学生难以养成终身体育的习惯，不利于高校大学生的健康和全面发展。

现阶段，要想建立客观公正的高校排球教学评价体系，就必须重视培养高校大学生参与排球运动的积极性和主体性，使大学生在排球运动过程中了解自我运动能力和重视自我评价,使高校排球教学评价建立在现代教育理念的基础之上,以真正实现对学生的体育教育目标。

第三节 大学生的生理和心理特征

大学生是指正在接受高等教育的学生,其年龄一般在18～23岁之间,他们属于青年中期,因此,大学生的生理已经基本发育成熟,其心理具有青年中期的许多特点,如辩证思维的形成、自我同一性的完善、同样群体的形成、价值体系的稳定等,但作为一个群体,大学生也有他们自己的一些独特性。

一、大学生的生理特征

(一)形态发育

低年级大学生已经经历了人生最后一个生长发育的高峰期,身高、体重、胸围、肩宽、头围、骨盆等外部形态已逐渐转入缓慢发展阶段,骨骼已基本骨化并坚固。在此年龄阶段,由于激素的作用,肌纤维变粗,向横径发展。肌肉中的水分逐渐减少,蛋白质、脂肪、糖和无机物含量逐渐增多。肌肉的横断面、肌肉重量和肌肉力量都明显增加,接近成人水平。男女学生在外部形态上出现了明显的差异。男生变得喉结突出,声带加宽,发音低沉,肩部增宽,胸部呈现前后扁平,须毛丛生,显得壮实;女生乳房突出,声带变长,嗓音尖细,臀部增大。这些第二性征的出现,表明生理发育已逐渐成熟,能承受较大的负荷,为担负繁重的脑力和体力劳动,适应各种困难的环境变化,以及为心理素质的健康发展奠定了物质基础。

(二)心肺系统

大学生的心脏在形态结构和功能作用上均已达到成人水平。心脏重量约为300～400克,心脏容积达到240～250毫升,心跳频率每分钟65～75次,血液量占体重的7%～8%,每搏输出血液量约为60毫升。对绝大多数男女生来说，心脏系统是可以承受各项激烈的体育锻炼活动的，个别人出现高血压现象，那是由于青年期之前，心脏发育速度加快，血管发育处于相对落后的状态，加之内分泌的影响，有的收缩压接近 20 千帕而且有起伏状况，舒张压则保持在正常范围，这种现象称为青春期高血压。出现青春期高血压的人，如果过去一向有体育锻炼的习惯，运动后无不良反应，依然可以正常从事体育锻炼和体力劳动，只要适当注意运动量和医务监督即可。随着年龄的增长和身体内环境的协调平衡，这种现象会自然消失。大学生的呼吸系统已接近和达到成人水平，青年初期心肺的结构和机能迅速生长发育，呼吸频率逐渐减慢，呼吸深度相应增加。

(三) 神经系统

神经系统是人体发育最早、最快、成熟最早的系统。大学生正处在脑细胞建立联系的上升期，经过教学训练，特别是专业学习，皮层细胞活动量迅速增加，神经元联系扩大，脑回深化，第一信号系统最高调节能力大大增强，第一和第二信号系统的联系完善起来，为思维发展创造了良好的物质条件。所以，大学时期是智力水平增高、记忆功能增强、抽象思维获得重大发展、分析综合能力明显提高的时期。从生理学角度看，大学生这些器官达到健全程度，可以进行旺盛的新陈代谢，以保证繁重的脑力劳动和剧烈的体育运动中能量消耗的补充。

二、大学生的心理特征

大学生的生理发育逐渐成熟，随着社会地位和责任感以及学习和活动方式的变化，智力发展达到较高水平，成为朝气蓬勃的青年，因而心理的发展变化急剧，心理活动活跃，心理现象丰富多彩，形成了他们自己的特征。

(一) 大学生自我意识的基本特征

大学生开始设计自己未来的发展，其心理活动转入隐蔽的内心世界，深度和广度以及发展的速度都超过中学生，自我设想十分丰富、细腻，开始从社会性方面认识评价自己，体验自己，控制调节自己，是自我意识趋向成熟的阶段。大学生自我评价能力逐渐提高。所评定的自我形象不仅包括自己的仪表、风度等外部表现，而更多的是自己的才干、个性、品德、思想。自我评价能力的发展，强化了大学生的自信心，从而进行自我分析、自我评价，以求达到自我完善。大学生自我评价的自觉性、主动性和稳定性有很大的个体差异。大学生的自尊心、独立性和自信心增强，喜欢发表自己的见解，表现自己的才能，要求别人尊重自己，厌恶他人对自己言行的干涉，希望成为自己命运的主人，因而顽强、坚毅、坚忍不拔、做竞争的强者等优良心理品质获得较大发展。大学生中自我意识的发展有着很大的个体差异，也有不少人表现为自命不凡、脱离集体、追求虚荣，以及形成遇事反对的逆反心理，导致其做出一些蠢事和坏事。

（二）大学生的智力发展达到高峰

大学生的观察能力显著提高，观察事物的目的性由被动向主动和自觉过渡；观察的精确性、仔细程度大大提高；观察的概括性明显发展，能找出事物的共同点与区别，以及事物之间的联系等。大学生思维敏锐，思考的速度快，转移到另一个问题的速度也快，还善于运用理论思维探讨理论问题，大学生思维的广阔性和深刻性的发展，促使他们对文史哲、数理化、天地生等学科都感兴趣，对天地人、日月星都在思考，但考虑最多的还是人生问题。大学生富于理想，对未来的一切充满向往和希望，他们充满幻想，再造想象更加完整与精确，在当代科技信息飞速发展的时代，没有精确的再造想象是难有发展的。

（三）情感日益丰富，情绪易于激动

大学生热情奔放，容易激动，有着丰富、复杂而又强烈的情感世界，且易趋于两极。在情感的体验及情绪上可以有更长的延续性，有一定的调节和自控能力，出现比较曲折、掩饰的特点，甚至外显的形式和内隐的体验有时完全不一致。和成人相比，情绪还显得动荡多变，具有不稳定性。大学生情绪和情感所具有的二重性是实施教育过程中需要认真注意的，要支持和鼓励他们豪情满怀为真理献身的积极情感和行动，要教育和疏导他们不冷静、易冲动、盲目狂热等消极方面的情感和行动。

(四) 个性基本形成

通过青年期的社会化过程，大学生的个性趋于定型。他们有不同层次的理想，对未来抱有美好的希望和幻想。他们精力充沛，兴趣广泛，乐于探索科学的各个领域，具有明确的方向性和选择性，意志品质得到了较大的发展，性格逐步形成，向稳定方向发展。人生观基本确立，对于自然和社会现象已经形成比较系统的观念和认识。他们关心祖国，有着振兴中华的强烈愿望，不满现状，勇于改革，但由于他们缺乏社会实践经验，观察问题比较简单，有时容易要求过高过急，甚至有些人会产生一些悲观消极的情绪。

三、大学生健康体育的特点

从生理学角度来看，大学生的神经系统功能极为健全，心肺功能基本完善，生殖系统发育成熟，运动器官系统稳定发展，但由于地区差异、个体差异以及性别差异，运动素质的发展具有明显的不均衡性；从心理角度看，大学阶段是人个性形成的关键时期，自我意识较为强烈，理性较强，情感极为丰富，性意识增强，智力水平较高；从社会学角度看，在个体社会化过程中，大学生已经基本具备参与社会交往及社会活动的能力，这些都决定着大学生的健康体育特点。

(一) 根据兴趣和身体情况，参加大强度、大负荷量的身体锻炼

由于大学生身体的肌肉、骨骼系统、内脏器官机能均发育到人生的最高水平，身体的控制能力和各项运动的机能与少年期相比，均有明显的发展，为系统地进行体育训练、追求高水平的运动创造了有利条件。因此，大学期间，要从健身、健美、娱乐等需要出发，可以积极参加个人喜欢的各种体育活动，也可以参加各类竞技项目的训练与比赛活动。这里的大强度、大负荷量是一个相对的概念，在实际中应因人而异，并应随着锻炼水平的提高而改善，不能带有盲目性，以防造成不必要的伤害。

(二) 锻炼内容应多样化

青年人的兴趣广泛，爱好多样，因此，在安排身体锻炼时，要考虑内

容的多样化。由于人的经历以及受教育程度的不同，对体育的爱好也不尽相同，大学期间的体育价值观、习惯、运动技术等方面都存在较大的个体差异，因此，这一时期，尤其应注意体育的多层次性特点，锻炼过程应注重从实际出发的原则，选择适合个人的锻炼内容、方法和场所，从个人的实际能力和条件出发，坚持身体锻炼，从而为健康体育打下基础。

（三）大学体育锻炼的实用性特征

对大学生来说，由于专业学习的差异，发展健康体育应该考虑其所学专业和未来职业的需要，掌握未来职业所需的身体锻炼知识、手段和方法，掌握职业实用性运动技能及与职业特点相近的体育运动项目，提高未来职业所需的一些运动素质以及对外界环境的适应能力和抵抗能力，以此为终身体育的发展奠定一定的基础。

第四节　高校排球教学的改革

排球教学已不是单纯的技术教学，而是立体化教学。这就要求教学中应由注重掌握技术、技能，向注重培养学生的体育意识、兴趣、能力和个性方向转化；由单纯强调技评和达标成绩的学习，向强调学生学习过程转化；注意在学习过程中激发学生的学习动机，启发学生的思维，使学生主动探究问题，自主活动；教师的角色要重新定位，要由原来的传授者转变成学生学习的指导者、合作者；由封闭的教学组织形式，向开放的教学组织形式转化。

一、引进国外先进的教学理论与方法

引进先进教育思想理论与方法，通过教学实验来考察其在排球教学中实施的各种效应，并加以改造，使之成为适应中国国情和排球专项教学特点的中西结合的新型教学模式，形成新的教学思想方法体系。

二、培养学生的参与意识

"教人未见意趣，必不乐学。"由此可见，激发学生的学习兴趣是影响教

学的重要因素。当代大学生的体育意识具有个性化、实用性、鉴赏性较高的特点，因此，排球课程的教学内容必须从6人制室内竞技排球的束缚中解脱出来，引进软式排球、气排球、墙排球、沙滩排球等娱乐排球。只有当多元化的排球运动形式能够迎合学生学习排球的多种动机与需求时，学生参与排球运动的意识才会得到增强。

三、科学制定课程目标

课程目标制定的科学与否，将涉及课程教学的内容、教学组织、教学手段与方法、教学质量的测量与评价等一系列问题。排球课程的教学目标应制定为：通过排球课程教学，习得终身受益的身体锻炼的知识、手段、方法，从中享受快乐、陶冶情操，提高专项运动素质，培养适应未来社会所需的心理素质以及对外界环境的适应能力和抵抗能力，为终身体育教育服务。

四、合理选编教材

教材是课程教学的重要载体。在排球教学中，教材的选择考虑两个层面的问题：一要有利于学生提高基本理论知识和运动技能，有利于形成锻炼身体的习惯；二要适合学生的身心特点，满足学生的运动兴趣和现实与未来的体育需要，为学生未来生活服务。普通高校排球教材必须从目前体育院系术科教学的模式中跳出来，根据排球运动竞赛的基本特征，选择那些在比赛中使用频率较高、实用性较强、动作技术结构与方法相对简单、学生比较容易掌握与运用的基本技术与战术作为主要内容。减少高难及次要教材，保证主要教材的时数分配。

五、潜心安排教学组织形式

在普通高校体育教学中，从宏观上按学生的体育兴趣进行分班教学的组织形式已得到了广大体育教师的赞同。其基本形式是：一是按学生运动的实际能力水平将教学班分为优秀组与普通组，教师将教学的主要精力放在普通组，对该组学生进行强化教学，从而使学生更加积极、主动学习。与此同时，适当兼顾优秀组，给他们提出更高的要求。每次课进行动作技术测评，按测评的结果实行动态升降，让普通组学生感受到在通过努力升入优秀组的成就感和自豪感，而优秀组的学生为能继续留在优秀组而在能力上有更上一层楼的优越感。二是进行互补分组教学。例如，在背向双手垫球技术教学中，首先由教师讲解示范，逐步进行一段时间的自抛、自垫练习(轻力量)。而后进行几人一组的练习，练习中轮流担当"小教师"的职责，给练习者及时提供反馈信息，形成相互监督、鼓励，共同进步的良好学习氛围。

六、精心设计练习手段

在排球动作技术教学中，练习手段安排是否合理对教学效果的好坏有着举足轻重的影响。练习手段的设计既要考虑使用时的递进性，又要考虑实用性。例如，在扣球技术的挥击动作教学时，可通过递增网高的练习手段，收获明显的教学效果。这是因为在最初低网的练习中，学生可以把注意力集中在挥击动作上，可以从中体会到"一锤定音"所带来的快乐，从而可以调动学生的积极性和主动性，在学生基本掌握动作要领的前提下逐渐升高网，让学生经过努力，充分发挥水平。

七、科学运用教学方法和手段

由于排球课程教学的时数有限，再加上学生年龄、性别、运动能力等实际情况，在教学方法选择时，应根据不同的阶段和特点选择不同的教学方法。运用多媒体技术，实现教学手段现代化，一些深奥的理论、复杂的运动也可以通过三维动画、虚拟现实等各种手段使学生从科学与艺术相融的视觉信息中感知抽象、理解复杂，有利于调动学生的所有感官功能，全身心地投入学习，从而达到传统教学无法达到的特殊效果，实现教学的最佳目的。利用电影、电视录像和计算机 CAI 等媒体技术手段，可以动态地模拟排球技战术的时空特征和连续变化过程，提高直观教学的效果。

例如，在掌握动作技术阶段，应根据学生能够利用已知知识的心理学特点，尽可能运用诱导性示范与讲解的方法，如在垫球练习时，教师可在学生掌握正面双手垫球的基础上诱导学生如何掌握变向垫球的动作方法和要领，充分激发学生的想象力与创造性；根据学生不易发现自身错误动作的心理特征，尽可能地运用即刻信息反馈纠正错误的方法，如在练习上手传球技术时，用简洁性语言即刻反馈给学生，让学生即刻纠正动作；尽可能运用辅助性练习、诱导性练习和降低条件的重复练习法，如在扣球教学中，对那些动作僵硬而又不协调的学生，可让学生手持一根软绳去击打一个固定目标而充分体会鞭打动作，既不会觉得枯燥，还会从中得到乐趣，在享受乐趣的过程中使技术动作得到改进和提高，进而在练习扣球过程中真正享受排球带来的快乐。

八、组织课余排球竞赛活动

组织课余排球竞赛活动，一方面，通过竞赛激发学生对排球的热情，使学生喜爱该项运动，从而引导他们参加课外锻炼，掌握一项锻炼身体的手段，为终身体育奠定基础；另一方面，能使课堂教学与课外活动有效结合，提高教学效果。

第三章 高校排球教学概述

第一节 高校排球教学的目标与内容

一、高校排球课程教学的目标

我国高校排球课程教学的目标主要包括以下几个方面：

（1）增强学生体质，增进学生健康，促进学生身心健康发展。

（2）培养学生从事排球运动的态度、兴趣、习惯和能力，为终身体育打下良好的基础。

（3）促进学生的社会化，培养学生良好的思想品质，使其成为具有创新精神、德智体美全面发展的社会主义优秀人才。

（4）传播排球运动文化，促进排球运动发展。

（5）实现体育教学目标，完成体育课程任务。

二、高校排球课程教学的任务

为了实现排球课程教学的目标，在高校排球教学工作中，要不断完成以下教学任务：

（一）增强学生体质，促进学生健康

这些年来，我国大学生的体质不容乐观，一直在不断下降。因此，高校体育课程的首要任务便是增强学生的体质，促进学生的健康，排球课程教学目标也是如此。学生在通过排球运动的学习后，身体形态、生理机能、身体素质和身体基本活动能力等方面都得到全面发展，并在这些基础上增强他们对自然环境的适应能力和疾病的抵抗能力。通过高校排球课程的学习，让学生养成运动的习惯，从而终身参与运动，为健康人生打好基础。

(二) 传授排球知识和技能

排球课程的教学，通过排球知识和技能的传授，使学生了解一部分与排球运动相关的理论知识，使学生了解一定的排球文化和历史。学习排球理论知识、原理和方法，不仅可以提高学生对排球运动文化的了解，调动他们参与排球运动的积极性和自觉性，还可以为他们参与排球运动提供科学的指导，这些原理和方法将使他们受益终身。并且可以使学生在具备了一定排球理论知识和原理、方法的基础上，将这些理论知识、原理和方法合理地迁移到其他运动项目的学习过程中去。

排球课程的一个重要任务就是让学生掌握排球运动的基本技术，从而让学生利用自己的业余时间去参与排球运动，这是排球课程的一个主要任务。

(三) 为学生终身参与体育打好基础

让学生终身参与体育是我国高校体育教学的一个教学任务。高校体育和终身体育的联系，是通过"兴趣"和"能力"这一途径来实现的。在高校排球教学的过程中应重点培养学生对于排球运动的兴趣，在这一基础上通过长期系统的排球技术技能的学习，学生就会对排球运动有一个清晰的认识并理解其文化内涵，从而就会具有参与排球运动的积极性和主动性。这样，有了良好的体育价值观和态度，学生才能积极参与体育锻炼，并且终身受益于体育。学生可以因人、因时、因地创造性地去选择适合自己的健身方法和手段，以满足他们终身体育的需求。

(四) 促进学生个体的社会化

大学阶段是一个人社会化的关键阶段，是一个人个性全面发展的重要阶段。高校教学者在排球教学的过程中，要结合体育的特点，通过各种学习方法和手段对学生进行品德教育，使学生的个性和人格得到完满发展。要通过排球运动的教学提高学生的社会责任感和群体意识，培养他们热爱集体、遵纪守法、团结合作、勇敢顽强、创造开拓等品德和作风，为将来适应社会生活奠定良好的基础，实现学生个体的良好社会化。

(五) 培养竞技排球人才, 促进竞技体育发展

长期以来, 我国竞技体育实行的都是三级网训练体制, 通过市运动队、省运动队和国家运动队的形式选拔竞技体育人才, 随着我国社会的快速发展, 这种选拔方式出现了越来越多的弊端, 不利于竞技体育人才的选拔。随着我国竞技体育体制的不断改革, 借鉴美国竞技体育人才选拔的经验, 我国也开始慢慢通过高校来选拔竞技体育人才, 作为三大球项目之一的排球, 在高校具有一定的基础, 具有这样的发展潜力。

因此, 在开展学校排球教学活动的过程中, 要善于发现有排球运动天赋和运动才能的学生, 并在课余时间对他们进行排球运动训练, 以提高他们的排球运动技术水平。有条件的高校还应该组织排球高水平运动队, 这样既可以丰富学校的校园文化和学生的课余生活, 同时也可以为高一级的排球运动队或排球俱乐部输送后备人才。

三、高校排球课程教学的原则

在进行校园排球课程教学时, 应该遵循一定的原则。排球教学首先应该遵循教育学教学论中有关的一般原则, 如教学者的主导作用和学生的主动性相结合原则、直观性原则、系统性原则、巩固性原则、因材施教原则、循序渐进原则等。而教学原则也是教学客观规律性的反映。具体到排球教学时, 排球教学应有其自身的教学原则。

教学论的研究表明, 排球教学原则主要说明教学者在排球的教学过程中如何依据排球教学的客观规律进行教学活动, 并在这个过程中加速教学进程和提高教学效果。它是教学者在排球教学过程中为了实现教学效果的最佳表现所必须遵循的基本要求和指导原理。

排球教学原则是在科学分析排球的教学过程及与之相联系的各种因素的基础上建立起来的。在这个过程中, 需要对以运动技能学习为主并与思维活动相结合的认知过程、排球教学目标、排球教学内容、排球教学手段进行再次认识。建立在这种认识的基础上, 并参照教育学教学论中有关教学一般原则的指导, 在实际排球教学实践活动进行的过程中, 应着重考虑以下几个方面的基本要素:

(一) 以学生为本的原则

在排球教学过程中，要注重以学生为本的原则，在制定教学目标时，应充分考虑到教学过程的主体是学生，并以这一原则为指导来促进学生的自主学习和发展，培养他们的创新精神和竞争条件下的合作意识，不仅使他们的身体得到锻炼，同时也使他们的性格和意志得到发展。体现教学对象在学习过程中的主体作用也是人性化教学原则的一项重要内容。

在排球教学中，学生的主体性主要体现在教学中，学生要积极主动地投入到学习中去，同时构建一种人性化的排球教学环境，将传统排球教学"让我学""让我练"的模式转化为"我要学""我要练"的模式。而人性化教学的另一个主要内容是教学者的主导作用。教学者在教学的过程中要做到理解学生，并尽量表现出友好和对学生负责的态度；在教学讲解的过程中要有条不紊；教学设计要富有想象力；其本身也应具有亲切和热忱的良好情感品质，才能为学生所接受和爱戴。同时，还要求教学者善于根据排球教学的规律，掌握不同年龄、不同性别学生的生理、心理特征，注意教学的系统性和计划性，选择具有实用性的教学方法，兼顾娱乐性和竞技性，合理安排运动负荷等进行组织教学的工作能力，使学生产生积极的情感体验，成为教学双边关系中的一种动力源，达到教学相长的理想效果。

(二) 学生可接受性原则

在进行排球教学时，首先要考虑学生的可接受能力，并根据其来确定教学内容的难度和顺序。因此，应该根据学生的学习能力以及认识思维的逻辑顺序，并遵循学生身心发展的阶段性特征，也就是在制定教学目标时，必须依据目标难度与动机之间的关系理论，并保持适宜的难度。

通常情况下，教学者都会依据特定的教材来安排教学，在选择教学内容时，就要考虑到教材本身具有的逻辑顺序，注意教材内容的各组成要素之间是否具有科学合理的逻辑关系。若将其置于具体的排球教学活动中，就应当是先讲授理论知识，再讲授基本技术，然后是各种技术的组合应用，在学生具备了一定技术能力基础之后再进行一些战术的讲解，最后使学生将排球运动的各种要素进行组合并灵活运用。如果是讲解单一的技术动作，一个技术动作也是由多个不同的单一动作结构组合而成的，每个动作结构又具备不同的细节特征和相应的知识。因此，排球技术教学应多采用分解教学法，先进行基本知识的教学，基本动作的教授，进而将分解动作进行整合，并在组合的过程中注重每一个细节的衔接，使完整的技术动作能够有效地运用。与此同时，根据排球动作技术特点，在学习排球技术时应从准备姿势开始，依次学习击球手型、击球点和击球用力。

在对教学手段进行选择时，应该遵循人类认知过程的普遍规律和运动技能形成原理，练习的过程应先从徒手无球的模仿练习开始，再到有球的实战练习。教学者在教学时应先对学生进行诱导再辅助他们进行练习，由不使用球网到使用球网，由简单条件下的比赛逐步过渡到复杂条件下的竞赛操作方式方法。

(三) 培养学生球感的原则

根据大多数排球教学者教学的经验，在排球的技、战术学习方面，正确地判断人或物与自己的距离的能力、知觉人和物的状况与速度的能力 (不仅迅速知觉反应的时间，而且迅速知觉本队和对方队员的动向以及各种不同来球的方向和速度)、空间关系视觉化的能力 (不仅能知觉球与人，而且能认知其场上位置与人球空间的关系和洞察其变化)、在时间上统一运动协调的能力 (迅速连续进行不同的动作时，按照动作方法或串联序列使之融合统一) 等具有特殊意义和特殊作用。因此，教学者在进行排球教学活动的过程中，根据学生所处的不同的学习阶段，采取不同的教学手段培养学生的球感是具有重要意义的。培养学生的球感，可以使学生更熟练地掌握排球的运动技术。

(四) 采取恰当教学方法和手段的原则

对于排球运动的初学者来说，对运动知觉 (如对球的本体感觉) 和球在空中运行的时空感知等状况的辨别、判断的比重很大，然而随着学习的深入，这种比重随着学生对技、战术的掌握逐步深入而有逐渐减少的趋势。但是，后期在判断上对视觉的依赖程度与初期相比却有所增强。在学习后期，肌肉运动时的直觉能力取代了视觉的判断，在这时，如果能使视觉发挥更为有效的作用，则可以使技术动作完成得更加标准。因此，在进行排球技、战术的教学时，应优先选择运用完整与分解示范、正误对比示范、边讲解边示范以及运用照片、电影、录像、投影等直观教具和现代化的多媒体教学手段进行教学，为学生建立清晰的运动表象，使他们更好地掌握技术动作和战术过程。

(五) 注意运用动作迁移理论进行教学

在进行排球技术动作教学时，通过学习某种动作技能而得到的能力向同等或类似的横向技能迁移的情况，可以说比其他球类项目要来得多些。例如，如果学生熟练地掌握了正面上手发球的挥臂动作，那么在学习正面扣球的挥击臂动作时就轻松了许多，因为两种挥臂动作具有相同的特点。但是，在另一种情况下，如果学生学会了排球正面上手发球的挥臂动作，在学习正面上手发飘球的挥击臂动作时，却又有明显的不同，因为它们虽同属排球发球类动作技术，表面上看动作很相似，但因其挥击臂动作技术在本质和内在联系中有着截然不同的区别，所以它们之间的迁移量并不大。可见，在判断几种动作技能是否具有相似性的时候，并不能只从动作的动觉、运动刺激、运动反应、同一运动反应动作的形式和运动的控制方式等方面来进行比较。这就要求教学者在实际排球技术教学过程中，既要注重运用动作正迁移的有利效应，又要防止动作负迁移的干扰效应。

(六) 遵循循序渐进的原则

进行任何运动项目的教学，都要伴随一定的运动强度，适当的运动强度对于学生所学技能的掌握程度起着十分重要的作用。在传统的训练观念里，"三从一大"看似很有道理，"一大"就是指"大运动量"，参与运动训练的群体，无论教学者还是学生都普遍认为，训练量越大，取得的效果就越好。排球运动教学者在纠正学生的技术动作和指导他们改进技术时，经常采用的方法就是增加触球次数，加大他们击球练习的训练量。运动程序理论与动力模式理论中提出了有关练习变异对于动作技能主要作用的研究，在长时间内反复进行单一动作的练习会导致记忆动作和迁移动作能力的降低。因此，练习量不是安排得越多越好，练习量与运动技能掌握的程度也不是完全成正比。并不是练习使动作技能越发完美，而是只有在练习安排完美的条件下才能训练出完美的运动技能，亦即练习量只有与其他诸如强调动作方法、注重动作效果、变换操作条件等变量共同作用时，才能产生最佳的技能学习效果。

第二节　高校排球教学的方法

一、教学方法的概念

(一) 方法的概念

方法是指人们为达到某种目的或是获得某种东西而采取的手段和行为方式。

(二) 教学方法的概念

教学方法是为实现教学目的而所采取的手段、方式、措施和途径等的总和。教学方法的有效性关系着教学目标实现的程度，而教学方法的科学性则决定着教学的质量。因此，研究体育教学方法对于提升体育教学效率和改善体育教学效果具有重要的促进作用。

(三) 体育教学方法的概念

体育教学方法，具体是指为实现体育教学目的而采用的手段、方式、措施和途径等的总和。具体而言，可将体育教学方法的概念定义为：在体育教学过程中，为了达到体育教学目标和实现体育教学目的而由师生所采用的可操作性的教学方式、途径和手段的总称。

(四) 排球运动教学方法的概念

排球运动教学方法，是在排球运动教学过程中，为了达到排球运动教学的目标和实现排球运动教学的目的而由师生所采用的具有可操作性的所有教学方法、途径和手段。

二、排球运动教学方法的内涵

排球运动的体育本质使其教学方法充分体现了体育教学方法的基本内涵，体现了体育教学的师生互动，为了更加深入地认识排球运动教学方法，应该认清以下问题：

(一) 教学方法和教学目标的不可分割

在排球运动教学过程中，教学方法的使用具有一定的目标性，教学方法应与体育教学目的之间具有密切的联系，教学方法的实施应能够促进排球运动教学目标和任务的实现。如果脱离了目标，教学的方法也就失去了其存在的意义。因此，排球运动教学方法作为排球运动教学的重要组成部分，服务于排球运动教学的目标和任务。排球运动教学方法和排球运动教学目标具有一定的不可分割性，如果将两者割裂开来，则排球运动教学方法没有明确的方向，会表现出一定的盲目性；而排球运动教学目标任务如果脱离了排球运动教学方法，就无法实现排球运动教学的基本过程。

(二) 排球运动教学方法的"教""学"统一

体育教学包括教师的"教"和学生的"学"两部分，教师和学生是教学活动的主体。排球运动教学也不例外，排球运动教学中，教师与学生二者之间的教、学互动明显。

在排球运动教学中，教学方法和手段都是针对学生展开的，教师和学生之间具有密切的关系，在他们的双边互动中，排球运动教学的任务和目的逐步实现。因此，排球运动教学方法的使用必须体现"教"与"学"的统一，只有师生之间实现有效的双边互动，才能更好地发挥排球运动教学方法的作用，以实现良好的教学效果。

(三) 排球运动教学方法是师生动作和行为的总和

体育教学方法和其他科目教学方法的显著差异是：体育教学方法不但高度重视教学语言要素，而且高度重视动作要素。

在排球运动教学中，教学方法是在师生互动中得到贯彻与实施的，排球运动教学的方法也是师生之间行为动作总和的体系。各种排球运动技术动作的掌握和熟练都需要教师进行示范、讲解以及纠正，并在此基础上，学生进行重复练习，才能最终掌握相应的排球运动技术动作。因此，排球运动教学方法是教师和学生的动作和行为的总和。

(四) 排球运动教学方法的功能具有多样性

现代体育教学的目标是提高学生全面发展的速度，具体是指掌握各项运动技能、增强自身的各项身体素质、把学生的全面发展置于重要地位。

在开展校园排球课程教学的过程中，教练过程应当全面反映现代体育教学对学生实施的素质教育，教练员采取多种教学方法和教学方法组合推动学生实现全面发展。由此可见，排球运动教学方法的功能也具有多样性的特点，不仅能够在一定程度上促进学生排球运动能力的增强，还能够促进学生思想道德品质、心理素质等方面的发展，促进学生的全面发展。

三、排球运动教学方法的分类

体育教学方法众多，对其进行分类整理有助于完善教学方法体系，同时还对教师科学选用排球运动教学方法具有指导意义。一般来说，体育教学的方法分为教法类和学练法类两个基本大类。排球运动教学方法分类与体育教学方法分类相同。

(一) 教法类

1. 知识技能教法

教法类教学方法包括基本知识的教法和运动技能的教学方法，具体如下：

(1) 基本知识的教法。基本知识的教法主要是针对体育运动项目 (这里专指排球运动) 的理论知识教学而采用的教学方法，具体包括体育保健类知识以及体育的相关理论等的教学。体育基本知识的教学方法同其他学科的教学方法类似，这类教学方法进行分类时也较为复杂，根据不同的分类依据可将其分为不同的类别。在排球运动教学过程中，教师在选择排球运动教学方法时，要注意教学的情意活动及其多功能作用的发挥，要将一般性体育理论知识、排球运动教学的理论知识与排球运动活动实践密切结合起来，提升教学方法的可操作性。

（2）运动技能的教法。运动技能的教学方法主要是针对体育运动技能（这里专指排球运动技能）的教学而采取的方法，是一般意义上的运动教学方法，是体育教学方法中与其他学科的教学方法有很大差别的部分。

就校园排球课程教学而言，教练员在选择和运用技能教法时，首要任务是对教学目标形成清晰、准确的认识。因此，排球教练员第一步是搞清楚排球运动教学是为了使学生掌握排球运动技术技能，还是为了发展学生身体或是要达到其他什么目的。第二步是对排球运动教学的内容进行分析和处理，运用相应的动作教学方法来实现相应的教学任务。当排球运动教学的目的以及排球运动教学的内容不同时，活动的方式也会有所区别。因此，排球教练员应当密切结合教学过程中的具体情况，将教学方法灵活多变的优势发挥得淋漓尽致，最终选择出最适宜的教学方法与策略。

2. 思想教育法

思想教育法是对学生进行思想品德教育和美育的方法，也是体育教学的重要任务之一。在开展相应的思想教育时，应结合体育教学的特点采用相应的教学方法，确保教学能够达到很好的效果。

具体来说，在排球运动教学中，要重视通过合理教学方法的运用，促进学生在排球运动学习过程中形成顽强拼搏的意志品质，培养学生团队协作的意识，促进学生个性意识的发展，并促使其形成正确的价值观和审美观，培养其探索性和创造性思维。

（二）学练法类

1. 学法类

学法类是用以指导学生进行学习的方法。在体育教学中，学法类的教学方法应使学生不仅能够掌握相应的知识和技能，还要使其愿学、会学，并且在以后的工作和生活中学以致用，养成良好的体育锻炼习惯。

在校园排球课程教学实践中，教练员选择和应用的学法应当能够科学指导学生学习各项排球运动技能。一方面，要确保学生能够较好地掌握前人积累和总结的知识和经验，在继承的基础上实现排球运动技能的发展；另一方面，学生应将相应的知识和经验与自身的个性特点相结合，从而最终形成终身体育意识与拥有相应的排球运动能力。

2. 练法类

具体来说，练法就是学生的体育训练方法，是实现体育教学目的的重要方法和途径。指导学生进行体育锻炼的方法是体育教学里面最具本质特征的方法。练法类教学方法对于学生的身体素质以及各项运动技能的发展具有直接的作用和效果。

在排球运动教学过程中，学生应能够理解和感受身体运动时的各项体验。排球运动教学训练实践中应结合不同教学目标、学生特点、训练条件等选择和安排相应的训练方法，以促进学生排球运动专项体能、技能和心理能力的发展与提高。

3. 学练法的阶段与内容实施

（1）学练法的阶段。第一阶段的目的是帮助学生建立动作技术的直观表象阶段，通过听、看、思、记等手段来实现相应的学习，具体的方法包括观察法、聆听法、探究法、形象思维法、归纳思维法、有意记忆法、理解记忆法、联想记忆法。第二阶段的目的是实施和矫正具体运动技术，具体的方法包括模仿练习法、分解练习法、完整练习法、表象练习法、重复练习法、变换练习法、间隙练习法、游戏练习法、循环练习法等。第三阶段的目的是巩固和提高学生的动作技能，具体的方法包括强化练习法、提高难度练习法、比赛练习法等。

（2）学练法的内容实施。在排球运动的教学过程中，各项教学方法可以单独运用，也可以科学整合各项教学方法，由此构建一定的方法体系来运用。在排球教学过程中应使得学生明确各种练法的作用和意义，并把握不同练法之间的联系，选用最佳方法。

四、排球运动教学方法的作用

体育教学活动的诸多组成要素中，教学方法是最重要的组成部分。在体育教学活动过程中，教学方法占有重要的地位。不仅如此，即使在结束了教学活动之后，教学方法所产生的影响依然存在，这是其他教学要素无法取代的。联系排球运动教学实践，科学选择和运用体育运动教学方法的意义体现在以下几个方面：

(一) 有序完成排球课程教学的任务

在排球运动教学过程中，体育教师与学生双方互动的连接点是排球运动教学方法。科学有效的排球运动教学方法有利于密切联系排球运动教学活动中的两个重要主体 (教师与学生)，这一连接有利于排球运动教学目标与任务的实现。倘若没有实效性的科学排球运动教学方法，就难以实现排球运动教学任务。

(二) 营造积极向上的教学氛围

合理恰当的排球运动教学方法能够提高学生参与排球运动学习的积极性，促使其学习动机不断得到激发，同时也有利于良好教学氛围的营造。良好的教学氛围反过来又有利于感染学生，引导学生主动参与学习，从而促进一种良性循环的形成。排球教师正确运用切实可行的教学方法，能够促使学生更加信任教师，由此更加积极地听取教师的指导意见，从而提高学生学习排球运动课程的效率，为营造良好的教学氛围、形成和谐的师生关系提供保障。

(三) 推动学生实现均衡发展

排球运动教学方法应是科学合理的。教学实践中，体育教师受到科学思想的感染与熏陶而采用科学恰当的教学方法进行排球运动教学，这对学生的身心发展是极为有利的。相反，不具备科学性与不恰当的排球运动教学方法所产生的消极影响会对学生身心的发展造成阻碍。

就身体发展来讲，在排球运动教学活动中，实施排球运动教学方法的过程通常也是学生对排球运动技术进行体验与锻炼的过程。因此，教师不仅要向学生灌输体育方法论的知识，同时也要引导学生进行训练实践，全面发展学生各方面素质。

就心理发展来讲，排球运动教学具有对学生心理调节、情感发展、意志培养等特殊作用，科学的体育教学方法也有利于培养学生的丰富情感、锻炼学生的意志品质。因此，科学的排球运动教学方法能够积极影响学生健康心理的建设。

第三节　高校排球理论教学与教学组织

一、排球课程教学的总体要求

(一) 全面提高排球教学的质量

排球教学活动管理的最终目的，就是不断提高排球教学的质量，加强排球教学的全面质量管理，不仅需要落实到排球教学活动的全过程中，还要落实到排球教学管理的所有环节中。具体而言，就是要强化排球教学活动的全过程的质量管理和加强排球教学的全员性质量管理。

(二) 注重排球教学的专业性特征

排球教学活动是一个专业性很强的工作，这就要求我们把握排球教学的机制，进行渗透化管理，并经常检查管理的效果，从而建立科学、有效的排球教学管理制度与措施。与此同时，学校还应使排球教师的管理主体作用得到有效的发挥，同时控制好其他的教学因素，并注重教学活动的各种信息反馈，保证排球教学活动能够正常、顺利地开展起来。

(三) 体现排球教学管理的特色

经过不断研究与实践，当前我国已经基本确立了一些排球教学管理的特色，例如，在指导思想的管理上，把育身与育心、社会需要与学生需要、校内体育教育与社会终身体育结合起来；在教学内容的管理上，将民族性与国际性、健身性与文化性、实践性与知识性、统一性与灵活性结合起来；在教学的宏观控制上，把行政管理与业务督导、统一要求与分类指导、基本评价与专题和特色评价结合起来；在教学过程的管理上，把教师主导作用与学生主体作用、以理施教与以情导教、教学的实效性与多样化、严密的课堂纪律与活泼的教学气氛、激发学生兴趣与培养刻苦精神结合起来。这些都体现了我国排球教学活动管理的特色。

二、制订校园排球课程教学管理的计划

在制订相应的排球教学管理计划时，应该对排球教学的各项工作进行科学考虑和合理安排。既要保证能够充分调动各方面的积极性，又要能够促进教学质量的逐步提高。具体而言，排球教学管理的计划应该包括以下几方面的内容：

(一) 制订排球教学工作整体计划

排球教学工作整体计划是贯彻国家制定的排球教学大纲和教材、科学地安排整个教学工作、顺利完成教学工作目标不可缺少的文件，是排球教师进行排球教学的主要依据。它包括全年教学工作计划、单元教学计划和课时计划等。

(二) 制订排球教学学年工作计划

排球教学学年工作计划是在长期规划的基础上，概括国家的教育和体育方针、上级领导机关的指示精神、学校工作的中心任务及要求，总结上学年或上学期体育工作的基础上，结合学校排球教学工作的实际情况制订的。

(三) 制订课外排球教学工作计划

课外排球教学工作计划是排球教学工作计划的一个重要组成部分，应包括全校课外排球教学工作计划、班级排球锻炼计划和个人排球锻炼计划等。学校应结合本校实际与学生的具体情况来安排相应的课外排球教学工作计划。

(四) 制订排球业余训练计划

排球业余训练是排球教学的一项重要任务，积极开展排球业余训练可以增强学生体质，提高学生运动技术水平。它可以分为个人训练计划、集体训练计划、多年训练计划、学年训练计划、阶段训练计划、周训练计划、课时训练计划等。业余训练计划是增强学生排球运动员专项素质的重要保证，应针对学生排球运动员的运动特点合理制订计划。

(五) 制订排球运动竞赛计划

排球运动竞赛计划是检查教学质量、衡量排球运动训练水平、选拔优秀排球人才的重要手段。它包括年度竞赛计划、学期竞赛计划。制订运动竞赛计划时应考虑和上级竞赛计划吻合，在时间安排上要利用节假日，还要充分考虑学生的个人爱好。

(六) 制订排球教师培训计划

在排球教学进程中，需要教师们不断学习新的知识，不断提高自身的综合素质。在制订教师培训计划时，要充分考虑到每个教师的业务水平及学校体育的发展水平、年龄层次，结合教学的实际情况，在不影响教学的情况下轮流培训。教师培训计划是提高教师素质的重要形式。此外，还应注意增强并提高教授自我学习的意识。

(七) 制订排球场馆和景材发展计划

制订场馆建设、维护，器材购买、维修计划，应考虑到排球教学的发展情况，同时要考虑到实际情况，合理地配置有限的财力、物力资源。场馆、器材计划的制订，可以保障排球教学活动的顺利开展。

三、校园排球课程教学组织实施

校园排球教学的管理是一个比较复杂的过程，需要进行相应的组织和实施，需要各方面进行密切的配合，这样才能够保证排球教学活动的正常开展。

管理的组织职能贯穿排球教学活动的全过程，如果缺乏严密的组织工作，那么排球教学目标实现的可能性就会降低。排球教学管理的组织过程，从一定程度上来说就是以排球教学的目标为出发点，而对人、财、物、时间、信息等因素的配置和调整。排球教学的管理组织所具有的职能主要包括以下几方面：

（1）根据管理的相关需要，首先要按照学校类型、规模大小，建立排球教学组织管理机构。

（2）要对每一层次人员进行职权分工，确定职责范围，明确各层次或横向间的协调关系。

（3）优化配置各层次管理人员，做到人尽其才。

（4）建立各层次体育教学管理规定，做到有规可循，有章可依。

四、校园排球课程教学管理的检查与评估

校园排球课程教学管理目标能否实现，以及相应的排球教学计划能否正常执行，在很大程度上取决于能否对排球教学管理的过程进行有效的控制。

在排球教学过程中，经常会有一些原有的工作计划与现实情况产生矛盾，这时就需要采取相应的措施保证排球教学管理目标的实现。如果无法发现其中的问题，并且不能及时进行必要的信息反馈，则无法解决问题，从而影响排球教学的效果，不利于排球教学目标的实现。

校园排球课程教学管理的检查与评估，是全面贯彻党的教育方针，实现排球教学目标的重要措施。排球教学管理的检查评估的实施程序一般可分为准备、自评与验收三个阶段。

（一）准备阶段

主要包括组织准备与方案准备两个方面：前者需成立专门的检查与评估工作组和办事机构，并聘请有关专家和人员组成评估组；后者是整个检查评估过程中技术性最强的工作。评估方案通常由评估对象、内容、方法、指标体系、评价等级、步骤（措施）及有关说明（细则）等几部分组成，并将这些内容设计成评估表格与相应文件。

（二）自评阶段

自评阶段的工作内容主要包括宣传动员、收集资料、客观评定、汇总整理四个方面。被评学校应自建一支有代表性、有权威性的评估队伍，根据指标条目收集相关数据、资料和信息并进行查对核实，然后将各类数据认真填入报表，据实向组织评估的主管部门上报。

(三) 验收阶段

由评估主管部门组织评估专家组对被评学校进行检查与评估。检查与评估组的成员一般由主管部门聘请有关行政领导和专家组成。检查评估时，可以采取调阅文件、检查材料、抽样调查、实地考察和座谈访问等多种方式了解情况，按照评估方案，从总体上对被评学校的体育管理工作做出客观评定，并由评估组填写评估表，交主管部门。评定结果应及时向被评学校反馈。被评学校要积极配合检查评估组的工作，认真听取反馈意见，不断改进和提高排球教学管理工作。

第四章　高校排球教学模式

第一节　高校体育教学模式的构建

一、身体锻炼体育教学模式

(一) 含义及教学指导思想

以发展学生的身体素质为主导，遵循学生生理和心理起伏变化规律和负荷与休息合理交替的规律，把教学过程分为准备、负荷、调整、负荷、恢复等几个阶段。在教学过程中，发展学生身体，增强学生体质，全面完成体育教学任务。这种思想主要源于传统的体育观，主要受体制教育思想影响较大。

(二) 教学过程的结构特征

教学的单元设计是以某一项运动技能学习为主线，然后根据所教运动技术的特点组织相应的一套身体素质练习作为锻炼身体的内容。在每一节课的后半部分，加进一个"身体锻炼"的环节，时间在 5 ~ 10 分钟，要求锻炼的内容与运动学习的练习相对应，追求身体的全面锻炼，多采用循环练习法等。

二、快乐体育教学模式

(一) 含义及教学指导思想

快乐体育教学模式是近年在国内外的快乐体育思想下形成的教学模式。其教学指导思想是让学生在掌握运动技能和进行身体锻炼的同时体验到运动的各种乐趣，并通过对运动乐趣的体验逐步形成学生终身体育的习惯。该教学模式主要是遵循运动情感变化规律来设计单元和教学课的。

(二) 教学过程的结构特征

由于运动的乐趣来源于多方面，因此，使学生体验乐趣的教学途径也比较多样，类似的教学模式也比较多。但其教学过程的共同特点是具有一个或几个体验运动乐趣的环节，有时这些环节互相连接、层层递进，使学生能体验到运动学习、挑战、交流和创造的多种乐趣。这类教学模式多采用游戏法、挑战性法、集体性比赛法、小群体学习法等教学方法。

三、成功体育教学模式

(一) 含义及教学指导思想

这是近年来在国内"成功体育"教学思想指导下逐步形成的教学模式。在国外，如日本和澳大利亚，都有类似的体育思想和相近的教学模式，这是一种主要面向学习有困难的学生，主张让每个学生都体验到运动学习乐趣，积累小的成功为大的成功，以形成学生从事体育运动志向和树立学习自信心的教学模式。该教学思想有如下特点：

（1）主张让学生多体验成功但不否认过程中的失败。

（2）既强调竞争的作用也重视协同的作用。

（3）主张将相对评价与绝对评价相结合。

（4）主张营造温暖的集体学习氛围。

（5）强调既懂又会的学习效果。

(二) 教学过程的结构特征

其教学过程结构的特点是在单元的前期和后期都有一个经过改造的练习或比赛方法。这些方法多采用"让位""相对评价"等手段，将练习和比赛变成一个使不论技能好坏的学生都能参加和享受到成功乐趣的活动。通过引进环节使每个学生都有一个针对自己条件的努力目标，帮助学生建立起学习自信心，最大限度地激发学生的学习积极性。

第二节　情景教学模式

一、情景教学模式的定义

所谓情景教学模式，即教师通过对教学目标加入形象生动的场景，来引发学生身临其境的体验和感觉，并引导学生积极思考、理解教学内容的一种教学方式。它能够帮助学生快速地理解教材内容，充分调动学生学习的主动性和积极性，挖掘学生自我潜能，从而达到教学目的，提高教学效果。

情景教学模式具有三个特点：①直观性：教师在教学过程中根据相关内容，利用学生已掌握的理论知识，通过具体的影像、图片等，增强学生对事物的直接感官经验，使理论形象化、具体化；②趣味性：教师可以利用新闻、比赛、案例等与教学内容相结合，通过生动幽默的语言表达方式活跃课堂气氛；③生动性：教师在教学过程中要善于利用肢体语言、示范动作和教学的方式方法等，调动学生的情绪，激发学生学习的兴趣。

体育教师合理运用情景教学模式能够很好地激发学生学习排球的兴趣。与传统体育教学不同的是，它更好地迎合了实际训练教学目的，提高了学生参与排球运动的兴奋度，产生了良好的师生互动效果。并且，情景教学模式的针对性极强。在情景教学中，体育教师不仅可以根据模拟训练中可能产生的问题（如发球技巧、运动损伤等），进行一一解答，提高教学质量，还可以培养学生的实际操作能力，充分调动学生的互动性和参与性。

二、排球教学中情景教学模式应遵循的原则

在高校排球教学过程中，体育教师使用情景教学模式时要注意与排球运动和训练技术的特点相结合，积极引导学生学习排球的兴趣，帮助学生树立自信，培养更多优秀的排球运动选手。

(一) 遵循排球运动和排球技术的特点

体育教学一般是参照该运动项目和其技术的特点开展的。因此，教师须合理利用这些特点设计教学内容，有针对性传授理论知识和实践经验，对相关问题逐一击破。这可以让学生更快速地参与到排球训练和竞赛中。

1.排球运动的特点

（1）群众性：排球运动的场地设备比较简单，比赛规则也容易被人们掌握。不论比赛还是训练，排球运动受场地约束较小，适用于不同年龄、体质、性别、水平的人。

（2）全面性：根据排球运动的规则，每个队员都要进行位置轮转和跑位。因此，这需要每个队员都必须完全掌握所有位置的技能，便于集体内部的密切配合。

（3）技巧性：根据排球比赛规则规定，比赛中球不能落地，不允许持球、连击。击球时间非常短暂，击球空间又有多变性，这决定了排球具有高度的技巧性。

（4）对抗性：排球比赛中，双方的攻守互动一直在激烈的对抗中进行。高水平比赛中，对抗的关注点在拦网和扣球上。在一场比赛中，每夺取一分时长需要经过多个回合的较量。技术水平越高的比赛，双方的竞争抢夺也随之越猛烈。

2.排球技术的特点

（1）完成各种技术动作的时间短促。

（2）各种技术动作都是球在空中飞行时完成。

（3）大多技术具有攻防两重性（如拦网、传球、垫球）。

（4）身体各部位都能触球。

（二）重视学生的能动性

体育教师在使用情景教学模式时，可以利用排球比赛的纪录片或者真实案例，在课堂上与学生共同探讨比赛和案例中出现的失误、原因和规避措施，从而引导学生思考问题的主动性和探索性，培养其学习排球技能的兴趣。因此，这也要求了教师在备课时需提前预设好提问的问题和相关答案。

（三）教师要积极鼓励学生

在排球技能训练中，因受到学生对理论知识吸收程度和体质等因素的影响，体育教师的教学效果反馈是不同的。有些学生因体质较差而跟不上训练的节奏，心里容易产生落差，从而易厌烦和抵触排球运动。而情景教学模式可以在课堂中模拟演练，体现出学生训练时的薄弱之处。教师能够更有针对性地解决其问题并提高学生的技术能力。此外，教师还需要在训练中主动褒扬学生的细微进步之处，对学生正确的设想要给予肯定，不正确的做法及时纠正，积极发现学生的潜在能力，帮助学生树立自信，培养学生积极参与的主动性，从而提高教学质量和效率。此外，通过教师的激励，学生慢慢积累实践经验从而达到由量到质的转变。这不但能够充分激发学生学习排球技术的兴趣，还能提高其心理素质。

(四) 善于归纳和总结教学经验

体育教师应在课后或者训练后积极总结自己的教学经验。教学效果决定了是否达到了教学目标。好的教学效果包括了学生积极参与并回答问题，热烈讨论并对深层次的知识进行探究，师生互动频繁，等等。反之亦然。因此，教师要对自己的教学内容设计和教学方法不断进行自省，并对不好之处及时改进。教师不断归纳总结教学经验，不仅有助于培养学生理论知识和技能，而且能够提高自己的专业水平，丰富自己的阅历。

三、情景教学模式要与教学实践相结合

(一) 用心备课

体育教师在备课时，要对教学大纲和教材进行全面分析。根据学生实际的技术和体质水平等设计教学目的、重点和模拟竞赛情景，并预设好相关的问题和解决方案。同时，体育教师需要不断提升自身专业知识，研究排球运动的技术、战略和练习方式，方便日后的教育教学。

(二) 善用多媒体教学

传统教学注重排球技术理论知识的讲解，教学方式比较单一，学生在学习过程中容易产生厌学的情绪。相对而言，多媒体教学较为形象具体，更贴合实际训练内容，能够调动学生学习的积极性和主动性，激发学生的内在学习动力，从而提高教学的效率。体育教师可以在利用课余时间制作多媒体课件，帮助学生更好地学习和掌握排球技术，对常见错误动作进行强调和纠

正。例如，讲解正面传球技术时，很多学生在训练过程中都会出现动作不规范的问题。再如，在扣球运动变化中，如何改变扣球方向，避开对方拦网。教师可以在课件中体现这方面的相关教学内容，帮助学生掌握技术要领，纠正错误行为。另外，课件中也要体现运动损伤相关知识内容，重点强调运动安全问题，保证学生吸取知识的同时，培养其安全意识。

(三)合理分组

为了培养学生在比赛、训练中的合作意识和默契，教师在训练教学过程中可以将水平相差较大的学生分为一组。这不仅可以促进学生之间的情感交流，还可以实现双方互助，共同提升，从而提高教学效果。教师对学生合理分组不但有利于学生突破学习难点，激发其潜在能力，还有利于教师的教学内容更有针对性，更有效地提高教学的质量。

(四)巧妙运用模拟演练教学

在进入高校之前，大部分学生的排球技术水准都比较低。在进入高校后，他们才开始真正学习排球技术。为了加强排球的系统理论知识学习和实战水平，体育教师可以根据教学环境在课上进行模拟演练教学，创造比赛氛围。比如，在模拟比赛中，其中一名队员拦网起跳过早。教师同时作为裁判员和解说员，可以对旁观比赛的学生进行拦网技术讲解并针对拦网技术常见错误和改正方式进行指导。又如，如何在比赛中进行发球个人战术。教师可以现场对不同的发球技术进行演示。教师要合理利用比赛教学、现场演示等教学方法，帮助学生快速理解掌握其诀窍，从而提升学生的技术水平。

(五)教师要注意自身动作的规范性

对学生而言，体育教师在排球技术训练中的每个动作都是具有示范性的。所以，教师在应用情景教学模式时要与学生共同训练。在练习过程中，教师可以在实战演练中利用自身专业水平优势，对学生言传身教，实际指导。这可以帮助学生更准确地掌握要领技巧，从而提高教学质量和效率，完成教学目标。与此同时，这也要求了体育教师要不断进行专业练习，提高自身专业素养和水准。

四、排球情景教学的目标

排球运动是一个团体性的竞赛项目。它不仅要求队员要掌握每个位置的技能，还要求队员之间要相互配合。在情景教学模式下，学生不但要从内在动力出发系统学习排球理论知识，而且要培养自己的合作意识。

(一) 提高学生学习排球技能的兴趣

教师应充分利用情景模式教学的特点，丰富教学和训练内容，从而激发学生的内在动力，使其对排球运动产生浓厚兴趣，积极参与比赛和训练，提升教学效果。

(二) 培养学生的合作意识

训练和比赛是建立在有效地掌握理论知识基础之上的。通过多次的训练和比赛，教师可以培养学生相互之间的信任和合作意识。好的排球战队需要队员之间密切配合，才能赢得比赛。这也对学生未来的全面发展有着不可忽视的作用。

第三节　团队教学模式

现阶段，高校在展开体育排球教学中还存在实践教学缺乏的情况，导致体育排球课程无法发挥出应有的作用，大学生身体素质无法得到提升。因此，教师需要创新公共体育排球教学模式，在公共体育排球教学中使用团队教学模式，让大学生展开小组学习，在小组学习过程中发挥学生集体优势，为社会培养更多人才。

一、团队和团队精神

(一) 团队的含义

目前关于"团队"并未形成统一定义，对于团队的定义有许多种，如：

"团队是由两个或两个以上的人组成，通过彼此之间的相互影响、相互作用，在行为上有共同规范的一种介于组织与个人之间的一种形态。""在一个特定的工作环境中，由一些技能、知识乃至气质上互补的人员，为了达到一个相同的目标而一起工作、共同担负责任的一种小型群体。""团队由一群能够共同承担领导职能的成员组成，他们共同努力，以各自的方式在所处的环境中共同完成预先设定的目标。"国际知名的《团队的智慧》的共同作者琼·R.卡扎巴赫、道格拉斯·K.史密斯对团队做了如下的定义："团队就是由少数有互补技能，愿意为了共同的目的、业绩目标和方法而相互承担责任的人们组成的群体。"斯蒂芬·P.罗宾斯的看法为："团队是由两个或两个以上相互作用、相互依存的个体成员组成，并按照一定规则和目标而结合起来形成的组织。"[①]

群体与"个体"相对，是指由一定数量的个体组成的聚集体。这些个体都具有共同特点且互有联系。人们在较长一段时期内都将"群体"和"团体"混为一谈，直到20世纪90年代初，斯蒂芬·p.罗宾斯首次提出了关于团队的概念和看法，他认为"团队"是一种"正式群体"，由具有共同目标且相互协作的个体组成。由此可以看出，"正式的群体"是形成"团队"的一个基础。

"团队"与"群体"之间是有差异的，美国著名创造力教学研究专家F.E·威廉姆斯对这种差异进行了研究。他认为组成群体的成员形成一个团队的基本条件，然后催化出群体内成员之间的相互依赖性和集体合作性，最终形成了一个团队。我国的相关学者对此予以肯定，认为正式群体在发展过程中产生自主性与协作性，而以此为基本条件，逐步成长为团队。由此可见，虽然"群体"和"团队"都是由协作的个体组成，但是"群体"所包含的意义与范围更广，可以认为"团队"是在"群体"基础上组建的。

(二) 团队精神的含义

团队精神是一种集体意识和协作精神，也是一种自我价值的集中体现。个人的目标实现与团队发展形成一致性是团队精神的基础，即在团队中个人能力可以得到尊重和发挥，并且和团队的发展密切相关；团队精神的核心是

---

① 斯蒂芬·P.罗宾斯.管理学 [M].北京：中国人民大学出版社，1997：367–381.

协同合作和集体与个人利益的统一，所有个体的发挥形成统一体，而这种强大的凝聚力和向心力，能保障高效率地实现目标。团队精神要激发

的是一种强大的精神动力，这种动力可以让个体自愿为团队发展做出相应努力，甚至有所牺牲，能够最高限度地将团队与个人结合在一起。

二、团队教学模式

(一) 团队教学模式的界定

总结以往各方研究经验，根据本次研究，将团队教学模式定义为：注重培养和发挥学生团队精神，把学生分成若干个学习团队，依照学习目标，在教师指导与监督下，各学习团队自主制定学习目标和计划，进行自主学习和练习，教师评价、学生自我评价、学生互相评价相结合，成员之间相互帮助和相互竞争的教学模式。

(二) 团队教学模式的教学指导思想

《全国普通高等学校体育课程教学指导纲要》(下文简称《纲要》) 中关于高校体育教学的要求：应使课堂教学与课外体育活动有机结合；教学方法要讲究个性化和多样化，加强指导学生学习和练习方法，提高学生自学和自练能力；学生的学习评价内容、方式和方法应多样化，在评价中要淡化"甄别"和"选拔"功能，强化"激励"和"发展"功能，要将学生"进步幅度"纳入评价的内容。另外，《纲要》通过教学目标等的设置，充分体现了"健康第一"和"终身体育"的体育教学指导思想，这是高校体育教学中的基本理念，需要在日常的教学计划中充分考虑，在这些理念下进行体育教学设计。

排球运动核心价值理念：排球运动的核心价值就是参与者以团队形式，通过密切的配合进行比赛，这种团队精神的培养过程具有重要的教育意义。只有在这种理念的指导下进行教学，才能够让学生真正体会到排球运动的魅力所在，才能够发挥出排球运动最核心的价值。

关于团队的理论：团队可以理解为正式的群体，和群体相比有着显著的优势。团队成员在"参与愿望""奉献程度"和"对他人的支持"三方面表现更积极；团队成员的"沟通效率"更高，"沟通方法"和"模式"更加多样化

和专业化；团队成员之间的"依赖度""信任度"和"亲密度"加强，使集体整合为"超级个体"，最终的成绩就远远高于个体的成果总和。

(三) 团队教学模式对高校排球教学的重要意义

在我国教育行业不断改革的背景下，体育教学的受重视程度逐渐加重。体育教学力求每一位大学生的身体素质都能得到提高，满足社会发展的用人需求[①]。但是现阶段，我国高校在展开公共体育排球课程教学过程中，还存在课堂教学效率低、教学方法使用不规范等问题，导致高校公共体育排球教学无法取得良好的效果，也难以很好地提高大学生身体素质。面对此种情况，教师要想让大学生在公共体育排球课程学习过程中始终充满激情，做到注意力集中，就需要转变教学方法，在教学中合理使用团队教学模式，通过团队教学模式让大学生可以在学习过程中学会竞争与合作，做到主动学习，保证每一位大学生在公共体育排球课堂上都能积极参与活动，发挥集体力量，充分展现出凝聚力和向心力，从而可以学会打排球的技巧，提高公共排球教学质量。

三、团队教学模式在高校排球教学中的应用探讨

(一) 高校注重公共体育排球课程指导思想的改革工作

在全民健身盛行的背景下，人们对体育课程的重视程度逐渐提升，此种情况下，高校要想顺利落实公共体育排球课程，就需要注重公共体育排球课程指导思想的改革工作，具体可以从以下两个方面入手：一方面，高校需要培养大学生"终身锻炼"的好习惯，鼓励大学生多多参加体育活动，培养身体素质[②]；另一方面，高校需要培养大学生树立正确的生活方式，并不断加强大学生心理素质、生理健康等方面内容的教学，根据大学生身体情况，针对性制定公共体育排球课程教学体系，从而保证公共体育排球课程能够顺利展开。

---

① 刘娟. 茶思维中"工匠精神"对排球战术教学意识培养的重要性 [J]. 福建茶叶，2017，39(11)：316.
② 于雅光.高校排球课教学中学生排球意识培养研究 [J].知识经济，2014(2)：148.

(二) 高校注重公共体育排球课程教学内容的调整工作

现阶段，教育行业的改革，对高校公共体育教学又提出了新的要求，要求培养大学生的实践能力、创新能力。面对此种情况，高校在展开公共体育排球课程教学时，就需要对教学内容进行适当调整，在排球课程教学中将重心落实到大学生，根据每一位大学生的身体需要，合理制定排球课上的训练内容，并适当融入一些操作性强的教学内容。在此种情况下，就可以充分调动每一位大学生对排球课程的学习兴趣，让大学生迅速融入公共体育排球课堂中。

(三) 高校完善公共体育排球团队的教学模式

团队教学模式作为一种全新的教学模式，在教学中强调大学生集体学习，力求培养大学生团队协作能力。面对此种情况，高校要想在公共体育排球课堂上顺利使用团队教学模式，就需要完善公共体育排球团队的教学模式，具体做到以下几点：第一，高校需要在教学过程中注重从多层次、多方面让大学生接触排球，让大学生在接触排球的过程中享受到排球带来的快乐，帮助大学生找到学习排球的动力。第二，高校需要完善排球课程的团队教学评价方式，在排球教学中注重综合性考查，对大学生展开主动评价，确保团队教学评价方式合理，能够顺利完成排球课程的教学指标。第三，高校在排球课程教学模式创新过程中，需要充分做到与时俱进，合理改善教学方式，教学中以学生为根本，促使每一位大学生在排球课程学习完毕后都能提高综合素质，进而提高教学质量。

(四) 高校需要注重排球教师的培训工作

教师要想保证公共体育排球课程中顺利使用团队教学模式，就需要在教学前期对排球教师展开培训工作：一方面，加强排球教师服务意识，让其在排球课程教学过程中可以做到始终为大学生服务，让大学生在排球课堂上处于主动位置；另一方面，高校需要让排球教师与大学生建立良好的师生关系，让大学生充分信任教师，愿意与教师展开团队学习，确保团队教学模式的顺利使用。需要注意的是，排球教师在团队教学模式下，需要引导大学生主动参与排球学习，为大学生设置不同的问题，让大学生通过团队合作解决问题，培养大学生团队协作能力，养成大局观念。

总而言之，在高校公共体育排球教学中使用团队教学模式是时代发展的必然趋势，不仅可以活跃公共体育排球课程的课堂氛围，还可以让每一位大学生都能掌握传球、垫球以及发球的技术，让大学生在排球课堂学习过程中更加主动。与此同时，团队教学模式还可以帮助大学生实现全面发展，让大学生增强团队意识，并不断提高对身体素质的认识，在排球课堂上可以始终集中注意力，从而保证公共体育排球课程教学质量，实现教学目标。

第四节 兴趣教学模式

一、兴趣与兴趣教学

(一) 兴趣

兴趣本身是一个很复杂的概念，含义十分丰富，与很多心理现象相联系，但又不简单地等同于其他心理现象。由于兴趣这一心理现象本身的复杂性，难以全面地对它进行把握与测量，很多研究者认为，兴趣是一个难以捉摸的概念，很难明确地规定。[①] 笔者研究的兴趣是指个体在自我选择的基础上，自觉专注于某一对象、投入某一活动，并伴随着强烈的情感体验和积极认知探究的心理状态。

(二) 体育兴趣

体育兴趣是人们积极认识和优先从事体育活动的心理倾向。它是同参与体育活动的需要相联系的意向活动。一个人如果对体育活动感兴趣，就会积极参加，全力投入，活动的结果将是需要的满足并由此得到积极的情绪体验。[②] 所以，体育兴趣是体育参与的基本动力之一，它影响着人们体育参与的具体活动方向和强度。

---

① 何旭明. 学习兴趣的唤起 [M]. 北京：教育科学出版社，2010，52-53.
② 邵伟德. 体育教学模式论 [M]. 北京：北京体育大学出版社，2005，15.

(三) 兴趣教学模式

兴趣教学模式就是指在教学过程中，针对教学的重难点、要点及阶段教学目标任务，遵循运动技能形成的规律，以趣味性的原则和思路设计练习，使学生在趣味、愉快的氛围中学习掌握基本技术的一种教学形式和与之配套的系列趣味性练习方法。

二、兴趣教学模式的实践意义

(一) 激发学生的学习兴趣

兴趣是激发学生学习潜能的重要的内在动力性因素。排球兴趣是吸引学生从事排球运动的基础动力，也会直接影响到学生学习排球的情绪与效果；是促进学生参与体育活动最积极的因素，也是影响学生学习排球态度的重要因素。由于受排球技术特点要求的限制，排球技术的教学往往是枯燥乏味的，加之传统教学模式单一、缺乏创新性，容易使学生产生疲劳，降低学生的学习兴趣。因此，想要学生积极主动地参与排球运动，就必须先激发学生的学习兴趣。兴趣教学模式通过有趣的练习方式，能让学生在游戏中潜移默化地学习排球技术，在技术练习过程中感觉不到枯燥，从而能够激发学生的学习兴趣，促使学生积极主动地参与到排球教学中。

(二) 提高排球课的教学质量

在排球教学中，兴趣能促使学生对排球运动产生良好的情绪体验，克服和战胜各种困难，增进练习技术的信心和勇气，对促进各技术全面发展起着良好的动力性作用。兴趣教学模式以其自身的趣味性、娱乐性转变了学生对排球课基本技术教学的传统看法，使他们不再认为排球基本技术的练习是枯燥乏味的。趣味性的练习方法将学生的注意力吸引到排球技术的练习当中，通过在游戏中学习排球技术，能够满足学生追求愉悦、快乐的心理需求，淡化传统的学习排球技术的痛苦思想，使学生在愉悦的氛围中学习排球技术，有利于发掘学生探究性学习的能力，促使学生自主地去学习，从而提高排球课的教学质量。

（三）促进学生学习排球技术动作

兴趣教学模式针对排球各基本技术，遵循排球运动技能形成过程的特点，设计了一系列的趣味性练习方法。各种趣味性练习方法设计的基本素材均来自排球运动基本技术动作，因此，学生在学习排球各技术动作时，都能找到与之匹配的趣味性练习方法。而兴趣教学模式趣味性练习方法的设计，又遵循排球运动技能形成过程的特点，学生在学习排球技术时，无论是技术动作的泛化阶段、分化阶段，还是自动化阶段，都能找到关于各技术动作的练习方法，有利于促进学生学习排球技术动作机制的形成。

三、兴趣教学模式在高校排球课程中运用的设计

（一）构建兴趣教学模式

兴趣对任何个体的学习都具有以下功能：其一，促进个体对事物的探究功能；其二，促进个体自主学习功能；其三，促进个体学习热情的可持续功能。可见，兴趣是个体参与或学习某一活动的直接动力。学习兴趣的提高，可以激发学生学习的主动性，挖掘学生探究性学习的潜能，从而促进教学质量的提高。本书通过搜集资料，咨询专家学者，并根据排球运动技能形成过程的特点，针对教学的重难点及阶段教学目标任务，设计了一套科学的、有趣味性的教学模式，即兴趣教学模式。所谓兴趣教学模式，就是指在教学过程中，针对教学的重难点、要点及阶段教学目标任务，以趣味性的原则和思路设计练习，使学生在趣味、愉快的氛围中学习、掌握基本技术的一种教学形式和与之配套的系列趣味性练习方法。

（二）明确兴趣教学模式运用的控制

兴趣教学模式在教学方法的设计上具有针对性。根据不同的教学阶段，为排球各基本技术的练习设计了不同的趣味性练习方法，让学生在练习过程中，不只是为了游戏而参与游戏，而是通过游戏对各技术进行学习。由于兴趣教学模式具有趣味性的特点，在课堂中运用时，学生兴奋性容易过高，导致学生的注意力集中在玩游戏上，或者是在有竞赛性的趣味性练习中一味追

求胜利，而忽略了动作的质量和规格。为了解决这一问题，就要求教师在运用这些教学方法时注意强调练习的要求。同时，教师除了对练习要求的实施进行监督，还要在学生练习过程中，不断对学生的动作进行纠错，使学生及时改进错误动作，掌握良好的技术动作。

（三）兴趣教学模式的设计思路

在对实验班进行教学中，教师根据排球选修课的教学内容和教学目标任务，选择有针对性的趣味性方法，并按照一定的教学程序进行教学。首先通过准备部分选择合理的游戏活动，然后按照教学目标任务选择有针对性的趣味性教学方法，接着运用这些教学方法实施教学，最后控制教学方法的实施并完成教学目标。按传统程序对对照班进行常规教学。

1. 遵循排球运动技能形成的规律设计兴趣教学模式

运动技能在时间和空间的结构上具有固定不变的特性。以巴甫洛夫高级神经活动学说为基础，运动技能形成的过程可划分为三个阶段："泛化过程—分化过程—巩固最终达到动作自动化。"[①] 因此，排球基本技术教学中兴趣教学模式系列方法的设计思路，需遵循并反映运动技能形成过程各阶段的特点，具体表现如下：

（1）遵循排球运动技能形成泛化阶段的特点设计趣味性练习方法。学生刚开始学习体育动作时，能很容易对具体动作产生感性认识。学生在对具体动作产生感性认识的过程中，容易引起大脑的兴奋性。但是身体内部因素对大脑皮质的抑制因素是未知的，所以大脑皮质中的兴奋与抑制都呈现扩散状态，使条件反射暂时不稳定，出现泛化现象。在排球运动技能形成的泛化阶段，学生通过一段时间的练习，对排球运动有了最初的认识，如对一些基础性技术有了初步感知。但此阶段学生对排球运动认识并不深刻，尤其是早期排球基本技术的练习较为枯燥甚至艰苦，使其机体所要承担的运动负荷与技巧性难以产生良好的情绪体验，常常让初学者对排球运动的第一印象与最初的认识出入较大，而这一阶段也是学生对排球产生第一感觉或印象，并决定是否持续参与运动需求的关键时期。可见，在排球运动技能形成的泛化阶段，要有兴趣作为内在的"激素"来激发学生的学习热情。因此，这一阶段

① 宋元平，马建桥. 排球运动技能学习分析 [M]. 北京：北京体育大学出版社，2011，62—67.

的技术学习需要兴趣导入，来调动学生练习的积极性和主动性。

（2）遵循排球运动技能形成分化阶段的特点设计趣味性练习方法。通过反复不断的练习，初学者能够初步了解排球运动的基本技术。在练习过程中，学生会逐渐改正错误动作，而像协调性差之类的问题也会得到解决。在这一阶段，大脑由于抑制过程的逐渐加强，使分化抑制随之得到发展，条件反射趋于稳定，大脑皮质的活动渐渐由泛化阶段进入分化阶段。在排球运动技能形成的分化阶段，学生通过一段时间的技术学习后，会出现很多困难。常见的有对于能否正确掌握一些难度较大的技术动作缺乏必要的信心和勇气，甚至是心理障碍，等等。如按传统的教学方法或在教学中单纯地加强学生意志品质教育去增强学生的信心，往往是克服了一个困难，还会出现新的困难，学生会继续产生新的畏难情绪，而最终导致教学工作事倍功半，无法取得满意的效果。在这一阶段，可以将难度较大的技术采取分解，使其简单化后再以游戏设计的原理，在这些技术练习中融入趣味性元素，学生在排球技术的练习中较容易获得成功体验，从而不断增强自信心，消除各种畏难情绪，战胜学习掌握技战术过程中的一些心理障碍。

（3）遵循排球运动技能形成自动化阶段的特点设计趣味性练习方法。经过一段时期练习后，学生对排球技术的掌握程度有所提高，由此会对排球运动产生良好的情感体验，以直接兴趣为动力的学习动机开始起主导作用，对某一项技术可能会产生较大的兴趣，但对某一些技术又可能产生忽视现象或厌烦情绪。如愿意练发球技术，而不喜欢接发球技术；愿意练扣球技术，而排斥防守技术练习，等等。究其原因，还是接发和接扣这些抗打击性技术练起来艰苦又乏味。为了克服这些不良现象，可以使这些防守类技术的练习趣味化。在趣味化的教学中，可驱使学生由被动的"要我练"转化为主动的"我要练""要练好"的积极的状态；让学生认识到抗打击类技术技能的价值，最终使练好这类技术成为一种内在需要。

综上所述，兴趣在排球学习的各阶段，都可以使学生对排球运动产生良好情绪体验，克服和战胜各种困难，增进训练的信心和勇气，促进各技术全面发展。而兴趣教学模式及教学方法的设计就是根据排球运动技能形成的这三个阶段，设计不同的、有趣的练习方法，这将对教学质量的提高和学生参与排球运动的可持续性有着促进作用。

2. 遵循各教学阶段的要求对排球基本技术设计趣味性练习方法

"运动技能是指按一定要求完成动作的能力。"运动技术技能的教学是体育教学的主要形式。但是普通高校体育选修课的主要目的是培养学生对体育运动的兴趣，让学生在体育运动中达到锻炼身体的效果。针对普通高校排球选修班的学生，在教学过程中，应以排球基本技术为教学的主要内容，同时运用趣味性的教学方法，使学生既享受到运动带来的快乐，又能使身体素质各方面得到提高。由于学生对排球技术的掌握是一个从不会到会的循序渐进的过程，所以本实验考虑到学生的兴趣以及排球运动技术技能形成的规律等各方面的因素，在兴趣教学模式中教学方法的设计与运用上都遵循由简单到复杂的一个教学过程，把整个教学实验过程分成三个阶段实施：掌握基本技术阶段、巩固提高技术阶段、技术运用阶段。针对排球的各项技术和学生学习排球动作过程的不同阶段，设计了一系列趣味性的教学方法，在教学过程中，将这些方法贯穿课堂之中。其中，在各个教学阶段具有代表性的练习方法设计如下：

在排球教学技术掌握阶段，学生处于学习排球技术技能的初级阶段，也处于动作技术技能形成过程中的泛化阶段。根据动作技术技能形成过程泛化阶段的特点，在这一阶段的主要教学任务是使学生对所学技能有所了解，能建立正确的动作影像，初步学习技术动作。一方面，通过使学生做一些多接触球的练习，让学生熟悉球性；另一方面，多做一些抛接动作，配合简单的步法游戏。针对本阶段排球动作技能形成的特点，对排球各基本技术做出了以下趣味性练习方法的设计：首先在课的准备部分可以结合排球器材设置排球操，排球操的设置既可以使学生不断地接触排球，培养学生的球感，还可以作为每节课的准备活动。其具体做法是每个人持一个球，在老师的带领下做以下动作：①左右手交换持球做肩绕环。②振臂扩胸，左右交换持球。③左右手交换持球做转体。④全蹲把球放在地上，起立双臂上举，再全蹲持球起立并两臂上举。⑤高抬腿，膝在腹前触球。⑥前后交换腿做弓步，将球从腿下穿过交换左右手。练习要求：学生听老师的口令做动作，动作要规范。

准备姿势与移动。正确的准备姿势和快速及时的移动是完成排球发球、垫球、传球、扣球等各技术的前提和基础。因此，为了使学生形成正确的身体姿势，同时加强对学生进行移动步法的练习，可以运用"运西瓜"这一练习方法对排球的准备姿势和移动进行练习。其练习方法为：将学生分为若干队，每队以排球场的端线为起点，中线为终点，听到信号后，排头做好准备姿势，然后手拿一个排球在胸前，做交叉步或者并步向前移动，至终点后迅速返回，在端线处将球交给下一位同学，全队依次进行，最先完成的队伍获胜。练习要求：移动过程中必须运用并步或者交叉步；到端线处将球交给下一位同学。

在对准备姿势和移动的练习过程中，还可以进行通过"推拨球接力赛"来解决学生在移动过程中出现身体重心过高的现象，培养学生的控球能力。练习方法：将学生平均分成两组，成纵队站于端线后，每队第一人低蹲，手里持一球。听到信号后，第一个人将球推滚前进，滚至中场绕过障碍后返回，将球给本队的下一个人，然后站到队尾。全队依次进行，速度快的队伍获胜。在练习过程中，可以用两个球做地滚球，以增加其难度。练习要求：不许持球跑，否则重做；触球时手要始终摸到球。

(四) 实施兴趣教学模式的注意事项

兴趣是最好的老师，有趣才能使学生情绪活跃，全身心地投入排球技术的学习中。趣味也是调动学生积极主动性的有力杠杆，缺乏趣味性的练习方式将会从根本上失去对学生的吸引力。但在提高和加强练习趣味性的同时应注意以下几个问题：①在排球课教学过程中教师要避免使各种趣味性练习方法成为学生单纯的玩耍娱乐游戏。②按排球基本技术技能形成的规律和各教学阶段的教学任务设计趣味性练习方法，练习过程中应体现教师与学生之间的互动、纠错、指导、语言提示等教学环节。③教师在运用趣味性练习时，要注意引导学生将注意力与思维活动集中于学习排球技术动作环节上。④在兴趣教学模式运用的过程中，要注意将学生在趣味性练习中的热情与兴趣转化为"自主式""探究式"学习，启发与调动学生学习的潜能。

第五节　分层互助教学模式

随着教育制度的改革，人们更加注重教学模式的创新，只有改变和创新以往落后的教学模式，弥补教学中存在的弊端，才能始终满足现实教学的需要。对于大学排球教学来说，传统教学模式比较单一枯燥，学生缺乏参与运动的积极性，教学效果不高。将分层互助教学模式进行合理运用，可以将学生依据个体差异分为不同层次进行教学，提出适合的要求，使所有学生获得成功的喜悦，这可以为学生终身体育锻炼打下良好的基础。

一、分层互助教学模式的概念与指导思想

(一) 概念

所谓分层互助教学模式，就是教师在教学中要关注每个学生在学习兴趣、能力水平、基础掌握等方面的差异，将所有学生划分为多个不同的层次，为每个层次的学习都制定科学适宜的教学目标，运用恰当的教学指导方法，鼓励学生之间共同讨论交流、相互帮助，同时还要注重做好对学生反馈信息的收集和分析，进行有针对性的指导，让每个学生都能够得到相应的进步和提高，从而促进教学质量的提高。

(二) 指导思想

分层互助是一种新型的教学模式，其指导思想就是要充分发挥不同层次学生之间互动交流的社会性作用，引导学生之间进行相互帮助，从而促进学生学习积极性的提高，在提高教学质量的同时，也能有效培养学生的社会性，提升学生的人际交流能力和团队协作精神[①]。具体来说，主要包括以下几个层次：一是重点强调同一层次学生之间应该进行良好的团结合作，不同层次学生之间也要注重公平竞争；二是将同一层次学生放在同样学习环境条件下，鼓励他们之间进行公平的竞争学习，激发其学习兴趣和动力，实现内部的良性互动发展；三是不同层次之间的学生应该是相互帮助、相互竞争的，培养学生未来适应社会的能力。

---

① 江海涛. 分层互助教学在排球教学中的实施 [J]. 体育时空，2015(05)：128.

二、大学排球教学中分层互助教学模式的应用

(一) 以学生为教学主体，坚持因材施教原则

依据现代教育理念的要求，学生在教学中占据着主体地位，教师的所有教学活动都应该围绕学生这个核心进行科学的设计，充分发挥学生的主观能动性，才能从根本上促进教学质量的提高。对于大学排球教学来说，一个班级内所有学生的排球基础和技能水平是不一样的，如果教师没有做到以学生为主体，忽视了他们的个体差异，还是采取以往统一化的教学模式，很多时候都难以照顾到那些基础水平差的学生，也无法满足一些学生排球发展的个性化需求。因此，教师就需要将分层互助教学模式合理地进行运用，坚持因材施教的原则，对不同层次的学生进行针对性的教学。对于基本层次的学生，可以先加强排球理论知识的讲解，逐步要求其掌握排球技法，关键是要培养其兴趣和信心；对于高等层次的学生，需要进行排球技能上的强化训练，鼓励交流切磋，提高排球竞赛技能。另外，还要注重倡导"一帮一"的学习模式，排球基础能力强的学生应该帮助其他在这方面较差的学生，形成强弱搭配的学习模式，这样有助于促进基础较差的学生提升排球水平，也让排球水平强的学生得到进一步的基础巩固，同时锻炼和提升表达能力，增进同学友情，营造出和谐浓厚的学习氛围。

(二) 做好动态化调整，增强学生的竞争意识

任何事物都是在不断发展变化的，在大学排球教学中开展分层互助教学模式，也不能在层次划分之后就始终不变了。学生通过分层教学的指导，在排球水平上都会实现相应的提升，当然有些学生也可能不思进取水平下降，所以教师应该根据具体的实际学习情况，跟随学生学习状况的变化，做好相应的动态化调整，确保学生始终处于适当的层次上。经常调整变动不同层次的学生，也是对学生学习状况的一个有效评价，这样有助于调动所有学生学习的积极性，学生的竞争意识和团队合作精神进一步增强，从而促进学生的排球水平和综合素质的提升。

（三）科学的差异化设计，提供针对性的教学指导

分层互助教学模式的运用需要一定的专业能力做基础，这对教师自身的专业教学素质提出了新的更高要求。教师应该做好科学的差异化设计，针对学生存在的问题，实施有效的对策进行相应的指导，确保实现预期的教学效果。笔者经过实践教学调查发现，当前大学生在排球学习中主要存在发球得分意识不强、战术意识不够、队员配合不好、攻防转换意识不佳等问题，只有解决这些问题，才能有效提升学生的排球水平。比如，对于排球发球得分意识不强的问题，教师应该细化发球理论知识的讲解，做好发球技术专业训练，对于低层次学生要确保他们能够发球过网，对于中高层次学生则要增强其发球得分意识，培养高难度发球技术，演练有效的发球战术。再如，针对学生战术意识不够这个问题，也可以对学生进行分层的指导教学。对于低层次学生要求他们模拟练习一两种战术，要有良好的战术意识；中等层次学生应该在此基础上强化几种固定的专门技战术，具备良好的战术素养；高层次学生则应该具备良好的独立分析能力，针对竞争对手、场上队员配置等情况谋划有效的得分战术，学习专业排球运动员的战术战法，不断提高排球比赛能力水平。

（四）组内教学，提高组排球队训练效果

所谓组排球队，是指教师在实际教学中，根据每组学生的排球能力而组建排球队，其目的在于有效提高学生的排球综合能力，使小组训练成果更加高效，以达到一种"以点带面"的训练效果与目标。由此可见，加强组排球队训练对提高课堂教学质量以及学生的排球能力都具有一定的现实意义。组内教学法是新课改以来一种高效的教学方法，其最为显著的特征就在于能够充分发掘学生的学习潜力，使每位学生都能够在有限的训练时间内取得最大化、最优化的学习收益。因此，在高校排球教学中，教师要切实提升自身的专业能力与教学水平，要善于采用组内教学法展开教学，最大限度地提高组排球队训练效果与质量，为学生今后的排球学习与发展打下良好基础。为了有效提高组排球队训练效果，让大部分学生基本掌握上手传球技术动作，教师要摒弃传统的教学方式，采用组内教学法展开教学。首先，根据学生的

兴趣爱好及排球能力合理分组，并组建成若干个排球队；接着，让各组排球队演示之前所学过的一双手垫球技术，并给予一定的评价，以充分调动学生的学习动机；然后，为全班学生讲解上手传球的相关知识，如其特征为迎球缓冲、连贯击球，技术要点大致可总结为"对""迎""引""申"四个主要动作；之后，再让各小组排球队进行练习，在练习过程中，教师平等参与，展开组内教学，提高训练效果，促进学生自主锻炼意识的形成与发展。

（五）有效评价，树立合作学习信心

评价是排球教学中必不可少的环节，同时也是帮助学生树立合作学习与训练信心的重要途径。因此，在高校体育排球教学中，教师既要优化学生的合作学习过程，让学生在合作中体验到学习的乐趣，也要注重对学生的合理评价，使学生对排球体育项目的重要意义和价值能有更为深刻的认识。例如，在教学完"排球"这一课内容后，教师将学生分为两个活动小组，一组学生练习对垫，一组学生练习自垫，并要求以组为单位进行合理自主评价，让对垫组学生看自垫组学生练习，并计算垫球的成功次数，对自垫组学生的基本动作做出合理评价；反之，也是如此。让学生在评价中巩固所学的排球知识，促进自身灵敏性和协调能力的发展。待两组学生相互在实践中评价结束后，再总结两组学生在练习中存在的问题，做出统一评价，从而让学生在学习中能够形成正确的体育观念。

总之，分层互助教学模式是教育改革背景下产生的一种新的教学模式，具有极高的教育价值，大学体育教师在排球教学过程中，要注重将其合理运用，围绕学生进行相应的分层设计，做好相关组织和协调工作，进行针对性的指导，从而切实提高学生的综合素质能力。

第六节　高校排球教学模式优化的建议

一、组织学生观摩教学

在实际的教学过程中，为了激发学生的热情，调动学生在教学过程中的参与积极性，体育教师可以积极开展排球训练活动，或者是在校园内创设

以排球为主题的体育板报，从而使学生感受到排球运动的氛围。此外，教师还可以根据学生的意愿，组织学生对校内或者是校外的排球比赛进行观摩。通过真实的排球竞赛，感受排球运动的魅力，同时培养学生良好的体育精神，为学生日后更好地学习排球带来积极影响。[①] 教师也可以组织高校自己的排球协会，指导学生组建排球校队。

二、充分利用多媒体教学

近年来，随着时代的不断发展，以及科学技术的不断进步，多媒体教学设备被广泛地应用于教学活动当中，不仅可以激发学生的学习兴趣，调动学生在教学过程中的参与积极性，同时还能够优化教学模式，提高教学质量，对于学生快速、全面掌握相关知识具有一定的积极作用。为此，我国高校体育教师应该充分利用多媒体教学设备进行教学，从而提高教学效率。比如，在讲解排球基础知识时，教师就可以利用多媒体设备，将排球文化、排球名人等相关信息直观地展示在学生面前，帮助其集中注意力，认真听讲。

三、提升排球教师资源的专业性和积极性

就西方国家的体育教学而言，体育课程是学校教育中的重要组成部分，学生通过体育学习不仅可以强健体魄，同时还可以通过在体育方面的优异表现获得奖学金。近年来，虽然我国积极推行素质教育，国家对于体育教学的要求也越来越高，但是由于传统教学观念的影响，部分教师仍没有对体育教育予以重视，这就使得体育教学流于形式，无法达到国家的教学要求。

四、适当增加实践活动

排球教学是一项理论与实践相结合的课程，为此，在完成理论知识的讲解后，教师就应该根据学生的学习情况，适当安排一些实践活动，如班级内部的排球比赛、班级之间的对抗练习、校内的友谊赛，等等。此外，在教学过程中，教师还应该引导学生进行互动练习，帮助学生充分利用课堂时间，从而进一步提高其学习效率。

---

① 杨中兵 . 贵州省高校体育教育专业排球普修课教学现状调查与分析 [D]. 成都体育学院，2012

　　综上所述，就目前的发展情况而言，我国高校排球教学中仍存在一定问题，为此，需要对这些问题进行分析研究，找到有效的解决对策。同时，通过观摩教学、多媒体教学等方式，进一步优化教学模式，从而使学生感受到排球运动的魅力，激发学生的学习热情，促进学生的全面发展。

第五章 高校排球实用技术分析及教学实践

第一节 排球技术发展简介

排球技术是在比赛规则允许的情况下所采用的各种合理击球动作和配合动作的总称。正在不断发展和完善的排球规则推动着排球技术和战术的创新，两者是具有相互作用性的。排球中的技战术是每一支排球队伍的核心和灵魂，排球比赛的制胜关键不仅仅靠单项技术，更取决于整个队伍的配合战术；排球中的技战术也有效提高了排球比赛的观赏性，促使排球比赛成为奥运比赛项目。

一、排球技术的发展特征

排球技术的发展特点可以从产生新的技术、进攻与防守技术的辩证关系以及竞赛规则与技术发展这几个方面来进行分析。

(一) 产生新的技术

排球新技术的产生主要通过三种方式：创新、借鉴发展、淘汰旧技术发展新技术[①]。技术创新方面，"快板球"技术通过多年的积淀与凝聚，已经逐渐形成了一些新的技术，如各种方位的快球技术以及远近不同、高低不同等一系列的快球技术，并在全球各大比赛中被广泛运用，被世界广泛使用。从其他体育项目中得到启示并借鉴成为排球的技术，篮球中的"封盖"，主要体现为收臂伸直加紧，五指张开并紧，将该技术借鉴移植到排球的拦网技术中，形成了新的前伸式拦网；排球垫球就是在原有技术上进行改进与完善的技术，一开始排球的垫球技术是用腕部来进行的，通过改良与创新，发现运用前臂垫球更为稳定，于是前臂垫球技术在现代普遍被运用。

---

① 钟丽. 排球规则演变对技战术影响的研究 [J]. 体育世界 (学术版)，2016(08)：5–6.

(二) 进攻与防守技术的辩证关系

进攻与防守，存在着辩证统一的关系。一般来说，进攻技术具有先进性，防守技术因进攻技术的发展而进行被动发展，但防守技术的进步也在促进着进攻技术的变革。

(三) 竞赛规则与技术发展

竞赛规则与排球技术的发展符合事物发展的属性，即二者具有相互作用性。排球技术的创新变革在推动着规则的完善，而不断完善的规则也会对排球的技战术起到引领和制约的作用。当今世界随着排球比赛规则的更改，排球技术发生了根本性的变化，不论是自由人的出现，双自由人的战术，还是每球的得分制以及触网犯规等，都使排球技战术随之变化[①]。

二、排球技术的发展趋势

(一) 技术动作分类模糊化

现代排球因攻防转换速度加快，新型技战术层出不穷，所以排球技术动作的分类变得越来越模糊，进攻和防守的概念也打破常规不断改变。以前的发球技术只是作为开始比赛的过程，但是现在的发球技术是一种极具威胁甚至得分制胜的强势进攻技术。拦网也不再是传统意义上的被动防守技术，而成为排球技战术中的一项网上核心得分技术。

(二) 技术动作模式更替加速

在排球技术变革进程中，其动作模式的更替频率不断加快。在高水平的专业排球比赛中，战术的转变与球速的增加是得分制胜的关键，所以也为对手的防守带来了很大的压力和难度。防守技术动作因原来球速的标准被定义为了准备姿势、判断取位、击球的标准化模式，发展到因球速增加而不得不做出边判断边取位、条件反射的反应动作、控制球的模式。因此，在当前

---

① 王文娟. 试论现代排球技术发展特点及趋势 [J]. 当代体育科技，2016，6（14）：136–137.

快速、高难度的排球比赛中，运动员潜意识中的动作技术就需要发挥出主要作用，所以要求他们拥有更加规范的技术动作和良好的球感以及准确的判断力和控制技巧。

(三) 新技术产生的驱动力与发展趋势

现代排球主要提倡低姿防守动作，因为可以更好地进行移动取位，增大起球的成功率；但是因为球速的增加和力量的增大以及变化的不可预测，导致现在的防守姿势逐渐向靠前、高重心的方向发展，用身体来封堵扣球的角度，也就是排球界所称的高姿防守技术 (也称为卡位防守)。排球击球动作由原来的单一动作逐渐向多个器官同时进行细微调节的共同作用发展。所以，可以认为，科学化发展道路是排球技术正在行进的道路。

排球运动的发展使其更具有观赏性，国际化、商业化、市场化是越来越多国家和人们参与进来的主要因素。排球规则不仅推动着排球技术的发展，更使得自己不断完善，趋于成熟。而各个国家对排球技术的发展不断进行研究并且在实践中不断检验，使排球技术的发展呈现出科学化、合理化、多样化的趋势，推动了排球运动的发展。

第二节 准备姿势和移动

一、准备姿势

(一) 准备姿势的教学训练难点

排球运动的准备姿势是各项技术的基础。为了及时起动、快速移动，以便在合理位置上完成各项技术动作，达到战术目的，要求思想高度集中，身体处于最合适的移动和防守状态之中。

排球准备姿势和移动的关系密切，不可分开。准备姿势主要是为了移动，反过来，要移动迅速就必须做好正确的准备姿势。为此，必须根据预先判断做出各种准备姿势。对初学者来说判断十分重要，也是教学训练的难点。

(二) 准备姿势的教学训练顺序

排球正确的准备姿势按其身体重心高低可分为半蹲、稍蹲和低蹲三种。其中半蹲运用最多。准备姿势教学中应以半蹲准备姿势为重点内容，稍蹲次之。在初步掌握传、垫和扣球技术后，再结合后排防守学习低蹲准备姿势。

(三) 准备姿势的教学训练步骤

1.讲解与示范

准备姿势的目的、作用；准备姿势的分类；半蹲准备姿势动作要点；半蹲、稍蹲、低蹲准备姿势的相同点与区别。教师面对学生采用边讲解边示范的方法，既做正面示范又做侧面示范。

2.练习方法

(1)看手势做动作：全体学生站成两列横队，教师向上举手时，学生直立；平举时，学生做半蹲准备姿势。

(2)原地跑步：在跑的过程中看到信号，立即做好半蹲、稍蹲或低蹲准备姿势。

(3)两人一组做好半蹲准备姿势，设法手摸对方的背部。始终保持好半蹲准备姿势。

(4)全体学生围成圆圈慢跑，听教师哨声向前跨一步做半蹲—稍蹲—低蹲准备姿势。

3.训练方式

准备姿势的训练方法主要贯穿在各项基本技术训练中。

(四) 准备姿势的教学训练注意事项

(1)初学准备姿势时，重点学会半蹲准备姿势，逐步建立正确动作定型。学习准备姿势时要自然放松，切忌紧张。

(2)准备姿势的教学要与移动结合起来。基本掌握之后，再在学习其他技术中巩固提高。多采用视觉信号反应来练习准备姿势和移动。

(3)由于动作方法简单，不易被重视，教师在讲解中，可结合其他运动项目，如田径中的起跑，启发学生对准备姿势重要性的认识。

（4）对比练习：一人身体直立，两手叉腰；另一人做好半蹲准备姿势，听教师口令两人同时起跑触及排球。比较两种姿势完成动作的速度谁快。

（5）在教学中，教师可采用正、误技术动作交替演示的方法，在对比中加深对技术动作的认识。

（6）采用多样化的练习方法，提高学生学习兴趣，如采取游戏的形式进行教学。

二、移动

(一) 移动的教学训练难点

从起动到制动的过程称为移动。移动的目的主要是及时接近球，保持好人与球的位置关系，以便击球。迅速地移动可占据场上的有利位置，争取时间和空间。队员能否及时移动到位，直接影响着技战术的质量。移动由起动、移动步法和制动三个环节所组成。移动教学训练难点在于起动快慢，关键是准备姿势和起动的衔接。

(二) 移动的教学训练顺序

移动教学应以并步、滑步、交叉步、跑步、跨步的顺序进行。一般安排在课的前段，可结合发展反应、灵敏、速度、协调等身体素质的练习同时进行。

(三) 移动的教学训练步骤

1.讲解与示范

移动的目的、作用；移动与准备姿势的关系；移动的分类及在比赛中的运用。可采用边讲解，边示范。向左、右移动时用镜面示范；向前后移动时做侧面示范。示范位置与队形与准备姿势相同。

2.练习方法

（1）集体移动练习：全体学生成两列或四列横队，以半蹲准备姿势站立，看教师的信号（手势或持球）做向前、后、左、右移动。包括一步或两步移动。

（2）两人面对站立成半蹲准备姿势，双手互拉，由其中一人主动做向前、后、左、右的一步移动，另一人跟随做。

（3）两人一组，一人持球向前、后、左、右抛球，另一人不停地快速移动用低手或上手接球。

（4）三人一组，平行站在端线处，学生做原地跑，看到教师信号后立即快速起动冲刺跑至进攻线或疾跑后穿过球网。

（5）队形同上，学生以坐、蹲、卧等不同姿势，听信号后快速起动冲刺6米，然后放松慢跑回。

3.训练方法

（1）队员站在中线与进攻线之间，用低姿势左、右交叉步或滑步来回移动，并用手摸中线和进攻线，若干次为一组。

（2）队员在网前做3米或9米横向往返跑。

（3）队员在规定地点做好移动的准备，教练员以垂直抛球为信号，队员力争在球没有落地之前从球下钻过去。抛球高度根据移动距离而定，尽量促使学生以最快的速度和较低的姿势钻过去。

（4）两队员在场地任何一条线的两侧对面站立，一人向左右两侧任意移动，另一人随之进行移动，不使对方把自己晃开后冲过线。

（5）两队员隔网在中线两侧对面站立，一人任意向两侧自由来回移动，力图晃开对方钻过网，并以到达对区3米线为胜者，另一人则力争截住对方。

（四）移动的教学训练注意事项

1.移动时要注意身体重心不能起伏，以免影响移动速度。

2.利用视觉信号，结合球反复进行反应判断练习。

3.可采用一些对抗性、游戏性练习增加学生学习简单动作的兴趣，提高学习效果。

4.移动动作节奏与球的飞行速度、抛物线要相适应，过早、过晚地接近球都会破坏动作的连贯性。

第三节　传球技术

一、正面传球

(一) 正面传球的教学训练难点

正面传球动作是由准备姿势、迎球、击球、手型、用力5个动作部分组成。在这些动作中，最主要的，也是较难掌握的是触球时的手型。因为触球时手型正确与否直接影响手控制球的能力和传球的准确性，初学者只有掌握了正确手型，才能保证正确击球点和较好地运用手指、手腕的弹力。

(二) 正面传球的教学训练顺序

正面传球教学训练顺序，应从原地正面传球开始，在建立和掌握正确击球点、手型和用力后再学习移动传球。先学向前、后移动传球，再学向左、右移动传球。在掌握好移动传球之后，可进行转换方向的传球。

(三) 正面传球教学训练步骤

1.示范

可先进行示范，使学生学习动作之前建立一个完整的动作形象；也可讲解后再示范，或边示范边讲解。为了使学生看清动作，要正、侧面都示范。示范的位置可在两排之间，也可在两排的前面进行示范。

2.讲解

正面传球的作用与重要性；传球技术动作规格，重点讲解技术的关键环节。语言应精练、形象，要领简明。

3.练习方法

(1) 徒手模仿传球的蹬地、伸膝、伸臂，在额前上方用正确手型做推送动作。

(2) 轻轻向额前上方抛球，在额前上方用正确手型将球接住，然后将球放掉，自己检查手型和击球点正确与否。

(3) 在额前上方轻轻向上连续自传。

（4）将球轻抛至额前上方后，用蹬地、伸膝、伸臂的动作传向对方。

（5）两人一组，一人持球保持正确击球点和手型，向前上方做推送动作；另一人用单手压住球，给球以一定的力量。

（6）两人一球，一抛一传。

（7）一人抛球，另一人向前移动两步传球或向左、右移动两步传球。

（8）两人对传。

4. 正面传球训练方法

（1）单、双人传球训练方法。一人对墙连续传球。近距离、远距离，自抛自传。一人向墙上固定目标连续自传；自传一次再传向墙上固定目标。一人肩对网站，连续向网上一定高度做自传。在排球场内移动自传。每向上自传一次，两手掌击一次；依传球高度增高，击掌次数可增加。站在3号位进攻线附近，将球抛向网前，而后移动到网前将球传向4号位。两人交替对墙传球；两人交替传从墙上落地反弹起来的球。两人移动对传落地反弹起来的球。一人抛球，另一人手扶墙或球网准备向前、向左、向右移动传球。两人面对站在端线附近，相距3米左右，向侧前方移动传球前进（两人交换位置进行）。两人对传，传高球和传低球交替进行。两人隔网对传，由近及远。两人在网前，一人固定做顺网传球，一人先自传一次再传给对方。

（2）改变方向及结合球网的基本传球训练方法。三人站成三角形传球，三人传两个球。三人轮流向前移动后，头上自传。三人一组，交换位置传球；也可一人固定两人前后交换位置传球。四人四角传球。四人移动传球。3号位向4号位传高球；3号位向4号位传拉开球。后排各位置向4号位或2号位传调整球。网前两人一组面对站立，先自传一次，再传向对方，传后跑到对方排尾。

移动调整传球：6号位队员向4号位做调整传球后跑到4号位，4号位队员将球回传给6号位队员后跑到6号位。6号位的第二个队员向2号位做调整传球后跑到2号位。2号位队员将球回传给6号位队员后跑到6号位。1号位队员做调整传球传向4号位，4号位队员回传给1号位队员。5号位队员做调整传球传向2号位，2号位队员回传给5号位（四人分两组，用两个球）。队员从6号位移动到3号位正传给2、4号位，传给谁就移动到谁的位置上，2、4号位队员将球传向3号位后，跑外6号位。A接B的来球传向2号位网前，C从进攻线移动到网前做一自传球后回到原位，D随C移动到网前，将C的头上自传球传给B，B再回传给A。

(四) 正面传球教学训练注意事项

(1) 教学时应先着重抓触球时手型，它是正面传球技术动作的关键环节，也是教学的难点。为此，教学时应自始至终抓住形成正确手型这一重点。

(2) 由于初学者易产生怕挫伤手指的心理，因此，易形成错误手型，也就越容易挫伤手指。因而在教学时，首先从简单的练习开始，如抛球给学生，创造便于形成正确手型的条件。同时，对触球刹那时的手型和击球时的手指、手腕动作进行正误对比，这样有助于提高识别正确传球动作的能力和掌握正确传球动作。

(3) 教学之初，为预防产生错误的传球动作，应先向学生讲解传球时易犯的错误，以便引起学生的注意和重视。同时，相应采取防止错误动作产生的教学措施。

(4) 初学阶段应注意抓徒手模仿及简单的基本练习，打好基础，注重实效。如多练一般向前上方传球，先原地后移动，由近及远，以利于形成正确的传球动作。

(5) 传球动作初看简单，实际上技巧性高，掌握难度大，不易提高学生的学习兴趣，单一的练习会使学生感到枯燥乏味，故在教学内容安排上，应根据学生实际，采用一些能提高学生兴趣的练习方法和手段。

二、一般二传

(一) 一般二传的教学训练难点

一般二传是一种转方向的传球技术。这种二传目标明确、动作难度不大、易控制方向和落点，动作方法基本与正面传球相同。当后排一传不到位时就需二传队员迅速移动取好位，利用全身协调力量将球传至适合扣球的位置上。为达到组成战术和实现战术的目的，在教学训练中要抓二传队员的取位和身体协调用力。因为迅速移动、取好位对正来球是传好球的基础，而全身协调用力是控制传球准确的关键。这两个动作是二传教学训练的难点。

（二）一般二传的教学训练顺序

一般二传的教学训练顺序，应在正面传球的基础上，做结合网的向左、向右转方向的传球教学。

（三）一般二传的教学训练步骤

1.讲解与示范

顺网二传在比赛中的作用；顺网二传动作方法；传球的方向、弧度、落点。一般二传主要采用侧向示范，使二传动作、球飞行弧度、落点全部落入学生视野之内。

2.练习方法

（1）网前自抛自传二传。

（2）接后排抛球做一般二传。

（3）6号位队员垫或传从本方4号位抛来的球至3号位，3号位队员做一般二传。

（4）6号位队员垫或传对方场地抛来的球至3号位，3号位队员做一般二传。

（5）后排队员垫或传对方发过来的球至3号位，3号位队员做二传。

3.训练方法

（1）一人肩对网站，连续向网上做一定高度自传。

（2）两人站网前，顺网对传高球。

（3）6号位传给3号位，3号位传向4号位。也可三人传两个球。

（4）向2号位做一般二传。

（5）网前二传队员交叉跑动传球。

（6）后排接球传给前排，二传队员可向3号位或4号位传球。

（7）后排接球传给二传队员，二传队员传给4号位，4号位将球传回给教练员。

（8）结合接发球进行二传练习。

（9）结合防守组织反攻进行二传练习。

（10）在比赛条件下，有目的按轮次组织进攻与反攻练习。

(四) 一般二传的教学训练注意事项

（1）一般二传是在网前移动中进行，应多练移动传球并结合球网练习，以便收到实效。

（2）除二传与扣球结合是训练的一种基本形式外，还应抓二传的步法、手法、观察判断等基本功训练。特别是初学二传时，移动不到位则对不正来球，也就传不准。要狠抓步法练习。

（3）一般二传训练首先要抓住网前移动、取位、协调用力、传球到位等难点。同时，注意训练要扎实、又要力求多样，提高效率。

（4）加强一般二传的衔接技术训练。如在2号位拦网落地后，转身做二传，二传出手后立即准备接拦回球。要求二传手注意传出球后立即准备做下一个动作。

（5）一般在结合扣球训练时，易产生扣球队员埋怨二传传不到位，使二传队员失去信心，产生不愿做二传的思想，故要加强教育，解除顾虑，增强信心。

（6）二传训练刚开始便要注意战术意识的培养。二传队员要起到场上核心作用，要做到准确、善变、洞察四方，在训练中必须加强对二传队员战术意识的培养，使二传队员做每个动作都要有战术意图。

第四节　垫球

一、正面垫球的教学训练难点

垫球在比赛中主要用来接发球和接扣球。根据比赛的需要，垫球技术可分为接发球垫球、接扣球垫球、接拦回球垫球和垫击二传球。垫球技术种类很多，运用广泛，但在教学的开始阶段要抓好正面垫球，其教学训练难点是击球，即击球点和击球部位。

二、正面垫球的教学训练顺序

先学习正面垫球，在初步掌握正面垫球基础上，学习移动垫球、改变方向垫球、体侧垫球、背垫，而后可进行接发球、接扣球练习。

三、正面垫球的教学训练步骤

(一) 讲解

正面垫球在比赛中的应用范围；正面垫球的动作方法及完成动作的要领；击球前准备姿势、手臂动作；击球点、击球时的身体协调用力和手臂用力方法。教其他垫球时，着重讲解其动作特点，并与正面垫球技术动作相对照，使学生明确其动作异同点。

(二) 示范

先做正面和侧面完整动作示范，再讲解。也可边讲解边做慢动作示范。完整示范要侧面做，着重示范手臂的下插抬臂、击球点、身体协调用力等。

(三) 练习方法

(1) 正面垫球前的准备姿势练习：先学生试做，再根据教师的口令或手势集体做，边做边纠正动作。

(2) 徒手两臂插夹练习：先学生试做，然后根据教师的口令、手势集体做。

(3) 徒手模仿垫球练习：先学生试做，而后根据教师的口令或手势集体练习。也可采用两人一组面对面站立，一人做练习，另一人观察及纠正动作。

(4) 两人一组，一人双手持球于对方的正确击球点，另一人用垫球动作击球 (不把球击出)；持球者将球自上向下运动，垫球者用正确动作击球后中下部，持球者可稍加压。

(5) 自垫：每人一球自己抛球后，连续向上自垫。

(6) 两人一组相距 3~5 米，一抛一垫。

(7) 两人一组相距 3~5 米，对垫。

(四) 训练方法

(1) 每人一球或两人一球，对墙垫球 (人与墙的距离可逐步拉长，并逐步增加高度)。

(2) 两人一组，一人向另一人的两侧 1.5 米处抛球。另一人移动后正面垫球。

(3) 三人一组，两人抛球一人左右移动后正面垫球。

(4) 教师在 2 号位向 5 号位抛球，学生依次轮流垫球。

(5) 两人一组，相距 6 ~ 8 米站立，一人持球另一人做接发球准备。一人平掷球，一人垫球，一定数量后，两人交换。

(6) 两人一组隔网站立，一人持球站在端线后，另一人站在场内，端线后的队员用下手或上手发球，发至对方场区，站在场区内的队员将球垫至 2、3 号位，一定数量后两人交换。

(7) 两人一组相距 3 ~ 5 米，一抛，一单手垫球。

(8) 两人一组相距 5 ~ 6 米，一抛，一快跑转身背对同伴垫回高球。

四、正面垫球的教学训练注意事项

(1) 正面垫球教学首先要抓好垫击时的手臂型，强调含胸夹臂，小臂外翻，手腕下压使小臂形成平面。初学者两臂并不拢是常见的问题，教师应强调双手互握夹臂及压腕动作，或采取其他辅助练习。

(2) 垫球时重心后坐。出现这种现象，原因是怕重球和垫球时没做好蹬地前送的动作，应先解决学生恐惧心理，并在学生垫球时给以口令提示"蹬"或"送"。

(3) 垫球技术比较简单，但多在移动后的情况下完成。对初学者要强调保持好人与球的关系，使击球点保持在腹前。关键是先移动，才能保持正面垫球，勿过早教体侧和单手垫球。

(4) 垫球时要克服摆臂动作，可在胸前夹一球，然后体会压腕抬臂动作。

(5) 垫球手臂过于紧张，控制不住球的方向和落点。教师应逐步消除学生的恐惧心理，同时教会学生缓冲的方法。

(6) 学习接发球一传时，要强调判断、移动、卡位对正来球方向，同时运用腰腹协调力量带动手臂控制击球力量、方向、落点。防守时强调判断、移动，以正面垫球为主，结合运用多种垫球方法，扩大防守面积。

第五节 发球

一、正面上手发球

(一)正面上手发球的教学训练难点

正面上手发球技术动作结构一般可分为抛球、击球、用力三个环节。其中，抛球是击球的先决条件，若抛球动作、位置、高度合适，则击球点和击球手法易稳定。从完成发球技术动作结构和发球效果看，抛球和击球是正面上手发球的教学训练难点。

(二)正面上手发球教学顺序

学习正面上手发球之前，一般应先学习下手发球。初学者男、女生可同时学习正面下手发球；也可根据男、女生不同特点，女生学习侧面下手发球，男生学习正面下手发球；也可两种都介绍，而后再学正面上手发球。

(三)正面上手发球的教学训练步骤

1.示范

教师要做规范的完整示范动作，给学生以直观的形象。学生要站在教师的右侧，便于观看教师击球手的动作。

2.讲解

发球在比赛中的地位和作用；抛球、击球手法、击球部位。语言精练，简明扼要，使学生理解和明确发球技术的关键。

3.练习方法

(1)徒手练习。按照动作方法要求，徒手模仿练习。

(2)抛球练习。做向上抛球练习。

(3)对墙发球，距离由近到远。

（4）隔网发球。两人一组隔网发球，距离逐渐加长。

（5）发球区发球。

4.训练方法

（1）把后场分成两个区域，要求把球发至规定区域内。

（2）把场地分成6个区域，要求把球发到规定区域内。

（3）在规定的时间内，将具有一定威力、速度、性能的球发到对方场内。

（4）在准备活动后，立即转入发球。规定性能，每人发10~20个球。

（5）双方人数相等，发规定性能的球，每人发10次，计算各方成功率。

（6）二对二、三对三接发球对抗，统计得分率。

（7）四对四、六对六的对抗练习中，统计发球得分、破攻、一般、失误等。

（四）正面上手发球的教学训练注意事项

（1）教学之初，反复强调发球在比赛中的作用。发球技术动作虽然简单易学，但正确掌握动作，还要靠个人的不断努力和认真的学习态度。

（2）抛球是发球的重要环节，抛球不合适会伴随着产生许多错误动作。因此，要强调抛球稳，即抛球的动作、抛球的位置要稳，抛球的高度要固定不变。

（3）击球是正面上手发球的难点，可做手腕推压动作的慢动作示范，使学生加深理解击球手法的关键动作，建立正确的动作概念。

（4）初学者，特别是刚刚掌握发球技术动作时，只想用力，不注意抛球和击球动作，急于求成的心理影响了正确技术的掌握，应加强这方面的教育与训练，才能收到良好效果。

（5）发球的攻击性是在准确的前提下实现的，初学阶段要重视发球的准确性训练，进入提高阶段要加强攻击性训练。

（6）发球训练比较单调枯燥，要采取措施。教学训练中除加强发球的重要性教育外，可采用具体要求和规定指标的方法。

二、正面下手发球

正面下手发球要领如下：

（1）准备。面向球网，两脚前后站立。

（2）持球。单手或双手将球平举至胸腹前。

（3）抛球。单手或双手将球平稳抛至身体右上方。

（4）击球。用手掌或掌根或拳的上部击球的中下部。

三、侧身下手发球

侧身下手发球的动作要领如下：

（1）准备。左肩对网，两脚开立。

（2）抛球。左手抛球于胸前一臂之远，离手高约0.3米，抛球的同时，右臂摆至右侧后下方。

（3）击球。在抛球的同时，右臂摆至右侧后下方，接着右脚蹬地向左转体，带动右臂向前上方摆动，在腹前以全手掌击球的右下方。随着击球动作，迅速进入场地。

四、正面上手飘

正面上手飘是一种使发出的球不旋转，从而使球不规则地向前飘晃飞行的发球方法。准备姿势与正面上手发球相同，但站位离端线距离变化较大，发远距离飘球时，距离端线要远些，发近距离飘球时，要站得距离近些。

（1）抛球摆臂。左手将球平稳抛至右肩前上方，稍靠前些，离身体水平距离约半臂左右，抛至相同于击球点的高度，这样便于直线加速挥臂去击球。在抛球的同时，右臂屈时抬起并后引，肘部略高于肩，两眼注视球。

（2）挥臂击球。当球上升至最高点时，收腹带动手臂快速挥动，以掌根坚硬平面击球的后中下部，使作用力通过球体重心。击球时，五指并拢，掌心向前，手腕紧张并后仰，用力快速、突然、短促，击球后可做突停或下拖动作，不能有推压动作。击球后，迅速进场比赛。

五、勾手发球

勾手发球所发出的球不旋转而在空中飘晃不定，具有很强的攻击性。发球队员由于采用侧面站立，可充分利用腰部扭转带动手臂加速挥动。这种发球比较省力，对肩关节负担比较小，因而适用于远距离发飘球。勾手发球的技术要点如下：

（1）准备。侧面球网开立，左手持球于胸前。

（2）抛球。左手用托送方法，抛球于左前上方约一臂之高，右手向后下摆动。

（3）击球。击球时，右脚蹬地，上体向左转动发力，带动右臂加速挥动。挥动时，右手臂伸直，在右肩的左上方，用掌根或半握拳击球中下部。击球时，有突停动作。

第六节　扣球

一、扣球的教学训练难点

正面扣球是扣球中的一种最基本方法。在正面扣球的几个动作环节中，选择好起跳点及起跳时机，保持好人与球的关系是扣好球的基础，挥臂击球是完成扣球动作的关键环节。抓好起跳及击球这两个正面扣球的教学难点对学生学习正面扣球至关重要。

二、扣球的教学训练顺序

首先应掌握正面扣球，它是扣球中最主要、最基本的方法。在正面扣球教学训练中，先练4号位扣一般高球，而后练2号位扣一般高球，有一定基础后，可学习3号位扣半快球和掌握实用性较强的调整扣球。

三、正面扣球教学训练步骤

（一）讲解

正面扣球技术在比赛中的作用及动作方法；助跑的节奏；起跳时机；起跳点的选择；空中击球动作；落地等。讲解动作要领要突出抓住完成动作的关键环节。

（二）示范

教师先做完整扣球技术示范，要求教师示范动作正确，扣球效果好，使学生通过教师示范了解动作全过程，建立完整、正确的动作形象。也可采用边分解示范边讲解，强调动作要领和关键的方法。示范可以采用徒手和结合球交替进行，关键部分用慢动作示范的方法。教师示范时，为让学生看清助跑路线和空中击球动作，应选择合适的示范位置。

（三）分解练习

1. 助跑起跳练习

（1）原地起跳。由站立开始，屈膝下蹲同时两臂由前向后摆动，按教师口令迅速蹬地起跳。

（2）一步助跑起跳。方法基本同上，右脚跨出一大步，左脚迅速跟上起跳。

（3）两步助跑起跳。方法基本同上，左脚先出方向步，右脚跨出一大步并制动，左脚再迅速跟上起跳，同时两臂协调配合。助跑速度由慢到快，步幅由小到大，两步之间衔接紧密，动作连贯。

（4）网前原地或一步助跑起跳。

（5）从进攻线附近做两步助跑起跳。

（6）一步、两步或多步助跑起跳扣固定球。

2. 挥臂击球手法练习

（1）徒手做扣球挥臂击球动作练习。

（2）对墙掷小皮球。

（3）扣固定球：扣吊球或一人双手持球于头上，另一人扣固定球。

（4）原地对墙自抛自扣或原地起跳自抛自扣。

（5）两人面对面站立相距6～7米，原地自抛自扣。

（6）降低球网或拉一根长绳做原地自抛自扣过网练习。

(四) 完整练习

(1) 助跑起跳扣网前固定吊球。

(2) 教师或学生站在网前高台上，手托球（球在网上高度根据学生身高、弹跳高度而定）。学生助跑起跳扣球，在学生击球一刹那间教师及时松手。

(3) 4 号位扣抛二传，抛二传高度为网上 1.5～2 米左右。

(4) 结合二传扣一般高球。

(5) 结合一传、二传进行 4 号位扣球。先扣斜线，后练习扣直线球。

(五) 训练方法

1. 助跑起跳训练方法

（1）助跑最后一步跨跳练习：①向前做最后一步跨跳练习。②向后做一步跨跳练习。③向左或向右做最后一步跨跳练习。

（2）连续两步助跑起跳，方法如下：学生成一路纵队慢跑，然后做两步助跑起跳，再慢跑，再起跳，如此连续反复进行。

（3）改变方向的助跑起跳：最后踏跳时脚尖和身体的方向要与原来的方向不同。

（4）助跑起跳后，迅速退回用手触摸进攻线，再助跑起跳。

（5）连续做 4、3、2 号位的助跑起跳。

（6）从 3 号位做助跑起跳到 2 号位后，退到 2 号位进攻线上，再做助跑起跳到 3 号位，然后跑到排尾。

2. 挥臂击球训练方法

（1）快速挥臂打一定高度的树叶。

（2）持 1～2 公斤的哑铃练习挥臂动作。

（3）手握一垒球原地做挥臂甩腕掷球动作或跳起掷球通过。

（4）对墙连续扣球练习。

（5）两人原地对扣反弹球。

（6）网前原地起跳扣对方抛过来的"探头球"。

3. 基本的扣球训练方法

（1）4 号位扣斜线，力量逐渐加大。

（2）4号位（或2号位）扣小斜线或直线。

（3）在4号位（或2号位）三人一组连续轮流扣球。

（4）结合一传练习扣球方法：①6号位（或5号位）队员接从对方场地抛或发过来的球垫给网前二传队员做二传，4号位队员助跑起跳扣球。②两人或三人接从对方场地抛或发过来的球后传调整二传，扣调整球。③对方发球，六人接发球组织进攻。

（六）扣球的教学训练注意事项

（1）学生对学习扣球兴趣大、积极性高，但也有个子矮、弹跳力差的学生学习扣球信心不足。因此，在教学中应注意防止蛮干和自卑两种倾向。

（2）扣球技术动作复杂，又是在空中完成，难度较其他基本技术大，故教学训练宜先用分解教学法。可在准备部分先学步法，后学手法；或步法、手法同时进行。待打好基础，再用完整教学法进行教学。

（3）扣球教学中，重点应先抓好助跑起跳，解决好人与球的关系，同时还要抓击球这一难点。

（4）初学扣球时，最好由教师或技术好的学生担任二传。

（5）3号位扣半快球，开始可先在低网下原地起跳挥臂甩腕扣球，逐步升高球网。而后采用助跑起跳，教师将球抛送到扣球队员的击球点上，再从抛球过渡到传球。

（6）扣调整球的教学与训练，应从手法开始，先原地扣后排抛来的球；助跑起跳扣从进攻线后抛到4号位附近的球；扣从后排传来的调整球。注意强调击球时手要有推压动作，包满球。

四、超手扣球

利用身高和弹跳优势，将球从拦网者手的上空击入对方场区。这种扣球线路较长，落点较远。队员起跳后利用收胸动作带动手臂挥动，以全手掌甩腕击球的后中部或后中下部，手腕有包击动作，球呈前旋飞行。

五、轻扣

佯作大力扣杀，而在击球的瞬间突然减低手臂挥动速度，把球轻轻击入对方空当。助跑起跳、挥臂动作与大力扣杀一样，但击球前瞬间挥臂速度突然减低，手腕保持一定的紧张，以全手掌向前上方做"推搓"动作，使球越过对方拦网后呈弧线落入对方空当。

六、小抡臂扣球

小抡臂扣球是以肘关节围绕肩关节做回旋加速、挥臂击球的一种技术动作，特点是手臂的挥动始终沿着圆弧形运动，整个抡臂动作无停顿连续进行。动作方法：助跑起跳与正面扣球相同；起跳后，屈肘摆臂至胸腹间不再向上，而以肩关节为轴心，由后下方向前上方做回旋挥臂动作。

小抡臂扣球技术有以下优点：

第一，当挥臂击球时，肩胛骨会出现上提的现象，此时手能达到最高击球点。由于小抡臂扣球时，会造成肩胛骨上回旋、后缩，此时肘关节是以肩为轴做由上向下、向后再向上的回旋加速运动，肩胛骨的前回旋决定了挥臂击球的瞬间，肌肉也能在爆发收缩之初长度达到最佳状态。

第二，由于小抡臂扣球是利用大臂带动小臂挥动和甩手腕，这种扣球能扣出多种线路的球，给对方防守制造极大的困难。它可以有效地利用手腕控制球，在提高挥臂速度的同时，也增加了扣球的力量。

第三，因为小抡臂扣球踏跳时两臂上摆有提肩的动作，在角速度一定的情况下，线速度增加了，从而增加了击球的力量，这样做的好处是在增加击球高度的同时，也增大了手臂的挥转半径。

第四，小抡臂扣球给提高击球速度创造了条件，它是由下向上产生的回旋挥臂，可以加长挥臂的距离。

不过，小抡臂扣球也有它的技术缺陷，这些缺陷主要是对于初学者而言的。小抡臂扣球具有一定的技术难度，有时会出现拖肘的错误动作，影响扣球的质量。其中，最难掌握的是放松和加速度挥臂的要领，常常出现击球时推压的错误动作。

七、勾手扣球

勾手扣球是运动员起跳后侧对网，手臂由体侧下方通过转体动作发力，经头前上方做抡摆式挥动击球动作。动作方法：扣球时两脚应侧对球网，使左肩对网完成起跳动作，或跳起后在空中使左肩转向球网；起跳后上体略后仰或略向右转，右肩下沉，右臂迅速引至体侧，掌心向上，手呈勺形，同时挺胸展腹。

勾手扣球技术的优点：由于勾手扣球力量较大，对多角度的扣球有较大的灵活性。由于勾手扣球是由下向上产生的大回旋挥臂动作，爆发力比较突出，能在比赛中获得得分的可能。

不过，勾手扣球也有它的缺点，这种扣球方法不适合我国快速多变的打法。由于勾手扣球回旋弧度大、半径长、挥臂时间较长，在比赛中容易被对手识破，使自己处于劣势地位；再者，由于踏跳后手臂上摆时，两肩没有上提动作，造成了上升力的分解，此时扣球臂摆至肩关节水平线下时就向下向后，再向上做回旋挥臂，影响了弹跳高度。

八、屈臂扣球

屈臂扣球的动作结构是，当扣球人助跑起跳时，双臂迅速屈臂由侧下向上摆臂，与此同时，击球臂由胸前上举至肩上，手臂向头后侧上方自然拉开，肘高于肩与耳部位置，小臂屈肘上举并后引拉开胸大肌，挺胸抬头，上体稍后仰，要求整个动作协调、舒展。在20名攻手中，有13名采用抡臂动作，7名采用屈臂动作。

屈臂扣球技术有以下优点：

第一，因击球点高便于转腕、转体打出变向和变线的击球，同时可以充分提高击球点，发挥居高临下的威力。在击球过程中，伸腰、伸肩、伸臂的动作可以自由发挥。

第二，由于这种扣球动作的发力多，使扣出的球威力很大，可以获得较大的速度、力量。同时，这种打法也可以实现轻吊巧打。力量的来源主要是由腰部或胸部发起，加上小臂后振上摆的加速度来实现的。

第三，动作结构简单易行，支点固定于肩上便于上伸，实效较好。

第四，小臂失重后倒的技术动作，可增强扣球的力量。

第五，起跳时双臂迅速上摆，保证了身体上升的高度和在空中的稳定性，所发出的力与起跳后身体上升的力是一致的，保持了上升力的一致。当然，屈臂扣球也有它的技术缺陷，那就是初学者容易产生直线或压线、推球等错误动作，因为短距离或原地起跳扣球显得发力来源不足，此时如果击球，就会显得力度不够。

九、快球

快球是扣球队员在二传队员传球前或传球的同时起跳，并迅速把二传队员传来的球击入对方场区的扣球方法。

(一)近体快球扣球

队员在靠近网前，离二传队员约一臂之距处起跳扣的快球，称为近体快球。扣近体快球时，助跑的距离应较短，助跑的角度一般应保持45度左右为宜。扣球队员应随一传球同时助跑到网前，在二传队员传球前或传球同时，在二传队员体前处迅速有力起跳。当球上升到高出球网上沿一个半球高度时，迅速挥动手臂带动前臂和手腕加速猛甩，以手掌击球的后上部或后中上部。

(二)半快球扣球

1. 概念

队员在靠近网前和二传队员附近起跳，扣高出球网上沿两个半球高度的球，称为半快球。

2. 动作

扣这种球的助跑角度、起跳动作、击球方法均与近体快球相同，只是起跳的时间较晚一些，一般在二传队员传球出手后，迅速有力起跳扣球。

(三)平拉开扣球

1. 概念

扣球队员在4号位标志杆附近，扣二传传来长距离的平快球。

2. 动作

这种扣球，二传球弧线低而平，飞行速度快，因而进攻的突然性大，进攻区域宽，容易摆脱对方的集体拦网。平拉开扣球的助跑路线应采用外绕助跑，在二传球出手后，在标志杆附近起跳，在空中截击球。击球动作与短平快扣球基本相同。根据击球部位的不同，可扣出小斜线球或直线球。

(四) 短平快球扣球

1. 概念

扣球队员在二传队员体前 2 米左右处，扣其顺网快速传过来的低平弧线球，称为短平快球。

2. 动作

这种扣球的特点是速度快、进攻点灵活，使对方难以拦网和防守，因而突然性大，攻击性强。

(五) 调整快球

在一传不到位、离网较远时，二传把球调整到网前进行快球进攻，叫调整快球。调整快球要根据二传的位置和传球的方向、出手的时间，选择好助跑的角度、路线和起跳时间。

1. 调整扣球

由后场调整到网前的球叫调整扣球。调整扣球的动作与正面扣球动作相同，只是要求扣球队员应根据来球的方向、角度、弧线和落点，调好人、球、网的关系。助跑时，应边助跑边看球，力争在与来球飞行路线形成交叉点处起跳扣球。

2. 转腕扣球

在扣球时利用转腕动作，改变原来的手臂挥动方向，使球突然改变路线，这种扣球叫"转腕扣球"。向右转腕扣球，击球时右肩向上提并稍向右转，上体和头部向左偏斜，前臂向外转，肘关节伸直，手腕向右甩动，以全手掌击球的左上方。击球时，前臂向内转，手腕向左甩动，以全手掌击球的右上方。

3. 转体扣球

在击球前，突然改变上体原来的方向和扣球路线，这种扣球叫转体扣球。一般在 3 号位运用得较多。转体扣球的动作与正面扣球动作基本相同，只是起跳时将球保持在左侧前上方。

4. 打手出界

扣球队员有意识地使球触及拦网队员的手后飞向场外的一种扣球方法。

一般在二传球离网较近或球的落点在标志杆附近时，运用打手出界较多。扣球队员进攻位置不同，采用的击球方法也不同。

5.设施吊球

吊球是扣球的一种变化，竞赛中与大力扣球结合使用，可收到较好的效果。动作方法是起跳后，假做扣球，然后突然改变挥臂扣球动作，用单手将球从对方拦网队员手的上面或侧面吊入对方场区。

十、单脚起跳扣球

单脚起跳扣球是指助跑后第二只脚不再踏地面直接向上摆动帮助起跳的一种扣球起跳方法。由于单脚起跳下蹲较浅，又无明显的制动过程，所以比双脚起跳速度更快，而且还能在空中移动，网上控制面积更大，具有很大的突然性，有时在来不及用双脚起跳扣球时也采用单脚起跳的方法。一般多用于扣快攻球。

具体动作方法是：采用与球网成小夹角的一步、两步或多步的助跑。助跑后，左脚跨出一大步，上体后倾，在右腿向上方摆动的同时，左腿迅速蹬地起跳，两臂配合摆动，帮助起跳，起跳后扣球动作与正面扣球动作相同。

单脚起跳扣球在比赛中已显示出了强大的威力，它的技术特点及攻击效果是双脚起跳扣球无法代替的；单脚起跳扣球的助跑过程减少了踏跳并步这一环节，有利于发挥助跑速度。

十一、自我掩护扣球

用扣各种快球的假动作，掩护自己实扣的半高球进攻，都叫自我掩护扣球。自我掩护扣球可分为时间差扣球、位置差扣球、空间差扣球。

(一)时间差扣球

时间差扣球是指扣球队员做扣快球或短平快球的助跑和摆臂起跳动作，但实际并不跳起，以欺骗对方拦网队员起跳，在拦网队员下落时，再迅速原地起跳扣半高球或弧线低的球，造成自己扣球与对方拦网时间上的明显差异。

时间差扣球运用的关键在于假动作要逼真，为了骗取对方拦网队员起跳，有时可把摆臂起跳动作做得夸大逼真一些。

（二）位置差扣球

扣球队员在助跑后假做起跳，但并不跳起，待对方拦网队员起跳时，扣球队员突然向体侧跨出一步，用双脚或单脚起跳扣球，造成自己扣球与对方拦网位置上的明显错位，这种扣球称为位置差扣球，也称错位扣球。

位置差扣球的变化很多，常用的有：短平快球向 3 号位错位扣、近体快球向 2 号位或 3 号位错位扣、背快球向 2 号位错位扣等。

1. 短平快球向 3 号位错位扣

扣球队员假做扣短平快球助跑，但助跑后不起跳，等对方队员起跳拦网时，扣球队员突然向右侧跨步起跳扣近体半快球。若采用单脚错位起跳时，在假跳动作之后，左脚向右跨出一大步起跳，右腿积极向上摆动配合起跳，并向左转体挥动手臂击球。

2. 近体快球向 2 号位错位扣

扣球队员假做扣近体快球助跑，助跑后不起跳，等对方队员起跳拦网时，扣球队员突然向右跨步到二传手身后起跳扣背传半高球。若采用单脚错位起跳时，在假跳动作之后，右脚先向二传手侧面跨出一大步，左脚再向二传身后跨步起跳，右腿积极向上摆动配合起跳，同时向左转体挥动手臂击球。

3. 近体快球向 3 号位错位扣

扣球队员假做扣近体快球助跑，助跑后不起跳，等对方队员起跳拦网时，扣球队员突然向左侧跨出一步起跳，扣弧线稍高、速度稍慢的短平快球。

4. 背快球向 2 号位错位扣

扣球队员假做扣背快球助跑，助跑后不起跳，等对方队员起跳拦网时，扣球队员突然向右侧跨步起跳，扣背传低平球。若采用单脚错位起跳，在假跳动作之后，左脚向右跨出一步起跳，右腿积极向上摆动配合起跳，并向左转体手臂击球。

（三）空间差扣球

扣球队员利用助跑的向前冲跳技术，使身体在滞空中有一个位移过程，将起跳点和击球点错开的扣球，称为空间差扣球，也称空中移位扣球或冲飞扣球。它是中国运动员创新的一种技术。这种扣球不仅速度快，而且有较强的掩护作用。常用的空间扣球有前飞、背飞、拉三、拉四等。

1. 前飞

队员假打短平快球，突然利用向前冲跳，"飞"到二传手前扣半高球，这种扣球叫前飞。

助跑右脚起跳的前飞扣球，助跑路线与球网的夹角很小，接近顺网助跑，右脚最后一步前脚掌着地，身体重心仍继续前移，左脚跟着落在右脚之前60～80厘米处，有明显的制动动作。踏跳同时，两臂由后经体侧用力向前上方摆动，随之右脚先蹬离地面，左脚再蹬离地面，由于起跳动作的向前冲力，使身体腾空后有明显的位移，当身体接近球时，已摆脱了对方的拦网。

击球时，利用向左转体和收胸动作带动手臂挥动击球。助跑单脚起跳的前飞扣球，可以充分利用助跑速度，加速助跑的最后一步跨出左脚蹬地，同时右腿和两臂配合向前上方摆动，使身体向前上方冲跳。击球时，利用向左转体动作带动手臂挥动击球。击球后，双脚同时落地，以缓冲身体下落的力量。

2. 背飞

扣球队员假打近体快球，突然冲跳飞二传手背后标志杆附近和背传平快扣，这种扣球叫背飞。背飞扣球的动作与前飞相同，只是步点在二传手的体侧。击球时，在空中有随球飞行的感觉，击球区域较宽，可选择有利的突破口。

3. 拉三

队员按扣近体快球助跑，而二传手将球向3号位传得稍拉开一些，扣球队员侧身向左起跳追球，在左前方扣快球，这种扣球叫拉三扣球。拉三扣球的助跑起跳，右脚要有意识踏在靠右侧一点，身体重心随之向左倾斜，两脚用力向右下方蹬地，使身体向左上方腾起，利用向左转体、转腕动作，将球从对方拦网队员右侧击过网。

4. 拉四

队员在扣短平快球的位置上起跳，而二传手将球向4号位传得拉开一点，扣球队员侧身向左起跳追球，在左侧前方扣短平快球。起跳方法和扣球动作与拉三相同。

十二、后排扣球

后排扣球是从进攻 3 米线后起跳，冲至进攻线前上空扣球的技术。后排扣球动作方法：后排扣球技术动作结构与正面扣球动作相同。但因必须在进攻线后起跳，需利用向前冲跳缩短与网的距离，还要提高球过网高度，所以，后排扣球的助跑步幅大、距离大、速度快。

助跑步数一般多为两步或三步。起跳时，两臂绕体侧后，随之向前摆动，过腰后以较大的肘关节角度向上方摆动。起跳后抬头、挺胸、展腹，身体成反弓形。击球时，要有较大的收腹动作带动手臂向前上方挥动，在右肩前上方手臂伸直最高点用全掌击球后中部，同时用手腕推压动作使球加速上旋飞行。

后排扣球弧度较高，扣球队员在"进攻线"后起跳，充分伸展身体，利用起跳的冲力，加大扣球速度和力量。这种扣球具有攻击面广、力量大等特点，要求运动员有较强的腰腹力量和较高的弹跳力，灵活掌握一步或多步前冲式助跑起跳和原地起跳技术，同时加强手腕对球的控制能力。因其技术难度大，对身体素质要求较高，后排扣球多为男运动员运用。

第七节　拦网

一、拦网的教学训练难点

拦网技术动作由准备姿势、移动、起跳、空中击球和落地 5 个部分组成。要拦住不同的扣球，在拦网移动之前必须判断对方扣球位置。要根据二传手传球的一些特点及扣球手的起跳点来选择拦网起跳点，要根据对方扣球人的击球动作来判断拦网的起跳时间及伸臂时间。整个拦网技术动作全过程，自始至终都贯穿着判断。

起跳时间是否适时是能否及时起跳拦住对方扣球的关键。选择合适的起跳时间，不仅要根据自己的弹跳高度，还要对二传高度、距离、弧度、速度及扣球动作幅度大小、挥臂快慢做出判断。因此，正确确定起跳时间和起跳点是拦网教学训练的难点。

二、拦网的教学训练顺序

拦网教学宜在学习扣球之后进行。先学习单人拦网，后学习双人拦网。先原地，后移动拦网。

三、拦网的教学训练步骤

(一) 示范

采用完整动作示范拦网起跳、空中击球手法和落地动作。示范可采用面对教师站立的示范位置，让学生看清拦网手型和拦击动作；或学生侧面站，可看到身体动作、手臂与网的距离。

(二) 讲解

拦网在比赛中的作用；拦网的动作方法。讲解动作方法要领时，重点突出判断与起跳时机。

(三) 练习方法

(1) 原地做拦网的徒手动作。

(2) 教师站在高台上双手持球，学生轮流起跳拦网。

(3) 两人隔网相对站立，做向左 (或右) 移动二步起跳拦网。

(4) 方法同上，向左 (或右) 移动两步起跳拦网。

(5) 低网扣拦练习：扣球人对准拦网人自抛自扣，当扣球人击球时，拦网人伸手拦网但不起跳。

(6) 双人拦网移动起跳配合：2、4号位网前各站一人，3号位网前站两人。听教师口令后，两名3号队员分别向左、右移动，与2、4号位队员配合拦网。

(四) 训练方法

1.移动和起跳训练方法

(1) 顺网由4号位向3、2号位做并步、交叉步或跑步移动起跳拦网。也可从2号位向4号位方向移动。

（2）拦网、后撤到进攻线，再上步拦网连续做。

（3）两队员隔网相对，对称移动起跳拦网，空中两人双手相互击掌。

（4）两人在中间3号位拦网后，向两边移动与2、4号位配合双人拦网，而后站在2、4号位，原2、4号位队员跑到队尾。

（5）两人在3号位隔网相对站立，听口令后原地起跳在网上双手击掌，落地后根据口令向左或向右移动，与站在网边的2、4号位队员一同起跳拦网，落地后跑到本方排尾。

2.空中击球训练方法

（1）一扣（自抛自扣）一拦。可用低网不起跳做扣拦，也可跳起扣拦。

（2）教练员在高台上扣球，队员轮流练习（先原地、后移动）。

（3）三人一组，一抛，一扣，一拦，轮流做，定数交换。

（4）教练员抛球，前排3个位置轮流扣球，另一方三人固定位置拦网，定数轮换位置。

（5）二对一扣拦对抗。一方2、4号位轮流扣抛球，另一方一人两边跑动拦网，定数交换。

3.结合扣球的拦网训练方法

（1）对方4号位扣固定方向的球，本方2号位拦网，定数交换。

（2）对方2号位固定方向扣球，本方4号位拦网，定数交换。

（3）对方2、4号位扣不定方向，不同高度、弧度的球，本方进行单人拦网。

（4）对方组织"中一二"或"边一二"进攻战术，本方组织单人拦网。

（5）在教学比赛和各种比赛中加强拦网的实战训练。

四、拦网的教学训练注意事项

（1）拦网虽不如扣球等技术富有进攻性和刺激性，但它确是一项很重要的技术。初学阶段由于拦不到扣球，空跳多，易产生枯燥和厌烦感。因此，要加强对拦网在比赛中作用的认识，提高学习积极性。

（2）拦网动作虽相对简单，但它是在被动情况下空中完成的，因此，在教学时可先用分解教学法，先学移动、起跳、空中击球动作，而后再练习拦网的完整动作。

（3）先学原地起跳拦网，再学移动拦网。原地拦网是基础。在实际运用中移动拦网较多，尤其是 3 号位更需移动进行拦网，故要加强移动拦网的教学训练。

（4）拦网除一些必要的练习外，主要的训练应和各种扣球训练相结合，以扣促拦，以拦促扣，互相促进，使之符合实战的要求。

第八节　组合技术

技术合理组合教学在排球课程教学中的应用，主要是将排球技术中的不同动作进行优化组合，使其变为几组动作练习，并且根据相应的顺序进行教学的方法。技术合理组合教学的思想是以排球运动的特点为基础，以排球运动中的实战意识培养为重点教学内容，目的是使学生在最短的时间内进入实战状态，全面了解排球运动的含义，使学生能够通过排球运动锻炼自己的身体，并且丰富自己的生活的一种手段。

一、基本技术合理组合教学及练习的含义

排球技术合理组合教学方式，就是对排球技术群众的所有技术进行优化组合，根据一定的顺序，通过组合的方式对学生进行教学，从而有效提高排球教学效率，实现排球教学目的。组合是一种抽象的理论改变，运动训练过程中的领域都有丰富的实践，技术合理组合教学就是针对运动训练实践中经常遇到的技术性组合问题提出的。它的含义就是以运动专项技术群中的技术组合与连接作为突破口，对排球教学进行系统性的、整体性的研究，从而得出的成果。基本技术合理组合教学符合体育教学发展的趋势，能够使学生掌握的技能转化为实践应用。基本技术合理组合教学主要有三个特点：其一，根据不同技术之间的关系，根据由浅到深、由易到难的顺序对技术进行合理组合，并且制定教学内容；其二，以排球运动技战术为基础，以此形成规律，安排基本技术合理组合教学的进度；其三，在组合排球动作的时候，要以学生的学习目标为目的，重视学生掌握技术能力及其运用能力，使学生

能够在规定时间适应攻防条件，也使学生具备场上意识。通过一段时间的基本技术合理组合教学的学习，学生就可以上场打球，将排球运动作为锻炼身体的手段之一。

二、基本技术合理组合排球专项课程教学的过程

第一个阶段：对排球中重点技术组合内容进行教学，在学生掌握重点技术组合内容之后，将其过渡到一般技术的组合内容的教学中。在进行技术组合内容教学的时候，要全面考虑到每个学生的具体情况，从而进行单项技术教学。比如，在进行传球技术及垫球技术组合教学的过程中，教师可以要求学生全面掌握正面双手传球和正面双手垫球两者的组合练习，并且要求学生与学生之间能够相互交流、配合及帮助，在此基础上进行其他内容的教学，如垫球和传球的组合。

第二个阶段：使基本技术合理组合排球专项教学内容的教材及练习程度逐步复杂，教师可以要求学生进行训练，如多个学生组合进行练习、根据场地进行对抗性练习等，然后再进行简单的对抗性比赛。要求学生在练习过程中充分使用自己所掌握的技术组合，尤其是在强化技术动作的过渡、衔接及转换的练习中，使学生充满主观能动性。比如，在进行垫球技术、传球技术和扣球技术自合的练习中，可以使三个人一组进行练习，然后过渡为多人组合的形式练习，指导学生能够完全掌握这三种技术并且能够灵活运用为止。

第三个阶段：提高组合训练的难度及动作的数量，比赛练习要占据整个排球过程中的一半以上。在进行排球技能教学的过程中，教师应要求学生能够多用脑，将自己所学的技术灵活地运用到练习中，并且发挥每个学生的不同特长，将自身的特长贯穿到整个排球技能教学及战术教学中。比如，在进行发球技术、垫球技术、传球技术、扣球技术及拦球技术组合内容学习的过程中，教师要强调学生在运用自身技能的同时，还要与自己队友之间相互配合，全队之间要具有一定的配合度及默契度，并且将防守战术及进攻战术穿插到教学内容中。

三、基本技术合理组合教学在排球专项课程教学中的应用

在制定基本技术合理组合教学的过程中，要以排球的教学内容、教学

步骤及进度为基础，确定基本技术合理组合排球教学的内容、进度及教学计划。在教学过程中，要坚持以学生为主进行教学，教师在教学过程中发挥自身的引导、管理及监督作用，开发学生的思维能力，使学生能够自主学习，要求学生能够互相交流及学习，一起完成教学任务。基本技术合理组合教学在排球专项课程教学中的具体教学过程如下：

其一，确定教学任务。要求教师向学生讲解教学内容及要求。

其二，讲解示范。通过互动的方式进行示范讲解，如教师与学生之间，或者学生与学生之间进行示范，学生能够通过实际的观察进行排球练习，通过自己的视觉在脑海中有一个正确的概念，掌握排球练习中的要点。教师在进行排球教学的过程中还要进行错误动作的示范，然后再向学生示范正确的动作，进行正确动作及错误动作对比，并且纠正错误动作。另外，教师还要为学生讲解练习动作组合的原因，并且说明技术组合中的要点。

其三，实践体会。要使学生全面掌握运动技能，不光是让学生讲这些技能及记住这些动作，还要使学生能够在大脑中进行理解，并且描绘出正确的技术运动表象。所以，学生在练习的过程中要牢记练习的要点，并且通过反复多次训练，自己进行体会，教师在旁边指导，纠正自己在练习中的不足。

其四，检查评定。教师在教学过程中要全面观察学生的训练效果，并且进行指导，从而对学生的训练效果进行评定和检测。如果学生达到标准，就可以使其进行下一阶段的学习和练习。在学习新技能之后，要将之前学到的技术融入到新技能的练习中。这样学生不仅能够强化自己之前学过的内容，还能够学习全新的知识，使学生具有自信心，建立动力定型。

其五，评价总结。在课程结束之后，教师要对学生的学习情况进行评价，使学生能够通过评价了解自身的学习成果及不足，使学生即使不在课堂中，也能在大脑中描绘出自身学习的技能，有一个良好的后效应。

总而言之，排球的基本技术合理组合教学比传统教学方式效率更高，在排球教学中是切实可行的，能够有效提高学生的自主学习性，提高学生掌握技能的效率及运用技术的效率，同时还能丰富教学内容，有效地提高排球教学的质量。

第九节　各项基本技术常犯错误与纠正方法

一、扣球易犯错误及纠正方法

排球扣球技术对身体素质要求比较高，要具备比较好的弹跳力、腰腹力量、协调能力以及挥臂扣球时手腕控球能力。还要根据二传球的高度、弧度、速度来判断来球方向，及时调整人与球的位置，以及起跳时的时间空间感。由于学生身体素质参差不齐和对扣球技术的理解的能力差异等多方面的因素，在教学过程中经常出现各种各样的错误动作，影响学生学习排球的兴趣和掌握扣球技术的信心。本研究通过对大学生排球扣球技术动作中易犯错误进行归纳分析，针对学生常犯的错误动作采取适当的纠正方法，并对扣球技术的重难点采用具有针对性、合理性的教学方法，使学生能及时地纠正错误，灵活地应用扣球技术，提高学生的扣球水平，增强学生学习排球的信心。

（一）助跑起动时机掌握不准

在排球扣球教学实践中，学生易犯的错误，主要表现为起跳的时机把握不准，不是过早起跳就是过迟起跳，特别是当二传球的高度、速度不稳定时尤其明显。所犯错误的原因有两个方面：一是飞行的速度和运行的轨迹判断不准确，因此，起动过早或过晚；二是对球的高度、弧度、落点没有判断上的预见性，从而不能确定正确助跑路线和起跳的时机。

纠正方法：教师要根据学生个人特点和所犯错误动作的具体情况以及二传球的高度、弧度、落点，来运用语言及信号进行提示。如果学生的个人特点是动作起动较慢，起跳的爆发力比较差，教师应该提示学生早点起动，而学生爆发力强，动作速度快，就要提示其晚些起动。二传球比较低弧度平的时候，应及时提示学生早起动；反之，二传球高时就要求晚些起动。对于动作完成比较好的学生，应及时给予"时机把握不错""比较好"等语言上的肯定，以强化其技术动作，增强其学习信心。对于技术动作掌握不好的学生，应以"别急""慢慢来"的言语进行鼓励。在教学过程中，教师应根据学生的情况采用不同的教学方法。在初学阶段，一般采用抛球或者教师传球的方法，保证二传球高度和稳定性，降低判断难度。逐步过渡到安排传球比较好的学生做二传传球，教师观察学生的扣球技术动作，对技术动作完成比较好的，用语言加以肯定，对出现的错误动作，要进行当面分析并及时纠正。这样，学生经过训练、点评分析、纠正动作，一般经过几次课的练习就可有明显好转。

有的学生不能准确判断好二传球的高度、弧度，导致起动过早或过晚，不能把握好助跑起跳后空中扣球时机，造成过早或者过迟击球，影响扣球效果。纠正方法：首先，应该多练习扣固定球，建立助跑、起跳、击球的动作定型；其次，再练习助跑、起跳、扣抛球，抛球的方位、抛球的高度、抛球的弧度要常变换，提高学生的目测与判断能力，准确地掌握助跑的起动时机。

(二) 助跑节奏乱

排球助跑的方向、助跑的步数、助跑的速度，要根据二传球的方向、弧度和速度来决定。一般来说，二传球的弧度低、速度快，相应助跑的节奏就要快。二传球的弧度高、速度慢，助跑节奏就要慢些。从助跑的过程来看，要求动作连贯、轻松、自然，动作速度由慢到快，步伐由小到大，只要脚一动就要求相应的手臂协同配合。助跑最后一步脚的落地就是起跳的开始，常用的起跳方法是并步法，即一脚跨出后，另一脚迅速向前并步，落于该脚之前，随即蹬地起跳；但是，在教学实践中，学生的助跑节奏不是由慢到快，步幅不是由小到大，而是时快时慢、时小时大，节奏混乱。主要原因：判断不准确，助跑上步动作不熟练。

纠正方法：一是进行助跑起跳的徒手练习，注意助跑时的步伐、节奏。二是进行助跑摸高练习，要求助跑节奏正确，起跳有力。三是助跑踏跳扣固定吊球练习，使学生娴熟地掌握助跑踏跳的动作技术。四是结合传球按教师的要求、标准步幅进行练习，建立合理的助跑节奏，提高助跑踏跳的连贯性与协调性。

(三) 起跳时间不准确

对于初学扣球的学生，扣球的时间点把握不准，跳起后不是人上升到最高点正好与球相遇扣球，而是在身体上升或下落时扣球，影响了扣球效果。这是因为球在空中飞行，是一个动态的"活物"而初学者不能准确判断这"活物"在空中停留的时间点，导致起跳时早时晚。

纠正方法：加强示范讲解，让学生明白如何根据球在空中飞行的速度和弧度，判断决定助跑起跳的时机。首先在思想上有一个起跳的时间点。其次要多进行扣固定球练习，建立扣球的时间感和空间感。再进行助跑、起跳、扣抛球练习，教师要经常变化抛球的高度、弧度、方位、落点。提高学生的观察判断能力、快速反应能力、快速起动移动能力。

(四) 起跳时手脚配合不协调、手臂助摆无力

排球的扣球由助跑、起跳、空中挥臂击球、落地几部分组成，而助跑起跳需要手脚协调配合，否则，就会严重影响弹跳高度。而初学者往往手脚不能协调配合。产生这一错误动作的主要原因是身体的协调能力差，手臂摆动幅度小、摆动速度慢。

纠正方法：把扣球摆臂与摆动的力学原理结合起来讲解，加深对摆臂的动作要领和作用的认识。首先在思想上形成一个正确的动作概念，其次要多做助跑起跳的徒手练习，强调手与脚的协调配合，主要是手臂预摆、助摆的路线、方向、幅度及快速用力等。对协调能力比较差的学生，在教学中要多进行发展协调素质的训练，逐步提高学生的协调能力。

(五) 起跳后收腹踢大腿

起跳后收腹踢大腿的主要原因：主要是对排球扣球的空中姿势没有正确认识理解，或者是因为腿部爆发力不强，助跑速度慢、踏跳蹬地用力不充分，等等。

纠正方法：首先指出学生收腹踢腿的错误动作，对学生讲解与示范排球扣球助跑起跳以后在空中的正确姿势，助跑起跳以后，在空中手臂要后引呈反弓形态，让学生认识理解正确的空中姿势。指导学生反复做原地起跳练习，或对墙或球网做助跑摸高练习。

(六) 扣球时手臂下压，没有鞭甩动作

在教学中，初学者由于掌握扣球技术不够熟练，常常出现扣球时手臂

收不住下压触网，没有鞭打动作。主要原因：臂如木棍般下压，没有明显的鞭甩动作，扣球不是出界就是不过网，腰腹力量差，在空中停滞时间短，来不及使劲或使不上劲。挥臂缺乏鞭打动作主要是由于肩肘腕关节紧张僵硬，不能形成以肩为轴，与腰腹协调配合带动臂、腕做有力的鞭打动作。

纠正方法：首先，可以让学生做徒手挥臂练习，要求学生肩要放松，体会挥臂的鞭打动作。其次，在网前助跑起跳以后进行挥臂投掷练习。练习时手臂、肩放松，把球快速甩出去，投掷的球要落在前半场，学生在练习过程中体会挥臂转体、收腹发力，依次带动肩、肘、腕各关节成鞭甩动作，体会手臂向前上方弧形挥动动作。在教学中，纠正这些错误动作需要一定时间或反复进行训练，这与学生的身体素质有关，教学中必须循序渐进，不可急于求成。

（七）在肩外侧挥臂，手臂甩打不直

产生错误动作的原因：没有正确领会挥臂击球的动作要领和技术原理，不明白挥臂击球的运行轨迹。

纠正方法：讲解示范挥臂时"提肩含胸，伸肘前旋"的动作要领，扣球的挥臂击球动作，是以肩关节为轴向前上方向高点做"划弧"的运动轨迹，扣球挥臂轨迹与发球挥臂轨迹是有区别的。在教学中，多做挥臂的徒手练习、在网前做原地挥臂练习、对墙挥臂扣球练习、助跑起跳扣固定球练习，等等。加强学生对挥臂击球的体会，建立正确的挥臂扣球动作定型。

（八）扣球下网或场外飞，扣球易触网

扣球下网的原因主要是扣球时击球点太低，手下压过狠，或者是扣球下手过迟。扣球出界主要是手没有包住球，或击球部位不正确，手指手腕没有裹压动作。扣球触网的原因一般是球与网比较近的时候，扣球后手臂没制动急停，手臂没有回收动作，手腕继续下行而触网。

纠正方法：纠正扣球下网，要尽可能地提高击球点，注意球比较低的时候要平打，或尽快下手。扣球出界，要全掌包满，注意击球的后上部，手指手腕裹压球动作。要经常做二人的扣垫练习、对墙扣球练习、扣固定球练习、扣反弹球练习等，提高手控制球的能力。击球易触网，可降低网的高度

多做原地自抛自扣球练习，体会制动急停用力和扣球收腕动作。

（九）扣球击球不能包满球，不成上旋球

在排球的扣球教学实践中，大学生学习初期常常挥臂击球时手不能包满球，经常用手掌根击球，手指扣球，扣出的球不成上旋球。这种错误扣球动作，常常造成扣球下网或扣球出界，扣球失误较多，扣球质量不高，影响扣球教学效果。这是扣球教学中出现最多的错误动作。产生的原因有：对扣球的动作概念不清楚，扣球时过分紧张手掌后仰，造成手掌没有包满球，击球时缺少推压动作等。

纠正方法：在排球扣球教学过程中，要仔细讲解扣球击球时的动作要领，让学生明白扣球击球的动作原理，要把讲解与动作示范结合起来，让学生明白扣球错误动作形成的原因。在练习时，可把球固定在一定高度，让学生反复做挥臂击球练习，或者二人一组，一人高举球，一人做挥臂击球练习，一人观察击球的动作，相互提示击球时手指张开包满球，击打球的后中部，手腕要有推压鞭打动作。在教学过程中，也可以让学生面对墙或球网进行自抛自扣练习，要注意把球抛稳，把球抛在自己的前上方一臂的距离，让学生明白只有把握好合适的击球点，才能顺利完成手腕的推压鞭甩动作。扣球技术是排球教学中比较复杂的技术动作，学生只有反复练习，才能掌握正确的击球动作。因此，要注意教学方式方法，把扣球作为教学的重点、难点来抓。

二、垫球易犯错误及纠正方法

（一）垫球部位不正确

垫球部位不正确主要分为两种情况。第一种是对球的击打部位不正确。在扣来势迅速的球时，击球部位过高会造成垫"下网"的现象，击球部位过低会给对方制造下次进攻的机会及出界；在接飘球时，击球部位不正确会导致出界或者是球的高度不够高，给本方的二传造成困扰，不利于本方组织进攻。第二种是手的部位不正确。[①]

---

① 章晓利. 排球正面双手垫球教学中易犯的错误及纠正方法 [J]. 湖北体育科技，2004(8)：66–68.

纠正方法：对于排球垫球来说，用正确的垫球部位去击球会产生更好的效果，防止出现一些球被垫跑、垫错方向等造成的失误。纠正排球垫球部位不正确的方法有以下几点：①二人一组，其中一人持球于腹部，另一人用正确的垫球方法固定垫球，使每次手臂碰到球的部位是一致的。在练习的同时应时刻提醒同学要蹬地、提肩、夹紧手臂，以此来固定和完善击球的部位。②二人一组，相距三到五米，其中一人连续抛球，另一人用正确的垫球部位进行垫球练习，随着练习人的熟练可以稍微增加距离，也可以给练习者增加难度，左右抛球或者前后抛球，同时也要提醒练习者注意垫球部位的标准性，在此基础上勤加练习。③垫球部位不正确也由于个人的球感太差，所以也要进行个人的自垫练习。画一个直径为一米的圆，在里面连续自垫球，球的高度保持在一米，不能走出这个范围。④对墙垫球，在距墙一到两米的位置连续垫球，用正确的垫球部位击球，完成的次数越多越好，以此来提高对球的控制力和球感。

（二）判断不正确，击球过早或者过晚

排球垫球技术要求对来球要有准确的判断力，根据来球的速度、力量、落点、方向要迅速地跑到位置上去，用正确的垫球姿势垫球。在排球垫球中常出现对来球的判断不正确，出现这种问题的原因很简单。一是对来球的速度、力量、落点没有判断好；二是击球人员对来球的出手动作错误，时机掌握不好。

纠正方法：判断不正确，击球过早或者过晚也称之为击球时机不对，对于这个问题可利用以下几点进行纠正：①两人一组，相距三到五米，一人持球一人垫，持球人把球抛到垫球人的前、后、左、右位置处，垫球人要判断好球的落点之后迅速移动到落点处，用正确的垫球动作击球，持球人也可以控制球的速度或者力量抛球，以此来增加垫球的难度。②两人一组，一人在网对面发球，一人垫球，为了更好地锻炼垫球人对来球的速度、力量、方向、落点的判断，远距离的练习更能表现出垫球人对落点的判断，一次好的击球证明垫球人在击球时机上把握的正确性，多加练习，多加掌握。③扣垫球练习。三人一组，一人做二传，一人做扣手，另一人做垫球者。扣球人在四号位扣斜线球，力量适中、速度适中。这个方法为了培养垫球人对来球的

整体控制，既有对来球速度、力量方面的适应，又有对击球时机的掌握，提高垫球人在不同球速和力量的垫球方法和对时机的掌控。

(三)移动速度慢

在排球垫球教学中，准备姿势和之后对来球的判断至关重要。在接来球的时候首先要做好准备姿势，正确的准备姿势是为了在接球的时候更好地把球垫到指定位置上。在中小学生中，常出现垫球的时候跑步到指定的位置上，导致失球。而造成这种原因有准备姿势不正确，移动不到位。排球是一项对下肢速度灵活要求比较严格的项目，在来球运行的过程中，要快速地判断出球的落点，快速地移动到落球点做好准备垫球的姿势，完成本次垫球。因此，在今后的排球教学中，要注重对移动速度和灵活性的教学，良好的移动速度和灵活性对接球有很大的帮助，能更好地完成本方的进攻。

纠正方法：在排球比赛中，垫球出现移动速度慢是很常见的，但这也会造成很多失误，可能会影响一场比赛的胜负，所以要避免这种情况的出现。根据了解，可以采用以下几种方法纠正移动速度慢的问题[①]：①很多同学在长时间比赛中出现体力不支的状况，导致移动速度慢，因此，我们在训练中要加强身体素质的锻炼，加强训练的强度，从而整体克服因体力而导致移动速度慢的情况。②接球过程中移动方法不正确也是移动速度慢的重要原因之一，在排球教学或者训练中要加强准备姿势和步伐的练习，因为正确的准备姿势和移动步伐可以提高移动能力和灵活性，可以更好地为正面双手垫球动作技术完整体现出来创造条件。③一人一组，一人抛、发球，一人垫球，要求垫球人跑到球落点后做好准备姿势把球垫到指定位置。具体方法如下：排球场地内，一人站在中间抛、发球到半场的任意位置，垫球人从中间出发判断好球的落点之后迅速跑到位置上，然后把球垫到指定位置(四号位或者二号位)，十次完美的垫球为一组，多次练习。这既提高了学生的移动能力，脚步的灵活性，也锻炼了学生对来球落点的判断能力。④在比赛中，也会因为思想不够集中影响判断力，又或者脑海中知道了球的落点但脚步不能跑到位置上，致使移动速度慢，垫不好球。

---

① 郭磊.排球垫球技术中常见错误及纠正 [J].文体用品及科技，2012(2)：65–67.

(四) 挥臂发力不协调

挥臂发力是指在判断好球的落点、力量和速度之后的一种击球方法。在垫球时要做到蹬地、含胸、提肩、夹臂、引臂、挥臂、压腕，上体要随着脚蹬地的同时向上动。提肩、夹臂、引臂、挥臂、压腕是击球的动作技术，良好的用力顺序是垫好一个球的关键。很多初学者在垫球的时候容易一个手臂高一个手臂低，导致垫球的方向不是在正前方而是在两侧；也会导致因对球的落点判断不正确后击到一侧手臂上，球出手之后是向一侧方向跑。

纠正方法：挥臂发力是指在接球时双手由下向上挥动双臂的方法，在训练过程中，很多学生都会出现垫球挥臂不协调的情况。造成这种情况的主要原因是击球时动作不协调，蹬地、提肩、夹臂、挥臂、压腕这些连贯性的动作技术没有做完整，没有做充分，致使在垫球时出现问题。在教学中，主要采取以下几种方法：①徒手模仿练习。原地做蹬地、提肩、夹臂、挥臂、压腕的垫球动作，脑海中浮现自己做动作时的景象，根据指导教师正确的垫球动作示范，慢慢改正自己存在的错误。②做抛垫练习。两人一组，一人抛球一人垫球，抛球之人尽量固定抛球时的力量、速度、弧度，垫球人在原地用正面双手垫球的动作技术把球垫回给抛球人，抛球人要时刻提醒垫球人的动作，用力顺序。③对墙自垫。在距墙一点五米处对墙自垫球，体会用力顺序，体会动作要领，注意击球部位。对墙垫球能熟悉球感，增加自我对球的控制力，连续垫球次数越多证明动作更到位，协调用力更充分。④双人对垫。两人相距三到五米相互垫球，双方对垫二十次为一组，每组结束后双方互相指出对方在垫球中出现的不足，指出并改正。多次练习，体会每次击球时的不同感受，体会协调用力的好处，然后保持正确的用力方法和垫球动作多做练习。

三、传球易犯错误及纠正方法

(一) 手型不正确

当手触球时，两手十指没有自然张开形成半球形与球表面吻合。在练习的初期手指控制球时会感到吃力。没有手感，不适应。手型难以固定，易变。

纠正方法：手型不正确的同学，强调技术动作：手触球时，两手应自然张开成半球形，使手指与球吻合，手腕稍后仰，拇指相对，成"一字"型或"八字"型，传球时用拇指内侧、食指全部、中指的二三指节触球，无名指和小指在球的两侧辅助控制出球方向，两肘适当分开，自然下垂。可以通过视频或教师正面示范进行讲解，促使该生在头脑中不断回忆正确动作，形成正确手型概念。

（二）击球点过前或者过高

出手击球过前或者过高会使得初学者对击球点判断模糊，在面对来球时，怕传球时打脸、怕戳手，产生对球的恐惧心理。球点过前易造成传球弧度不高，力量不大；击球点过高易造成传球时两臂伸直，不便继续伸臂传球，容易造成身体后仰过大，影响传球的准确和全身协调用力。

纠正方法：强调什么时候主动迎击球，同时注意前额上方一球距离。让学生充分认识到这一点后，过渡到自传；而击球点过后应多做平传。可以通过游戏的方式或者体验击、握、挡，使学生感到触球小会造成疼痛，克服心理的影响。

（三）传球前准备姿势没做好

臀部后坐，身体没有协调用力，用不上蹬地力量。

纠正方法：传球前，首先要做好准备姿势，正面对准来球方向，两脚左右开立。左半场左脚在前，右半场右脚在前，两膝半屈重心落在两脚之间，两眼判断球的落点，快速移动到球的下方稍蹲对准来球，迎击来球时协调用力的顺序，蹬地、伸臂、伸腕，运用手指的弹力把球送出。可以做好准备姿势，一人守压球，另一人做传球模仿练习。

第六章　高校排球实用战术分析及教学实践

第一节　排球实用战术的基本理论

一、排球战术的概念

排球战术是指运动员在比赛中，根据排球竞赛规则和排球运动规律、比赛双方的具体情况和临场变化，合理运用个人技术及集体配合所采取的有意识、有组织的行动。排球战术包括个人战术和集体战术两大类，扎实的基本功和娴熟的技能技巧是任何战术的基础，而个人战术与集体战术也是相辅相成、相得益彰的两个方面。

二、排球个人战术和集体战术

排球个人战术是指在集体战术配合的基础上，队员根据个人的特点和战术的需要，巧妙地运用个人战术的变化，以达到有效进攻和防守的目的。成功的个人战术，可以弥补集体战术的不足。个人战术是技术、技能在对抗中的具体表现，关键在于知己知彼，方能百战百胜。

排球集体战术是指运动员在比赛中，为了突破对方防守或抑制对方进攻，灵活地运用合理的攻防技术，按照一定的形式，采取有目的、有组织、有针对性的集体配合行动。排球运动是集体性很强的竞赛项目，因而不仅要求每个队员有比较熟练的基本技术和灵活的个人战术，而且全队还必须运用一定的集体战术，才能在比赛中取胜。战术的运用要从本队实际情况出发，即根据每个队员的身体条件、技术水平、战术意识及本队配合熟练程度等，选定最实用的集体战术配合。集体战术代表了一方整体作战的能力，是比赛中克敌制胜的重要一环。

三、排球战术与技术的关系

技术与战术两者之间是相互联系、相互依存、相互促进、相互制约的辩证关系。技术是战术的基础，没有全面、熟练的技术基础，战术就无从谈起。战术是技术的合理组织与有效运用。技术决定战术，战术可以反作用于技术，对技术提出新的要求，促进技术的发展与提高。

战术和技术是在实践中不断发展的。技术的发展往往走在战术前面，改进原有技术或出现某种新技术极可能形成新战术。但是，先有新战术设想，再着手改进和训练技术，也可促进新技术的发展与提高。

四、排球个人战术与集体战术的关系

个人战术与集体战术的关系是局部和全局的关系。个人战术要促成集体战术的实现，集体战术有利于发挥个人战术的特长和作用，两者相辅相成，互相弥补。队员在比赛中的技术和个人战术首先必须服从集体战术的需要，并以集体战术为依据，密切与全队配合，在保证实现集体战术的前提下，充分发挥和运用个人战术，丰富全队的战术打法，弥补集体战术的不足。

第二节　阵容配备与位置交换教学

一、阵容配备的概念

阵容配备是指比赛时场上人员的搭配布置，是参赛队根据比赛的任务、本队战术组织的特点及队员的身体情况，有针对性、合理地安排出场队员及位置分工，调配力量，科学地组织人员的筹划过程。

二、阵容配备的目的

阵容配备的目的是合理地把全队的力量搭配好，有效地发挥每一个队员的特长和作用。为此，在组织阵容时，应该考虑根据队员的身体素质、技术水平以合理安排他在阵容中的位置，把进攻力量强的和防守技术好的队员

搭配开，使每一轮次都有较强的进攻能力和较好的防守能力；主攻手、副攻手和二传手分别安插在对称的位置上，以便在轮转时保持比较均匀的攻防力量；根据战术需要和队员间的默契程度，把平时配合较好的进攻队员和二传队员安排在相邻的位置上；扣球好的主攻手一开始站在最有利的位置上，如4号位；防守好的队员，应站在后排；本方有发球权时，发球技术好的队员最好站在1号位；发球权在对方时，发球技术好的队员可站在2号位；一传较差的队员尽可能不要安排在相邻的位置上，避免形成薄弱区域。

三、阵容配备方法

根据各队不同的技术水平和战术特点，一般有以下三种阵容配备方法：

(一)"四二"配备

场上两个二传手、四个攻手(其中两个主攻手、两个副攻手)，安排在对称的位置上，称为"四二"配备。每一轮次前排都有一个二传队员和两个进攻队员，便于组织前排二传传球的两点进攻和后排二传插上传球的三点进攻。但每一个进攻队员必须熟悉两个二传队员的传球特点，配合比较困难。

(二)"五一"配备

场上一个二传队员，五个进攻队员，称为"五一"配备。为了弥补有时主要二传队员来不及传球所出现的被动局面，通常在二传队员的对角位置上，配备一名有进攻能力的接应二传队员。二传队员在前排时采用两点进攻，二传队员在后排时采用进攻和拦网的力量。"五一"配备中，全队进攻队员只需适应一名二传队员传球的习惯、特点，容易建立配合间的默契。但防反时，一传队员如果在后排，要插上传球，难度较大。

(三)"三三"配备

三名能攻的队员与三名能传的队员间隔站位，使每一轮次都有传有扣，称为"三三"配备。这是初学者常用的阵容配备。

四、位置交换

排球规则规定，发球以后，队员在场上可任意交换位置。利用这一规则，各队通常采用专位进攻、专位防守的方法。一般来说，在前排的，主攻队员换在4号位，拦网好、移动快、连续起跳能力强的副攻队员换到3号位，二传队员换到2号位；在后排，主攻队员换到5号位，副攻队员换到6号位，二传队员换到1号位。这种位置交换，使队员专位化，便于发挥每个队员的特长，有利于让队员集中学习训练掌握某项实用技术。但专位化也容易造成队员技术的不全面。

换位时应注意：换位前，应按规则的要求站位，防止"位置错误"犯规；当发球队员击球后，立即迅速换到预定位置；对方发球时，应首先准备接球，然后再换位，以免影响接发球；本方发球时，换位队员应面向对方场区，观察对方动态；成死球后，应立即返回原位，及早做好下一个球的准备。

五、攻防转换

在排球比赛中，攻与防是密切联系、相互转换、连续进行的。这不仅在于排球技术本身具有攻与防的双重含义，还由于全攻全守、攻防兼备是当前排球运动的发展趋势。正在进攻的一方，必须同时注意防守；处于防守的一方，必须随时准备反攻。在进攻与防守的转换中，如果准备不充分，动作不连贯，一味进攻，就可能贻误战机，招致失败。因此，在进攻时要准备防守，在防守时要想到进攻。同时，在阵容部署上也要有相应的措施和方法。

(一) 由进攻转入防守

当球扣入对方场区后，进攻的一方应立即转入防守状态。当球扣过网或二传不慎传球过网时，前排队员应迅速靠网前站位，准备拦网；后排队员应上前保护扣球，迅速退守原位，准备防守。其阵形常有"三一二"站法和"三二一"站法。前者适合于"心跟进"防守阵形，后者适合于"边跟进"防守阵形。

(二) 由防守转入进攻

当对方扣球过网后，防守一方在防守的一刹那就转入了进攻。这是由于后排队员在防守来球时，必须根据本队所采用的进攻战术，有目的地将球垫起到预定目标，并根据保护扣球的部署，立即跟进保护前排队员进攻。前排参加拦网的队员，在完成拦网动作之后，必须立即转身或后撤，准备接应或反攻扣球。前排未参加拦网的队员，在后撤防守之后，转入接应或反攻扣球。

第三节　信号联系及自由人运用

一、信号联系

排球是一个集体项目，必须通过信号联系才能使全队统一行动来实现快速多变的战术。若信号联系不完善，就难以实现战术的变化。因此，信号联系在排球战术运用中起着重要的作用。

球队的信号联系要根据本队的具体情况，教师和运动员共同协商来确定。联系信号力求实用、简练、清晰。比如，使用手势信号进行规定的战术配合，使用语言直接进行联系，也可将战术编成代号，以代号进行联系。

一个队的信号联系是根据本队的情况，通过教师和运动员的协商来确定的，联系信号应简单、清晰，并使本队队员人人都熟悉。信号联系有以下几种：

(一) 语言信号

语言信号，即使用语言直接进行联系。语言信号应用较多，特别是在比赛过程中应对临时发生的情况，更需要用语言联系。其缺点是容易泄露意图。

(二) 手势信号

手势信号，即通过事先确定的各种手势，进行约定的战术配合。手势信号可由二传队员向进攻队员出示，可由进攻队员向二传队员出示也可由拦网队员向防守队员出示。

二、自由人运用

(一)何谓自由人

自由人正确的称谓应该是"后排自由防守队员"。设立自由人是国际排联于 1996 年世界女排大奖赛中试行的一项规则。自由人亦称为"自由球员"。2000 年 1 月 1 日,国际排联正式推出这一新规则,自由人才有了明确的名分。根据规则,自由人可以更换场上任何一名后排队员,并且,自由人的替换不计在该队的换人次数之内,没有次数限制。

(二)自由人的战术

自由人的运用是排球比赛中的战术之一。合理使用自由人,可以提高本队在后排接发球和防守的质量,同时也可带动前排的进攻,增强本队的整体实力。因此,合理使用自由人,是排球比赛的一种战术。如何使用自由人,要根据本队的情况来决定。

(三)自由人的素养

1. 要有奉献、拼搏精神

自由人主要承担场上的接发球、防扣球、接拦回球等任务。在比赛中几乎没有得分,只有失分。因此,自由人一定要有奉献的精神。后排技术的训练和比赛在排球技术中属于"苦、累、脏"的活。在比赛中,每防起一次重球或防起濒临落地的险球,都是对全队士气的鼓舞。防守中的这种拼搏精神往往能在关键时候鼓舞和带动全队摆脱困境,走向胜利。所以,要做好一名专职自由人,必须要有这种勇于奉献、任劳任怨、吃苦耐劳的拼搏精神。

2. 具备良好的接扣球能力

自由人在场上防扣球的能力应该是最强的,无论防重扣、轻吊,还是摔救,都应该全面。

3. 防守指导思想必须明确

无论是自由人还是攻手,想要防守,首先必须明确防守的指导思想,否则,就很难达到效果和目的。在防守中,首先以防轻打轻吊的所谓"小球"

为主，其次再去防那些重扣。因为只要有意识，轻球、乱球就很容易防到位，组成有效的战术进攻；而在真正的比赛中，重扣球特别是在无人拦网情况下的空门球很难防起来。特别是在男排比赛中，即使防起来，也很难组织进攻。而这些轻球、吊球、乱球一旦被防起来，就可以轻松地组织进攻。所以，防守的指导思想一定要明确。

4.必须具备良好的判断能力

自由人防扣球，绝大部分是靠自身判断和敏锐的观察力。因此，在比赛中，对方每一个攻手的特点都不一样，扣球力量、线路、落点随时都在变化，包括本方拦网的配合、起跳时间和拦网手型等都不一样。因此，每防一个球时，防守取位都应该根据以上各条件进行综合分析，在瞬间做出准确的判断。所以，判断能力的好坏，是审定自由人是否胜任的一个主要标准，也是排球场上的所谓防守的"意识""灵气"。

5.必须具备全面的防守技术

自由人的防扣球技术应该全面掌握。只有全面掌握，才能合理运用各种技术去防各种变化的球。常用的防守技术有：防重扣，防吊球，防打手出界球，单、双手挡球，单、双手两侧防守，各种倒地、鱼跃救球，补位防守等。总之，自由人只有掌握全面防守技能，才能在比赛中运用。

(四) 过硬的接发球技术

自由人接发球是全队接发球的重点，大量的接发球都是由自由人完成的。而接发球的好坏，直接影响到进攻战术的组成。因此，自由人必须具备接各种发球的能力。常用的接发球技术如下：

1.接大力跳发球

跳发球技术的运用已成为当今排球比赛中的潮流，无论是男队还是女队，都在运用。

2.接上手飘球

上手飘球的特点是球过网低平，球体飘晃不定，落点散。接这样的球要提前移动取位，低重心，尽可能在球接近地面时去接。因为那时球的尾速是最慢的，性能是最差的，也是最好接的。还有，接这样的飘球时，要腹肌收紧，多用腿力，尽可能正面接球。

3.接跳飘球

接跳飘球的动作原理和接上手飘球的一样，只是跳飘球的发球击球点更高，球过网的落点更散、更难接。但在实际比赛中，真正发好飘球的很少，发出一定质量的也很少出现。因此，从理论上讲，接跳飘球比较难，但要发好跳飘球也要有较大的风险。

4.接乱球

比赛中常会出现一些意想不到的球，如擦网球、翻网球，对方由于击球不准发出各种线路不规律的球，或同伴之间的抢、让造成的干扰球等。作为自由人，在事先都应该想到这些。事先都想到了，在比赛场上一旦出现这样的问题，就不会手忙脚乱。

(五) 应该是场上的指挥者

在比赛中，只有自由人一直在后场，不能到网前进攻。所以，自由人在后排的视野最广，对本方和对方的情况观察得最清楚。因此，自由人应该是场上的指挥者，是全队的"半个"教练。有时，自由人在场上比教练更能发现问题。所以，作为一名优秀的专职自由人，应该主动承担这种任务。

第四节　个人战术

一、个人战术的概念

个人战术是指在集体战术配合的基础上，队员根据个人的特点和战术的需要，巧妙地运用个人技术的变化，以达到有效进攻和防守的目的。成功的个人战术，可以弥补集体战术的不足。个人战术有发球、一传、二传、扣球、拦网及后排防守等。

二、个人战术的分类及内容

(一) 发球个人战术任务

在观察和分析了对方的具体情况后，要有针对性地采用不同的发球战术，先发制人。常见战术如下：

1. 增加发球的难度系数

发力量大、速度快、弧度低平、旋转性强或飘晃度大的球，以增加发球的难度系数。

2. 控制发球的落点

（1）将球发到对方两个队员之间的连接区、边线或后场端线附近。

（2）将球发向对方参加进攻的队员，落在该队员的前、后、左、右。

（3）将球发给对方二传，或落在该队员跑动的必经线路上。

（4）将球发给一传技术差，或情绪焦躁，或精力分散，或刚刚换上场的队员。

3. 改变发球的方法

（1）改变发球的位置：发球队员可采用站在距端线近、中、远距离处发球，也可以站在发球区左边、中间、右边发球。

（2）改变发球的弧度：发球时，加强上旋或发左旋、右旋球，改变飞行弧度，还可以发高吊球。

（3）改变发球的速度：可以采用击球点高、距网近、速度快的飘球，或采用跳发球技术，也可采用高弧度、慢速度的发球方法。

4. 适时变换发球，增强攻击性和提高准确性

（1）如本方得分难，比分落后较多或遇到对方进攻强轮次等情况时，可采用加强攻击性的拼发球战术，以改变落后状况。

（2）如本方比分领先较多时，可采用威力大的发球，以扩大战果。

（3）如本方发球连续失误或对方暂停、换人后及对方处于进攻较弱的轮次或接发球连续失误时，应注意发球的准确性。

（4）如比赛处于关键时刻，发球更要注意准确性，避免无谓失分。

（二）一传个人战术任务

在第一次接对方来球时采用有目的、有意识的击球动作，组成本队战术。常见战术如下：

（1）组织快攻战术时，如本方快攻队员来得及进行快攻，一传的弧度要低平，速度稍快，以加强进攻的节奏；如果来不及（防守后的快速反击），则

应提高一传弧度。

（2）在组织强攻战术时，一传的弧度略高些，为二传队员创造便利的传球条件。

（3）前排队员一传时，力量不宜过大，弧度应稍高，如来球力量不大，可用上手传球，后排队员则相反。

（4）当对方第三次传、垫球过网时，一传可用上手传球，以便更准确地组织快速反击。

（5）如发现对方场区有较大的空当，或对方队员无准备时，一传可直接用传、垫、挡等动作把球击向对方。

（三）二传个人战术任务

有效地组织进攻战术，给扣球队员创造有利的进攻条件，突破对方拦网。常见战术如下：

（1）根据本方队员的特点和布局情况，进行合理分球。如采用集中与拉开，近网、中网或远网，弧度高与低球等传球战术。

（2）根据对方拦网的部署，与进攻队员在时间上和位置上进行协调配合，合理选择拦网的突破口，形成以多打少的局面。

（3）根据本方队员的不同起跳时间，采用升点、降点传球方法，用声东击西的隐蔽动作和假动作，打乱对方拦网布局。

（4）根据本方队员一传的情况，如到位球或不到位球、高球或低球、近网球或远网球等，合理运用传球技术组织各种战术。

（5）根据对方防守队员的站位，在有利于自己的情况下，突然将球传入对方空当。

（四）扣球个人战术任务

根据对方拦网和防守情况，选择合理扣球技术和路线，有效突破对方防御。常见战术如下：

1. 扣球线路变化

（1）扣球时采用直线与斜线相结合，长线与短线相结合。

（2）利用助跑路线与扣球路线不同的方向，迷惑对方拦网和防守队员。

如直线助跑扣斜线球，斜线助跑扣直线球。

（3）朝防守技术差和意志薄弱的队员扣球，或扣空当和防守薄弱的区域。

2. 扣球动作变化

（1）运用转体、转腕扣球技术，突然改变扣球方向，避开对方拦网。

（2）用超手高点扣球，从拦网人手上方进行突破。

（3）利用正面扣球变为勾手扣球动作，造成对方拦网判断失误。

（4）利用突然性的两次进攻，造成空网或一对一进攻的有利局面。

（5）高点平打，造成球触拦网者手后飞向后场远区，或有意向两侧打手出界。

（6）突然用单脚起跳扣球，使对方来不及拦网。

（7）运用轻扣或吊球技术，使球随拦网队员一同下落，增加拦网队员自我保护球的难度，或使球落在对方网前，或使球落在拦网队员身后。

（8）利用"时间差""空间差"，晃开对方拦网。

（五）拦网个人战术任务

根据对方扣球情况，利用时间、空间等变化因素，用不同手法，阻拦对方进攻。常见战术如下：

（1）拦网队员可采用在拦直线位置起跳向侧伸臂拦斜线或在拦斜线位置起跳拦直线的方法来迷惑对方扣球队员。

（2）改变空中拦网手的位置，如在空中拦直线时突然移动手臂改为拦斜线等。

（3）有时可制造假象，使对方受骗。如假装露出中路空当，引诱对方扣中路，当对方扣球后即关门拦中路球。

（4）在发现对方要打手出界时，可在空中及时将手撤回，造成对方扣球出界。

（六）防守个人战术任务

选择最有利位置，采用合理的接球动作，按战术要求把球防起。常见战术如下：

（1）根据对方二传传球的方向和落点，迅速判断，立即移动到相应的位置，正对来球准备接球。

（2）在选择前后位置时，应根据对方二传球与网的距离和扣球队员击球点高低选择防守。如球离网近，无人防守时，防守取位可向前，如球离网远或近网球被拦时，防守队员取位可向后。

（3）选择左右位置时，主要根据对方扣球队员的助跑路线和扣球队员起跳后人与球所保持的关系来选择防守位置。一般来说，防守位置应在对方扣球队员和球连线的延长线处。

（4）根据对方扣球的特点，采取相应的防守行动。如对方只扣不吊时，取位要靠后；如对方打吊结合时，要随时准备向前移动；如对方扣球只有斜线，要放弃直线防斜线等。

（5）防守应根据本方前排拦网队员的情况，主动选择防守位置加以配合和弥补。重点防守前排拦网的空当。

第五节　集体进攻战术

一、进攻形式和进攻打法

当前排球运动已进入了一个新的发展时期，随着队员技术水平的提高，排球进攻战术日趋丰富多彩。进攻战术可分为进攻形式和进攻打法两个方面。

（一）进攻形式

进攻形式，即进攻时所采用的组织形式。进攻形式可分为两类：一类是由前排队员做二传组织进攻的"中一二"进攻形式和"边一二"进攻形式；另一类是难度较大的由后排队员做二传组织进攻的"插上"进攻形式。

1. "中一二"进攻形式

由前排中间的3号位队员担任二传，其他5名队员将来球垫传给二传队员，再由二传队员将球传给4号位或2号位队员扣球的进攻形式，称为"中一二"进攻形式。这种形式是排球进攻最基本、最简单的形式。其特点是一传的目标明确，二传队员易于接应，加之战术配合简单，便于组织进攻。缺点是战术配合方法较少，进攻点不多，突然性不大，战术意图易被对方识破。这种形式适合于技术水平较低的队采用，但有时技术水平较高的队在来不及组织复杂战术进攻的情况下，也采用这种进攻形式。

2. "边一二"进攻形式

由前排边的2号位队员担任二传，将球传给3号位或4号位队员扣球的进攻形式，称为"边一二"进攻形式。这种形式也比较简单，容易掌握。但由于对一传、二传的要求都较高，组织"边一二"进攻形式要比组织"中一二"进攻形式的难度大，其战术配合也较为复杂。"边一二"进攻形式，由于两名进攻队员的位置相邻，便于进行相互掩护的进攻配合，可以组织较多的快变战术。因此，"边一二"进攻形式的突然性和攻击性要比"中一二"进攻形式大。

采用"中一二"和"边一二"进攻形式时应注意以下几点：

（1）在采用"中一二"形式时，当二传队员轮转到4号位或2号位时，应采用换位的方法，把二传队员换到3号位，便于组织进攻。

（2）在采用"中一二"形式时，3号位二传队员如果向两边都采用正面传球时，可以居中站位。如果二传队员利用正面长传或背后短传时，站位可靠近2号位区。

（3）在采用"边一二"形式时，二传队员应在2、3号位之间，不要紧靠边线站立，以便运用快球战术。

（4）在采用"边一二"形式时，当二传队员轮转到4号位或3号位时，可采用换位方法，把二传队员换到2号位。

（二）进攻打法

进攻打法是指排球比赛中，一传队员、二传队员和扣球队员之间所进行的各种进攻战术配合的方法，其目的是避免对方的拦网、突破对方的防线、争取主动、扩大战果。

1. 强攻

强攻是凭借队员个人的身高和弹跳力，利用扣球的力量和个人扣球战术，强行突破对方的防御。强攻打法可分为四种：

（1）集中进攻。二传队员向4号位或2号位传出弧度较高、落点较集中在3、4号位或3、2号位之间的球所组织的扣球进攻称为集中进攻。这种打法由于弧度小，便于扣球队员助跑和挥臂扣球，一般适合初学者和较低水平的队运用。

（2）拉开进攻。二传队员将球传到网边标志杆附近所进行的进攻打法称为拉开进攻。这种打法能扣直线和小斜线球，既利于避开拦网，也便于打手出界。

（3）围绕进攻。进攻队员从二传队员后面绕到前面扣球称为前围绕进攻；进攻队员从传队员前面绕到后面扣球称为后围绕进攻。围绕跑动换位的目的是充分发挥进攻队员扣球特长和避开对方的拦网。

（4）调整进攻。当一传不到位，球的落点离网较远时，由二传队员或其他队员将球调整到网前所进行的扣球进攻打法称为调整进攻。这种打法在接扣球攻击中运用较多。

2. 快攻

快攻是指二传将球传至稍高于球网上缘，以提高扣球速度，缩短过网时间的击球手段。它是在一传到位的基础上，通过扣球人的快速跑动，互相配合组成各种进攻战术。

最简单并常用的快攻有集中的近体快、背快、拉开的平拉开扣球等，其特点是突然性大、效果好、牵制性强，有利于争取时间、空间和组织各种变化的进攻战术。

组织快球战术，主要靠二传和扣球队员的密切配合。二传要根据扣球人特点、一传落点和扣球助跑路线，起跳位置和时间，主动配合传球。扣球人应根据一传的落点和二传的位置来确定助跑路线，起跳位置和时间，主动与二传配合。

二、接发球及其进攻

（一）接发球的基本要求

接发球既是防守，又是进攻的开始；既是组织进攻的基础，又是由防守转入进攻，变被动为主动的转折点。好的一传不仅要求接起对方各种性能的发球，而且能为二传队员顺利组织进攻创造条件。反之，不仅难以组织有效的进攻，而且还会造成直接失分。接发球的基本要求如下：

1. 正确判断

高质量的一传，很大程度上取决于正确的判断。接发球时，队员的精力要高度集中，密切注意对方发球队员的情况，充分做好接球的准备。应根据发球队员的位置进行第一次判断，以确定合理的取位。因为发球队员的位置不同，球的过网区和球的落点也有所变化。当发球队员击球后，再根据其发球手法、球的飞行路线和性能进行第二次判断，及时移动进行位置上的调整。

2. 合理取位

因为球的飞行弧度不同，过网后与球网的距离不同，球的落点也不同，故要进行合理的取位。如对方发球弧度高、落点分散，接发球的站位就应前后分散均衡；如对方发球速度快、弧度平、落点比较集中，接发球的位置要压后，前后排队员要靠近。取位时不要站在阴影区内，因为一般情况下，球不会落在阴影区内。还要根据本队进攻战术的需要采取不同的取位。在接发球取位时，还应注意同排队员左右位置和同列队员前后位置不能颠倒而犯规。

3. 分工与配合

接发球时，每一个接发球队员都应该明确接发球防守的范围。划分范围不仅是平面的，还应根据来球的弧度高低进行立体的空间划分。明确了各自接发球的范围，就可避免接发球时互抢、互让和相互干扰的现象发生。

（1）接发球的分工。由于发球技术本身的特点，决定了发球的落点较多地集中在中、后场，加之前排队员还担负进攻任务，故后排队员接发球的范围可相对扩大些。另外，还可根据队员接发球的具体情况，发挥队员个人的专长，接发球技术好的分工范围可大些，反之可小些。

（2）接发球的配合。应互相保护，互相弥补。当一人接发球时，其他队员特别是相邻队员应注意保护，随时准备接应。一旦球蹭手飞出界外、平冲入网时，其他队员都应全力抢救，这样既可减少失误，又可鼓舞士气。

（二）接发球进攻的战术变化

在接发球进攻的战术变化中，强攻战术是基础，快攻战术是重点，各队应根据队员的技术、战术水平以及临场的实际情况，合理地运用快攻、强攻，灵活地组织多种多样的战术配合，给对方出其不意的攻击，以取得良好的进攻效果。

1."中一二"进攻的战术变化

在运用"中一二"进攻战术时，不同水平的队可采用不同的变化方法。水平较低的队，可采用4号位、2号位队员定位进攻的方法。还可在定位进攻的基础上，采用定位和活点相结合的进攻形式。

（1）定点进攻：3号位二传队员传给4号位队员或2号位队员集中或拉开进攻；3号位二传队员传给4号位队员拉开或2号位队员背传半高球。

（2）定位与跑动换位两点进攻：4号位队员定点进攻，2号位队员跑动换位进攻，其方法如下：①斜线助跑到二传队员前面扣前快球；②在二传身后扣背快球。2号位队员定点进攻，4号位队员跑动换位进攻，其方法如下：①内切快球助跑扣3号位前快球；②内切大跑动扣二传队员身后的背半高球。

2."边一二"进攻的战术变化

"边一二"进攻战术也可根据本队水平而改变其方法，除组织前排两名队员定位进攻外，还可以组织定位与跑动换位进攻。

（1）定位进攻：3号位队员扣一般集中球，4号位队员扣一般拉开球。4号位队员扣定位拉开高球，3号位队员进行实扣或掩护。

（2）定位与跑动换位两点进攻：4号位队员扣定位球，3号位队员围绕跑动到2号位二传队员身后扣背快球或半高球。

（三）接发球进攻教学与训练

1.教学特点

（1）技术是基础。高质量的接发球，准确的二传和熟练的扣球技术，是完成接发球进攻的保证。三者之间是紧密联系的，无论哪一个环节得不到保证，都无法组织卓有成效的进攻。所以，在教学中，应尽量提高这三方面的技术水平。

（2）分解练习和集中串联相结合。垫、传、扣三者技术的提高必须先从抓单项技术起，在强化训练中提高技术水平，再进行垫、传、扣的综合练习，以保证接发球进攻的质量。

2.教学步骤与方法

（1）向学生讲解接发球组织进攻战术的形式和方法，使学生明确接发球组织进攻各环节的重要性，在练习中目的明确。

（2）在教师的指导和带动下进行练习。指导学生单项练习时，巩固击球动作，提高技术的熟练性，保证高质量地接好每一个球；在技术水平相对稳定之后，进行垫、传、扣的串联练习。①学生两人一组，一发一接：要求发球由轻到重，垫球人将球垫到指定位置。②三对三隔网发、垫练习：发球人不换位，向5、6、1号位发球；接发球人在1、6、5号位换位接球，将球垫到指定位置。③学生分两组隔网发球接发球，网前指定二传：接球人接球后及时跑到网前扣二传传起的球，以提高接球后转为进攻的衔接及适应各种扣球的能力。④全队配合接发球组织进攻：要求发球人从轻到重交替发球，提高队员接各种球的能力。训练的难度要根据队员的实际水平不断加强，在与不同对手的对抗中反复练习，适应比赛的需要。

3.接发球进攻练习方法

（1）全队接发球，确定到位次数为轮转一次（或前后排交换接发球）。失误一次，减掉一个到位球，全队完成预定次数。

（2）垫、传、扣串联训练。①发、垫、传练习：2人发球，4人接发球，固定二传。②发、垫、调练习：2人发球，2人接发球，2人调整传球。③提高接发球质量的比赛。6人一组分两组，每组1人发球，1人二传，其他队员轮流接发球和扣球完成规定次数，哪个队先完成扣球次数为胜。④2人接发球，2人发球，接球人垫球后互换位置，规定到位次数先完成者为胜。⑤3人一组，把全队分成若干组。前排固定二传，不接球的两人跑动进攻，扣球成功，该组继续接球，失误则换另一组接球。

（3）一攻的小配合练习。一攻主要是接对方发球后组织的各种进攻战术。当对方不能组织有效进攻时，本方可以运用小配合进行反攻。练习配合时应由简单的进攻战术逐步过渡到复杂的进攻战术。

三、接扣球及其进攻

（一）接扣球的防守形式及其变化

拦网是防守的第一道防线，它可以直接得分，可以给对方心理造成压力，使扣球者手软，给本方防守反击创造条件。

1. 无人拦网阵形

在对方扣球能力很弱或进攻时球离网很远的情况下，可以主动不拦网，以"中一二"或"边一二"进攻阵形布防。

2. 单人拦网阵形

在比赛中出现得较多。在现代排球比赛中进攻变化多，进攻速度加快，除对方调整扣球及拉开高点扣球可以组成集体拦网外，其他进攻战术中很难组成集体拦网。所以，单人拦网防守阵形也就显示出其重要性。对方组织进攻时，本方前排队员在网前应与对方相对区域的扣球人相对，人盯人拦网。

3. 双人拦网阵形

双人拦网阵形在现代排球比赛中是运用最多的阵形。它主要包括以下几种阵形：

（1）双人拦网"边跟进"防守阵形。"边跟进"也称"马蹄"防守阵形，是对方2号位或4号位扣球，本方靠近边线的队员根据扣球人的特点而跟进接对方的吊球及前区球。边跟进防守，由于呈"马蹄形"，所以中心较空。在比赛中根据本方的拦网和对方扣球人特点，采用"死跟"和"活跟"两种形式。当本方拦网已封住对方扣球路线时，防守队员应果断跟进接吊球。如本方拦网未能及时封死对方扣球路线时，队员应根据实际情况，决定跟进还是定位防守。这是根据队员的场上经验和与同伴熟练配合程度来决定的。1、5号位队员在进行跟进的同时，6号位队员应及时补位，以防止因跟进出现的空隙。4、5号位或2、1号位应相应内移，以缩小出现的空当。

（2）双人拦网"心跟进"防守阵形。"心跟进"防守是由防守效果好、战术意识强的后排队员跟进防吊球及前区球，一般是由后排二传队员担任。因为这样可以直接组织进攻。"心跟进"防守一般是在本方拦网较好，对方运用吊球较多的情况下使用。它虽然解决了空隙问题，但后场防守由于人少，力量相对减弱。因此，在防守时要求拦网能将本方6号区空间封死。后排二传跟进，6号位队员注意补由于本方二传跟进1号区出现的空当，其他队员负责自己的防守区域。

（二）接扣球进攻

接扣球进攻在比赛中出现的次数较多，是得分主要手段，对比赛的胜负起着重要作用。进攻战术可采用接发球战术的形式，但运用时要复杂困难得多。

接扣球进攻战术的运用能力，首先取决于拦网的效果和后排防守起球的到位程度；其次要看二传手的组织能力，其他队员调整传球的能力和扣球队员强攻能力、快攻意识等。

接扣球进攻除直接拦死、拦回外，还有以下两种情况：

1. 触及拦网人手后的组织进攻

在比赛中，球被拦起落在本方场区的情况不少，而这种球的飞行很不规律。因此，要根据具体情况灵活运用各种打法组织反攻。

（1）前排拦起的高球，落点在前场或中场，可将球传垫给二传队员，组织"中、边一二"进攻。在一传到位的情况下，接发球进攻所运用的各种战术都可以采用。

（2）前排拦起的低球，速度快、落点远，球不易传垫至网前，则要求二传手和其他队员都应积极准备，将球调整传给不拦网后撤的队员进攻。

2. 后排防守组织进攻

在前排没有拦到球时，主要靠后排防守起球组织反攻。

当后排5、6号位队员防守起球不到位时，离球最近的队员应调整做二传组织进攻。当后排起球到位时，前排二传队员落地后立即转身传球，其他队员也要准备接应，接发球进攻所运用的战术都可采用。

3. 接扣球进攻的教学与训练

由于拦、防、调、扣的技术环节多，因此，接扣球进攻比接发球进攻难度大。在教学和训练中，应从基本技术的熟练性和各项技术的衔接来提高队员的反攻能力。

（1）接扣球进攻的教学。接扣球进攻也称接扣球反攻，是拦、防、调、扣多种技术在实际运用中互相衔接的体现。教师在学生掌握了一定技术的基础上，应使学生明确比赛中各环节在反攻中的作用与职责，以及队员所处位置的任务和职责，强调各环节的衔接质量，提高反攻意识。在教学训练中应遵循由简到繁、由易到难的原则，逐步提高全队防守反击的水平，并始终贯彻拦网凶狠、防守到位、传球准确、扣球失误少的原则。

（2）接扣球的反攻训练。排球运动是一项对抗性运动。发球—接发球，扣球—拦网，扣球—防守，处理球—防、传、垫等技术，都是在对抗中完成的。因此，在训练中，应多采用对抗练习，这有利于提高全队的防守反击水平和整体实力。训练应从简单的个人或小组练习，到复杂的扣球，拦防对抗，过渡到全队对抗练习。

四、接传、垫球及其进攻

比赛中对方因接发球及接扣球或其他球不到位时，不能组织有效的进攻而采用传或垫将球推到本方场区时，本方采用的反击手段为接传、垫球。这种处理球的进攻应与接发球进攻相同，可以打出各种不同的进攻变化。但应注意的是，虽然对方不能组织有威力的进攻，但在处理球时也会给本方造成各种困难球。因此，本方要时刻保持高度集中，做到每球必争。

(一) 前排应及时做好接应和快攻准备

（1）掌握好后撤时机。在判断好对方不可能组织进攻时，前排队员应迅速后撤至跑动进攻处准备反攻。

（2）首先应撤到有利于接应的位置，不需要接应时，再撤到有利于进攻的位置。

(二) 二传应及时做好组织进攻的准备

前排二传，判断对方不能组织进攻时，应快速做后撤准备，当不需要自己接球时，应快速移动至传球位置准备组织反攻。

(三) 后排及早做接球准备

当对方不能组织进攻时，后排应尽早做接球准备。

（1）接球时尽量用上手传，因传球较稳，到位率高。

（2）球的弧度应稍低，以提高快速反击的速度。

(四) 训练

教师强调全队互相配合，前排队员、二传队员和后排队员在判断对方已不能进攻的情况下，及早做好接应准备。

1.前排接处理球的训练

(1)教师隔网抛球，前排拦网人后撤接球组织反攻。

(2)隔网抛球，前排后撤接球，二传插上组织进攻。

2.后排接处理球的训练

(1)教师将球抛向后排，后排队员移动取位，尽量将球传向二传位置。

(2)两组对抗，一方练习接处理球组织进攻，另一方练习处理球的推攻。两组交替进行，先完成规定次数反攻的一方为胜方，然后前后排交换。

排球运动除发球外，都是由防守转为进攻。技术是防守与进攻质量的保证，技术是基础，要高质量地完成攻、防战术，就必须有高质量的技术做保证。因此，技术的教学与训练，在排球运动中是非常重要的。

在技术的保证下，培养队员的攻防意识，使其熟练衔接由防转攻的各环节，加强队员攻、防保护意识，使其熟练掌握由防转攻的各种变化的战术打法。排球战术的教学与训练要遵循排球运动的攻防规律，采用不同的教学训练手段，提高队员的竞技水平，使其能够积极主动地防守、灵活多变地进攻。

第六节　集体防守战术

一、基本集体防守战术

(一)接发球站位阵形

接发球站位通常为：除1名二传队员站在网前或从后排插上准备二传不接发球外，其余5名队员都担负一传任务的接发球站位阵形。

1."W"形

基本阵形是前三后二的"一三二"形。前排2、4队员站在中线4~5米、距边线1~1.5米处，6号位队员站在2、4队员的中间偏后一点。后排队员5和1取前排队员间隔的位置。其优点是队员均衡分布，每人接发球的范围相对减小；接发球时，已站成了基本的进攻阵形，组织进攻比较方便，适合接发球水平不太高的球队。其缺点是一传队员从5号位插上时距离较长，难度大；3号位队员接球时，不便组成快攻战术；不利于队员间的及时换位；队员之间地带较多，配合不默契时，容易互相干扰。

2.“M”形

“M”形也称“一二一二”站位，其优点是队员分布更加均匀，分工明确，前面2名队员接前区球，中间队员接负责中区的球，后面2名队员接后区球。这种站位对接落点分散、弧度高、速度慢的下沉飘球、高吊球及发到边线、角上的球时较为有利。缺点是不利于接对方发到场地两腰及后区的大力球、平飘球等。

3.“一”形

“一”字形站位是对付跳发球、大力发球、平冲飘球的有效站位阵形。这种发球的落点大多集中在球场中后区，接发球时，5名队员“一”字形排开，左右距离较近，每人守一条线，互不干扰。

（二）接扣球防守阵形

防守阵形是由拦网与后排防守组合而成，只有前后排队员紧密配合，才能起到预期的防守效果。组织接扣球防守阵形时，要针对对方进攻的特点和变化进行部署。对方无进攻或进攻威力不大，线路变化不多时，一般不拦网或采用单人拦网。

1.不拦网的防守阵形

不拦网的防守阵形是一种最初级、最简单的防守阵形，适用于初学者或在对方无进攻时采用。这种阵形与5人接发球站位阵形相似，前排进攻队员要撤到进攻线后，准备防守和防守后的反攻；后排队员后退，准备防后场球；二传队员留在网前，准备接吊到网前的球和组织进攻。

2.单人拦网的防守阵形

当对方扣球威胁不大、扣球路线变化不多、轻打中吊球较多或来不及组织集体拦网时采用单人拦网的防守阵形。拦网队员拦扣球人的主要进攻路线，不拦网队员及时后撤防守前区或保护拦网人，后排队员后撤加强后场防守。

（1）与对方扣球队员相对应位置队员拦网的防守阵形。如本方2号位队员拦网，3号位队员后撤防吊球，4号位队员后撤与后排3人组成防守阵形。

（2）固定3号位队员拦网防守阵形，对方任何位置的进攻，均由这名队员拦网，2或4号位队员后撤与其他3人组成防守阵形，一般适用初学者。

二、高级集体防守战术

（一）接发球站位阵形

1.四人接发球站位阵形

四人接发球通常是在后排插上进攻战术中运用，为了缩短插上时间，插上队员可与前排同列队员站在网前不接发球，其余四人站成弧形状。

（1）"浅盆"形："浅盆"形站位，主要是接对方落点靠后或速度平快的发球。

（2）"深盆"形："深盆"形站位，接发球队员比较均匀地分散在场内，主要是接对方下沉球及长距离飘球。

（3）"一"字形："一"字形站位，主要是接对方的跳发球、大力球及平冲球。其优点是：每人的接发球分工更明确；减少了互相之间的干扰，大大提高了接发球的到位率；这是对付速度快、力量大的大力跳发球的最佳办法；便于后排插上和不接发球的前排队员及时换位。其缺点是：对接发球队员接球能力的要求提高了，判断和移动能力的要求也提高了；对前排参与接发球的进攻队员的脚步要求提高了。

2.三人接发球阵形

三人接发球主要由后排队员负担全场接发球的主要任务，当二传队员在后排插上时，接应队员参与接发球的接发球阵形。其优点是：大大减少相互之间的干扰；快攻队员不接发球，有利于组织快攻战术；有利于前排队员的换位，能组成更多的战术；由于接发球站位靠后，更利于后排队员参与进攻；可分别对接发球队员和进攻队员进行集中专门训练，更能发挥各自的特长，有利于教师的训练安排。其缺点是：每人接发球的范围较大，对接球队员的个人能力，如判断、移动、手感等要求较高。因此，建议接发球水平不高的球队，尽量不要采用此阵形。

3.两人接发球阵形

两人接发球站位阵形是在三人接发球阵形的基础上发展演变而来，由美国男排于20世纪80年代初中期发明。2名后排队员负责全场接发球，另1名后排队员不接发球，专门准备进行后排进攻。优点是可由2名队员专门接发球，能确保一传的到位率，更好地组织各种进攻战术，发挥进攻威力。但对接发球队员的要求更高，主要在世界男排强队中运用。

(二) 接扣球防守阵形

接扣球的防守与组织反攻是密不可分的，只有成功的防守才能有成功的反攻。接扣球的防守战术是前排拦网与后排防守的整体配合，还要充分发挥本方队员的特长，合理地分配力量；同时，还要结合本方防守反攻战术的打法进行布防。

1. 集体拦网及要求

集体拦网是在个人拦网的基础上进行二三人的协同拦网配合。集体拦网时，要确定拦网的主拦队员，如拦对方两翼进攻，本方分别以2、4号位队员为主拦，其他队员密切协同配合，防止各行其是。起跳时，相互之间要保持一定的间隔距离，并控制好身体重心，避免互相干扰或冲撞。拦网时，尽可能扩大拦阻面，但拦网队员手与手之间的距离不能太大，以免漏球。

2. 拦网战术

（1）人盯区的拦网战术：这是一种对付定位进攻及一般进攻配合较为有效的拦网战术。其特点是把球网分成左、中、右三个区，每一名队员负责一个区，以保证每一个区域至少有一名拦网队员拦网，并在可能的情况下，协助同伴组成集体拦网。在运用人盯区拦网战术时，应对对方的常用战术有所了解，负责拦快攻战术的队员，要根据对方战术的变化，确定谁主拦对方的第一球，以避免判断错误。

（2）人盯人的拦网战术：拦网队员各自负责拦对方与自己相对应位置的进攻队员，进行固定人员的拦网，这种形式称为"人盯人"拦网。其优点是职责清楚，分工明确。但当对方进行交叉进攻时，需要及时交换盯人拦网。

（3）重叠拦网战术：是在人盯人拦网战术基础上的一种发展。采用人盯人拦网对一般的配合进攻有一定的效果。但对付"交叉""夹塞"等多变的快攻战术时，拦网就会出现漏洞，此时最好采用拦网队员前后重叠站位的拦网战术加以弥补，避免无人拦网。

3. 拦网的阵形

（1）对方水平较高、进攻力量较强、进攻路线变化较多时，多采用这种双人拦网的防守阵形，即两人拦网、4人接球。通常分为"边跟进"和"心跟进"两种。①"边跟进"多在对方进攻较强，吊球较少时采用。当对方4号位队员进攻时，我方2、3号位队员拦网，其他4个队员组成半圆弧形防守。如遇对方吊前区，由边上1号位队员跟进防守。其特点是加强了拦网；缺点是边上的队员又要防直线，又要跟进防前区，比较困难。②"心跟进"在本方拦网能力强，对方采取打吊结合时采用。当对方4号位队员进攻时，我方2、3号位队员拦网，后排中的6号位队员在本方拦网时跟在拦网队员之后进行保护，其余3名队员组成后排弧形防守。其优点是加强了前区的防守能力，缺点是后排防守队员之间的空当较大。

（2）对方主要扣球手进攻实力很强，不善吊球的情况下可采用3人拦网，3人后排接球的防守阵形。这种阵形加强了网上力量，但后防的空隙也相对增大。3人拦网时，后排防守的6号位队员可以跟进到进攻线附近保护，也可以退至端线附近防守。

4. 后排防守

后排防守是第二道防线，是减少失分和争取反攻得分的基础。虽然拦网技术有了很大的提高，但仍有很多球突破拦网后进入本方场区。成功的防守不仅争取了得分机会，还能鼓舞士气。

（1）后排防守的基本要求：后排防守要与前排拦网密切配合、相互弥补。一般来讲，拦网队员应封住对方的主要进攻线，后排防守队员主要任务是防对方的次要线路、吊球和触拦网队员手的球。

（2）防守队员之间相互保护：由于每名防守队员的判断取位或垫击时都可能出现错误，防起球的飞行方向也很不规律，场上其他队员都应采取补救措施，做好向各个方向移动的准备。

（3）前排拦网队员落地后要及时转身接应后排防起的球，马上转入反攻。

第七节　排球运动战术教学

一、进攻战术教学

在进攻战术的教学中，应先学习"中一二"进攻，再学习"边一二"进攻，最后学习"插上"进攻，在此基础上发展各种难度较大的进攻打法和复杂的配合。在基本掌握进攻阵形后，要注意进攻与防守阵形之间的衔接和组合练习，切忌攻防脱离。

(一) 进攻战术教学的基本要求

1."中一二"进攻

二传队员具备传正面一般球和背传一般球的能力，进攻队员应能掌握2、4号位的正面扣球技术。

2."边一二"进攻

二传队员具备传快球和拉开球的能力，3号位队员能够扣半高球、近体快球，4号位队员具有扣拉开球的能力。

3."插上"进攻

学生具有一定的战术意识和攻防能力。插上的二传队员有较强的移动能力，能够传快球、拉开球，并能背传，3号位队员会扣快球，4号位队员具有扣拉开球的能力，2号位队员能扣背传球。

4.场上队员均具有接发球和接扣球的能力，并能与二传手较为默契的配合。

(二)"中一二"进攻的教学

1.讲解与示范

讲解"中一二"进攻战术的特点、基本阵形及打法、队员的位置及职责。并运用各种直观手段(战术图、多媒体教学及场上队员的实际演示等)使学生了解"中一二"阵形的站位，队员跑动的线路、分工及配合方法。

2.练习方法

(1)一发一接练习。可从近距离开始，逐步过渡至端线发球与接发练习。

（2）学生分别在 2、4 号位扣球，教师在后排抛传，二传交替将球传给两侧队员扣球。

（3）发接传练习。教师发球或抛球，由 3 至 4 人接球，3 号位学生做二传，将球传至 4 或 2 号位。熟练后可增加扣球，变为发、接、传、扣的组合练习。

（4）场上 6 名学生"一三二"站位，教师从对面区域抛球，后排队员垫球，3 号位学生传球，2 或 4 号位学生完成扣球。

（5）场上 6 名学生"一三二"站位，教师从对面端线发球或抛球，学生接球后组织"中一二"进攻战术。

（6）比赛练习，通过比赛提高学生的技术和战术水平，熟悉"中一二"进攻战术。

(三)"边一二"进攻的教学

1. 讲解与示范

讲解"边一二"进攻战术的特点、基本阵形及主要打法介绍、队员的位置及职责、跑动路线及相互配合的方法，并可结合其与"中一二"进攻战术的异同来讲解。组织学生实际模仿战术中的跑动路线，明确位置的分工与职责，了解二传手在接发过程中的换位方法。

2. 练习方法

（1）连续扣球。教师抛球，学生在 4 号位连续扣一般高球，在 3 号位连续扣快球。

（2）教师 6 号位抛球，2 号位学生将球传给 3、4 号位学生进攻。

（3）在 3、4 号位各站一组学生准备扣球，教师 6 号位抛球至 2 号位，3 号位学生做快球掩护，4 号位学生强攻。

（4）教师从对面区域抛球或发球，后排队员垫球，2 号位学生传球，4 或 3 号位学生完成扣球。

（5）场上 6 名学生，教师从对面端线发球，学生接球后组织"边一二"进攻战术。

（6）比赛练习，一方组织"边一二"进攻，另一方防守。

(四)"插上"进攻的教学

1.讲解与示范

讲解"插上"进攻战术的特点、接发球插上的基本阵形，二传队员插上的时机、跑动路线以及传球后防守的位置。运用战术图、多媒体教学及场上队员的实际演示，使学生明确了解二传队员插上的时机、跑动路线、位置、职责。

2.练习方法

(1)教师对方场区端线发球，后排1号位学生"插上"，5、6号位学生接发球，3号位学生扣快球，4号位学生扣一般球，2号位学生扣2号位一般球。

(2)在熟悉后排1号位"插上"的基础上练习5或6号位"插上"，并组织进攻。

(3)由对方在2或4号位进攻，本方形成单人拦网，1号位学生"插上"做二传，形成前排3点攻。

(4)比赛练习，一方接发并形成插上进攻战术，另一方防守并组织插上进攻战术。

二、防守战术教学

防守战术的教学，应与进攻战术紧密结合来安排教学。首先，配合"中一二"进攻阵形，先学习"中一三二"接传、垫球的全队防守和全队接发球防守，以及无人拦网和单人拦网条件下的全队防守。其次，在学习"边一二"进攻阵形，结合前排队员的换位和不换位接传、垫球防守和接发球防守，在单人拦网和双人拦网条件下接扣球防守。最后，结合"插上"进攻战术，学习在双人或三人拦网情况下的跟进方法。

(一)防守战术教学的基本要求

(1)场上队员均具备单人能力，能与队友配合完成双人、三人拦网。

(2)能明确在各种拦网条件下后排防守的阵形及自己所承担的职责与任务。

(3)移动速度快、取位准确。具备接不同力量、线路扣球及吊球的能力。

(二) 防守战术的教学

1. 讲解与示范

讲解集体防守战术的特点，基本阵形及其跟进取位原则，队员之间相互配合的方法，以及防守和反击如何衔接。通过战术图、多媒体教学及场上队员的实际演示，使学生了解防守的几种基本阵形如何组成，明确不同防守位置的职责。

2. 练习方法

(1) 接发球防守的练习。①一发一接练习。从接近距离发球逐渐过渡至接对方端线发球，发球学生可使用不同的发球技术。②可根据学生技术水平来安排不同的人数 (2～5人不等) 接发球，并规定一传的落点。③将学生分为几组，按规定的接发球阵形接发并轮换。④采用不同的接发阵形来接发球，使学生了解不同接发阵形的站位方法。

(2) 接扣球防守的练习。①一扣一防练习。教师在地面或高台上向指定区域扣球，扣球力量轻重结合，2～3人轮流连续防守。②一吊一防练习。教师在地面或高台上向指定区域吊球，2～3人轮流连续防守。③一扣一拦练习。可进行2、4号位扣一般球的单人"人盯人"扣、拦练习，也可进行3号位及其他快攻的扣、拦练习。④教师隔网在高台上于2号位或4号位进攻，在有拦网的条件下 (单人、双人或三人拦网均可)，三人进行防守。教师可采用不同力量、线路的扣球、吊球。⑤教师隔网在高台上扣球或吊球 (采用不同力量、线路)，学生6人一组进行防守练习。要求学生采用单人或双人拦网，并能组织反攻。

(3) 接拦回球防守的练习。①自抛自扣，对方单人拦网，扣球完成后立刻进行自我保护。扣球的力量由轻到重，逐渐增加难度。②一人扣球，三人保护 (两前一后)。对方单人或双人拦网。可在2、3、4号位进行扣球。③本方三点进攻，对方拦网。二传手组织进攻后，立即撤下参加保护。教师模仿球被拦下进行隔网抛球，要求二传手传球后撤下保护。④对方两人一组固定在2、3和4号位拦网，本方6人由教师在6号位抛球，二传手组织进攻后，本方队员参加保护。对方也可组成3人拦网，强化练习。

(4) 接传、垫球防守的练习。①3名学生一组，轮流接教师不同方向、高度、远度的抛球，并规定接球的高度及落点。②组织"中一二"进攻。教师有意识地将球抛向中场空当或边线附近，2、4号位学生迅速下撤准备接球或进攻，后排学生主动接球。③组织"边一二"进攻。教师有意识地将球抛向中场空当或边线附近，3、4号位学生迅速下撤准备接球或进攻，2号位队员做好打两次球或传球的准备，后排学生主动接球。④后排"插上"组织进攻。教师有意识地将球抛向中场空当或边线附近，2、3、4号位学生快速下撤，5、6号位学生接球，1号位学生快速"插上"组织进攻。

三、战术教学提示

(一) 战术意识

教师应注意对学生战术意识的培养，并根据学生的实际情况，由简到繁、由易到难、循序渐进地进行战术教学。

(二) 二传手的培养

在学习进攻、防守战术前，教师应注重对二传手的培养，使其能在战术教学中发挥作用。

(三) 攻防转换的规律

排球比赛是在比赛双方不断地攻防转换中进行的。教学中要注意攻防之间的衔接，必须把两者紧密结合起来，防止脱节。

(四) 抓好重点战术的教学

根据学生及全队的特点，选择适宜的攻防战术进行教学，并采用分解、完整法相结合的教学方法来提高教学效果，提升学生的技、战术素养。

(五) 模拟实战

在战术教学中，教师应模拟各种战术要求的比赛场景，使战术教学与实际比赛密切结合。

第七章 高校排球课程设置现状探析

第一节 高校排球课程设置现状及优化

随着我国高校体育教学改革的不断深入，在"学生为本、健康为首"的教学思想指引下，我国排球教学取得了长足的发展。排球作为世界各国普遍开展的运动，受到世界各地人们的喜爱。随着排球课程改革的不断深入，几乎所有的高校都在为适应社会和学生的实际需要而调整课程设置，还有一些高校根据自身条件，通过各种途径增设一系列的选学课，把传统的、时尚的和民族的课程有效混合起来，从而较好地丰富了校园体育文化。与此同时，一些比较传统的体育项目却受到了比较严重的冲击，其中排球选项课这些年就处在一种比较低迷的状态。因此，如何在顺应时代和大学生身心发展的潮流中，提高排球的受欢迎和喜爱程度，这就要充分利用现有的排球资源，让更多的人接受和热爱排球。

一、我国高校排球课程设置的现状分析

(一)排球课程设置内容比较单一

体育课程的设置在一定条件下是人才培养的重要体现，也是有效完成教学任务的前提条件。因此，有关排球课程设置问题将是今后排球课程改革的核心环节。从二十世纪八十年代以来，我国体育教育体系经过了几次比较大的调整，每次课程调整都以学生自身发展需要为出发点，在一定条件下充分考虑学生在课程方面的需要，并把两个需要有效结合起来，从而推动了我国排球课程改革的不断完善。然而，经过多位专家对我国现行的排球课程体系进行评估，从中发现了诸多问题，其问题和评估结果从总体上看令人担忧。排球课程无论是在具体的教学内容还是在学时比例分配上，都出现了许

多不合理的地方，在我国许多高校当中基本上还是采用以前的硬式普修加上硬式专修的单一的竞技排球课程方式，这种单一的排球课程，这种课程模式已经不能适应现代体育教育发展的需要，在一定程度上起到了阻碍作用。

从学生排球选课方面来看，大多数高校学生在排球的选课内容上，集中在排球的理论知识上，主要包括排球的技术动作和训练方法上，因此，学生的排球体育发展主要集中在体育理论方面。高校学生对具有排球实践的课程选择比较少，从中可以看出大多数高校学生出现了不同程度的重理论而轻实践的现象，也在一定条件下反映出高校学生的发展方向具有师范性，而恰恰是因为这种现象，在一定程度上反映出我国高校排球课程设置的单一性。

我国大部分体育院校在排球课程设置上都是以单一的排球竞技为主要形式，即使是《体育教育改革方案》在各大高校全面实施以来以及课程体系改革积极推进的今天，气排在整个排球课程设置里面所占的内容还是很少，沙滩排球项目在相当一部分院校当中还没有涉及，这在一定程度上说明我国体育课程体系改革还没有得到切实执行，传统的硬式排球课程为主要形式的课程设置仍然占据着主导地位。我国的排球课程体系以及课程内容设置与我国的体育课程总体改革存在严重滞后的现象，阻碍了我国排球体育教育教学事业的发展。

(二)课程内容脱离中小学实际情况

从排球学生的就业方向来看，较多数的排球学生毕业后的就业方向是中小学校及相关的教育部门。然而，经过长期的实践检验可以发现，高校的排球课程设置和中小学的现有体育教育现状存在一定程度的脱节现象，这也是大多数专家经过研究和调查所共同认证的结果。在改革开放的这几十年当中，我国进行了多次体育教育改革，针对中小学的《体育课程标准》在体育改革期间推出，并在全国得到推广，从而在一定程度上推动了我国中小学体育课程观念的转变。新的体育教育标准主要体现在对健康问题的重视上，并提出健康第一的教育教学口号。特别是对于排球教育来说，与以往的体育教育标准相比其内容发生了较大的变化。虽然我国排球教育的体育教程与中小学体育教育发展要求正在趋向一致，但是在现阶段还是存在着一些比较突出的问题，特别是在排球课程内容上还是较多采用以前的硬式教育的方法，甚至高校排球理论知识与中小学的教育理念也存在不对称的现象。中小学体育教育现阶段主抓健康第一，使体育教育从传统的竞技体育转变成身体、心理以及社会适应等方面协调发展的道路。传统的排球课程内容设置还主要停留在技、战术的层级上，有些方面甚至只讲究运动的相关指标，而对排球教育的深远意义和影响未能真正体现。因此，对现有的排球课程内容进行改革，并使其内容与中小学体育教育理念相吻合，已经成为现阶段所要迫切解决的问题。

(三) 排球课程设置重技术、轻理论

与那些师范类的体育学生相比，一些体育院校的排球课程设置重视技术的运用而忽视了理论知识的培养，并且学校和学校之间没有统一的课程标准，在学时安排上也比较混乱。这种现象与我国的课程体系改革的指导思想严重不符，重技术而轻理论的课程设置在一定程度上还导致了学生的学科理论知识面过于狭窄。并且在其重视的技能课程安排上，也没有较好地体现出符合社会发展需要的复合型人才培养目标。

二、高校排球课程体系的优化策略

(一) 更新教育观念，排球普修课程内容符合教育发展要求

在排球课程设置的过程中，由于其周期比较长，并且对其审核需要一个比较长的时间，这就为排球课程设置要求提供了一个较为宽裕的研究时间，在高校排球课程优化的过程中，可以与国外一些排球课程设置上比较科学的院校进行交流，学习他人的先进经验，也可以采取问卷调查和组织有关专家进行相应交流的形式，为我国高校科学地进行排球改革奠定坚实的基础。同时，还要不断对排球课程设置理念进行创新，善于打破或创新传统落后的教育观念，在课程设置过程中还要敢于创新、善于创新，在创新过程中摸索一条适合我国排球课程设置先进的、科学的发展道路，使我国高校排球普修课程内容符合社会需求以及教育发展要求。

(二)加快教学改革,构建多元化课程理念

对现实当中约定俗成的教育模式予以打破,增加学生排球理论知识的学习途径并将其设置为教学发展的目标。在具体的设置过程中,可以利用网络讲解的教学模式或者是聘请一些具有专业排球知识的专家、学者进行授课,还可以让学生进入到比赛现场当中,充分感受和了解排球的真实氛围和比赛环境,让学生对排球运动有一个更加清晰的认识。总之,对多元化课程理念进行构建,加快高校排球教学方法的改革,为高校排球课程设置提供更为宽广的时间和空间。还可以通过体育授课教师的自主性,让教师对学生自身身体条件和状况有一个全面了解,并根据学生条件相应调整教学思路和方法;还可以根据学生的天分和兴趣、特长采取因材施教的方法开展教学活动。更要注意高校学生在体育道德情操上的培养,推动学生体育技能和理论与体育情操结合发展。在进行高校体育课程内容设置的过程中,高校在更新教学手段和设施方面有重要的责任和义务,通过对排球基础设施的更新、改造,能够为排球学生提供一个比较好的学习和交流场地,这也是排球教育和课程发展的基础条件。

(三)调整教学计划,培养教学能力

要使学生在理论、技能和情操上全面综合发展,就必须加强学生在体育理论知识上的学习力度,这对他们未来走出校门、跨入社会具有重要意义。在对理论知识进行学习的同时,教师还要引导学生增加在课程训练当中的交流,对整个学习过程进行引导,对学生在训练当中遇到的技术问题进行及时解答;教师要善于发现和认识学生的个性特点,然后根据他们所具有的资质,有针对性地提出不同的课程要求;同时,教师还要善于根据现实条件和状况对学生的课程训练计划进行调整,从而使学生的训练计划达到最佳状态,在一定程度上提高学生的排球水平和能力。

(四)对排球课程考核制度进行改革

针对社会发展需要和教育改革发展要求,建立科学、有效的排球课程考核制度,考核制度改革发展对排球人才培养具有重要的推动作用,从我国

现阶段的课程考核制度的状况来看，其已经不能满足今后排球教学和应用发展的需要。对排球课程考核制度进行改革，改变传统的以成绩定输赢的落后方式，在成绩评定中增加学生的平时成绩，学生的学习态度以及其他方面的内容都要纳入到学生最终成绩的考核范围，推动课程改革的不断深入以及教学效果的不断提高。

排球课程设置还要注意教学大纲的规范化，对教学内容的适用化进行调整，善于运用科学的教学方法。在教学大纲的制定过程中要根据国家的教育指导纲要来进行设定，从而为排球教师进行教学提供有力依据。在排球教材的建设上要从学生实际适用性出发，考虑学生将来在社会的发展需要，对那些竞技性较高的教材要减少使用，适当增加具有实践指导意义的健身内容。教师在具体的教学过程中，要根据排球的教学特点，对教学方法进行创新，努力培养学生排球兴趣和合作交流意识，提高学生的创造性思维和能力。在教材的选择上要做到因材施教，推动学生能力和素养的全面发展。

排球运动是我国比较常见的运动项目，在排球教育教学中如何发展排球，是现阶段国家和高校需要认真解决的问题，并且已经成为了体育事业研究方面的重要课题。从我国排球的发展状况来看，高校排球人才培养能够为我国排球整体事业的发展提供充足动力。我国排球的技术水平与世界其他国家相比并不弱，但是在高校排球人才培养方面与西方发达国家却存在着一定差距，因此，对国外先进的排球理念予以引进，同时与我国排球发展的现实状况有效结合，对于推动我国高校排球事业的发展具有重要意义。

第二节　高校排球课程的实践探索

一、课堂教学

课堂教学又称班级授课班，是将学生按年龄和知识水平分成固定的人数，以班级为单位，按规定的教学内容、教学时间和课程表分科进行教学的一种基本组织形式。

排球运动课堂教学的主要特点表现为：排球课堂教学主要是在体育场（馆）进行，对场地设备有一定的要求。学生在教师的指导下，学习、掌握排球运动的三基（基本知识、技术和技能），通过思维活动与体力的紧密结合，反复进行练习，并承受一定的运动负荷，以排球的运动形式来达到锻炼身体和愉悦身心的目的。排球课堂教学的组织管理工作较复杂，分组教学形式居多，学生的年龄、性别、健康状况、运动基础、素质等方面都可能存在一定的差异，同时，室外教学易受外界的自然条件影响。排球课堂教学有利于比较生动具体地向学生进行思想品德教育，结合教学的各项具体活动和实例，使学生容易接受。

（一）排球课堂教学的类型

排球课堂教学的类型，一般可以划分为理论课和实践课两大类。

1. 理论课

理论课指在教室内讲授有关排球运动基础理论知识的课。教师主要讲授排球运动的发展简史、技术动作规格与分析战术打法及组合、世界排坛的主要流派和发展趋势、比赛规则、裁判方法等。

理论课应以教学计划、教学大纲、教材为依据，按照教学进度和教学任务的统一要求，合理安排上课时间和次数。有必要留有一定的机动时间，以应付场地器材无法保障及雨天的特殊情况，可临时安排有关的理论课，讲稿要事先准备好。理论课要结合运用直接性强的教育手段，如图片、挂图、幻灯、投影、录像、电影和电视教材等。

2. 实践课

实践课是指在场馆（室外操场、体育馆和健身房）进行身体练习（技术、战术练习）的课。它是按照国家有关统一规定的教学大纲和各校制定的教学进度进行的。排球课堂教学（又称排球教学课）多指实践课。

根据排球教学课的具体任务，分为引导课、教授课、复习课、综合课和考核课等。

根据提高排球专项水平的教学需要，又可分为普修课和专修课。

根据提高训练水平和专项的技术、战术素养，还可分为身体训练课、技战术课、教学比赛课等。

总之，排球课堂教学的类型较多，教师可根据教学任务、内容及对象特点，选择和运用不同类型的课，使排球课堂教学构成一个完整的体系。

(二)排球课堂教学的一般结构

课堂教学的结构亦即课的结构,是指一节课的基本组成部分及各部分的联系,进行的顺序和时间的分配等。

排球课堂教学的一般结构是以三部分的课的结构为主体,即开始与准备部分、基本部分、结束部分。把课分成三部分的模式,是依据人体生理机能活动能力的变化规律确定的,而各个部分的具体内容与组织工作的安排和时间分配,则可根据课的任务、学生特点、场地器材与季节气候等条件而改变。

排球教学课结构的三部分划分,也并不是一成不变的。有时为了教学需要,课的结构可不分部分与阶段,以练习和休息的合理交替,使练习一个接一个地进行,不过分强调技术的传授,而重视发展学生的运动能力。由此可见,排球教学课的结构不论是分几个部分,还是几个阶段,都不能硬性规定而要通盘考虑教学目的和任务,教材的性质,学生的年龄特征,教学的物质条件,教学方法上的要求及负荷的安排等,从而确定教与学相互联系的合理顺序,以及练习与练习之间的有机联系。因此,教师应根据具体情况灵活地、创造性地安排课的结构,不能千篇一律。

(三)排球课堂教学的基本要求

一般来说,排球课堂教学应遵循下列要求:

1. 教学任务明确

教学任务是一堂课的指导思想,是上课的出发点和归宿,明确教学任务是上好课的重要条件。教学目的包括掌握知识、技术和技能,发展智力、能力,培养思想品德,增强体力、体质等方面的内容,这些内容要有机统一。

2. 教学内容正确

教学内容是上课的主要依据,看一节课的好坏,重点在于内容,如教学内容的选择是否合理、符合逻辑等。

3. 教学方法恰当

所谓方法恰当,即课上使用的方法符合教材特点、学生特点,并能充分利用现有的场地设备条件,有利于学生掌握"三基"。

4. 课堂组织合理

整个课的进行基本符合课时计划的设计，课的各个部分进行得有条不紊，环环相扣，始终能保持一种良好的课堂气氛，教师能机智地处理各种偶发事件，保证课堂教学的顺利进行。

5. 教学积极主动

教师和学生都能处于积极主动的状态之中，教师能引导学生进入良好的学习和练习状态，学生精神饱满，并能全身心地投入，整个课堂都表现出在教师引导下的学生主观能动性的发挥。

6. 教学效果显著

衡量一堂课的好与差，归根结底是看教学效果。在师生的共同努力下，绝大部分学生都能按课堂教学目标的要求，完成本次课的任务，理解和掌握教学大纲所规定的教学内容，而且能使优等生"吃得饱"，中等生"吃得好"，差等生也能"吃得了"，从而大面积地取得教学高质量成效。

二、课外活动

课外体育活动安排排球作为活动内容，既能进一步巩固和拓展体育课上排球教学的效果，使学生经常以排球运动作为锻炼的手段，又能丰富学生的业余精神文化生活。因此，组织安排好课外体育活动，是排球教师工作中的一个重要环节。

课外体育活动并不是课堂体育教学的延续，而是课堂体育教学的必要补充。因为课堂体育教学的不足给培养人才带来了局限性，而课外体育活动正是避免了课堂体育教学的某些缺陷，弥补了课堂体育教学的不足。首先，对于那些排球技术水平较高，对排球运动有特殊爱好的学生，很显然课堂体育教学的进度无法满足他们的需求，课外体育活动安排排球项目，大大地增加了这批学生接触排球的时间和次数，有助于他们进一步掌握排球运动的"三基"。由于课外体育活动具有自主、自愿的特点，在学生的个性发展上排除了许多人为因素的限制，因而使学生在原来课堂体育教学中难以发挥的特长在课外体育活动中能得以充分施展，从而培养他们对排球运动的兴趣与爱好，为未来选择职业奠定良好的基础。其次，课外体育活动有利于寓思想教育于排球运动之中，排球运动的趣味性、娱乐性，吸引着广大的学生参加排球活动，引起参与的愿望和内在需求，但"趣味性和娱乐性"并不是课外体育活动的根本目标，不能单纯追求趣味性，因为课外体育活动的目的是让学生在排球活动中受到深刻的、生动的思想教育，提高觉悟，陶冶情操，培养集体主义精神，让学生在轻松愉快的气氛中增长知识，扩大视野，使身心全面发展。最后，对于具有排球运动天赋的学生，完全可以实施一些特殊的练习与训练方法，使他们在课外体育活动中更加系统地掌握排球运动的技术和战术，提高运动水平。如果发现有培养前途的排球人才，还可为相应的运动队输送。培养排球骨干是推动学校排球运动开展的不可低估的力量，抓好骨干让其在课外体育活动中发挥作用。组织一定规模的比赛是很有必要的，只要计划制订稳妥，时间安排适当，竞赛组织得力，排球比赛成为课外体育活动的固定内容是不成问题的。

第三节　高校排球课程教学效果的评价

一、排球课程教学效果评价的含义

排球课程教学效果评价是运用一切可行的评价技术手段，对排球教学活动及其效果进行测量，并予以价值判定的过程。

排球课程教学评价的实质是对排球教学活动从影响和效果两个方面给予价值上的判定，并积极引导排球教学活动朝预定的目标发展。通过适当的教学评价，可以促使排球教学更加有目的地实施。

二、排球课程教学效果评价的原则

(一) 科学性与可行性相统一的原则

科学性评价是指所使用的评价方法和评价标准与评价事物的客观规律相符合，能够体现出决定事物本质的主要因素和内在联系，并尽可能地做到数量化和精细化，进而将主观估计的因素降到最低水平。可行性评价是指使评价方法和评价标准更加简便易行、便于操作。科学性与可行性是个矛盾体。在评价中，所采用的科学的评价方法和评价指标都是比较复杂的，难以掌握实施，再加上在评价领域中有很多因素都很难确定相应的客观标准，并且不能进行量化。因此，在制定相应的指标评价体系时，还要对评价的可行性进行考虑。

（二）指导与评价相结合的原则

在进行评价的同时，应该对教学进行指导，主要包括以下几个方面：

（1）对工作绩效进行检查，看是否与工作目标相一致，并对存在的问题进行分析，以此来对工作计划进行适时修正，从而使整个工作朝着总体目标的方向来努力。

（2）"以评促建、评建结合、重在建设"，通过开展评估工作来进一步促进工作的顺利开展。

（3）没有指导的评价是消极的，是无法达到评价目的的。要在对评价结果进行认真分析的基础上来进行指导，并与评价对象的主观条件相结合，从实际出发，进一步提出相应的改进意见，以使评价对象克服自身缺点，发挥其自身优势，进而争取获得更大的进步。

（三）客观性与可比性相一致的原则

在建立相应的指标评价体系的过程中，所采用的评价指标和评价方式应尽量是能够定量的、可测定的和公认的，通过评价能够客观、公正地反映出工作的实际情况。

此外，在建立相应指标评价体系的过程中，针对同类评估对象要注意选择其共性内容，要对标准化的评价体系进行严格控制，并对评价尺度的一致性进行准确把握，根据准确的评价结果来对同类事物的优劣和差异进行比较、权衡。

三、排球课程教学效果评价的方法

（一）教师评价与学生评价相结合

传统的排球教学评价是以教师评价为主体地位的，这种评价方式不能很好地反映排球教学的实施效果。在评价过程中，应该采取教师对学生的评价、学生对教师的评价、学生之间的评价以及学生自评相结合的方法，从而实现评价主体的多元化，提高教学评价的真实度。

(二) 结果性评价和过程性评价相结合

在排球教学评价中，不能只进行结果性的评价，对学生通过排球课学习的运动技能水平进行评价，还应该结合学生在体育学习过程中的态度、情感等因素进行过程性评价。将结果性评价和过程性评价紧密结合起来，可以使排球教学过程变得更加合理，从而提高排球教学的质量。

(三) 定性评价和定量评价相结合

在排球教学评价过程中，要注意将定性评价和定量评价结合起来，不能只进行定性评价，也不能只追求定量评价。例如，在排球教学中，不能单单以学生颠球数量的多少来判定学生运动水平的高低，应该结合学生在整个学习过程中的体育参与度、体能水平等综合判定。

而在进行专项体能的教学时，如对跑动的距离、仰卧起坐的数量等有一个明确的要求，从而实现排球教学的相应目标。因此，在排球教学过程中，一定要注意将定性评价和定量评价结合起来。

(四) 整体性评价与个体差异性评价相结合

对于一堂排球教学课来说，对全体学生学习效果的整体评价，是排球教学效果的检验指标。但是，由于学生身体素质和运动能力的不同，导致在进行排球学习时，不可能取得同样的效果。因此，必须有针对性地进行个体差异性的评价，区别化对待。这样，有利于使学生建立排球学习的信心，使学生对自己的排球学习效果有一个更加清晰的认识，从而更加积极地参与到排球学习中去。

四、排球课程教学效果评价的内容

(一) 排球教学管理体制

排球教学管理体制是排球教学评价的主要内容之一。排球教学管理体制评价的内容主要包括学校是否已设立以校领导为首，体育部或者体育院系领导为负责人的排球教学机构，如排球教学各层次的职责是否明确，领导能否对排球教学进行直接管理，分管校领导能否经常关心排球教学工作的发展；排球教学的规章制度是否建立和健全等。

(二) 排球教师队伍

对排球教学师资队伍的评价是评价排球教学效果的重要方面，对排球教师的评价包括以下两个方面：

1. 对排球教师综合素质的评价

(1) 政治素质。排球教师政治素质的评价主要有对思想道德修养、良好的文明行为习惯、政治理论的考核成绩、遵纪守法、工作态度、教书育人、为人师表、坚持四项基本原则、参与民主管理等方面的评价。

(2) 知识结构素质。对排球教师知识结构素质的评价包括两个方面：一是要对教育学和心理学的基本原理和原则进行熟练掌握，同时了解学生的身体发展和教育规律，这样才能做到理论与实践相结合；二是必须具有全面系统的排球专业知识，并对相关学科的基本常识有所了解。

(3) 能力素质。能力素质的评价主要是指对教师完成教学工作的能力、独立进行体育教学活动的能力、教育管理学生的能力、表达能力、创新能力、开发和运用体育资源的能力、教育科学研究能力等的评价。

(4) 心理素质。排球教师的心理素质评价的内容主要包括四个方面：一是思维敏捷、缜密，能向学生传授有严密逻辑的知识体系；二是观察力必须敏锐，能够及时通过洞察学生的言行而对其内心世界有所了解，从而发现学生的潜力；三是情感丰富，能以自己乐观愉快的情绪感染学生；四是在意志品质方面必须非常可靠，面对困难做到迎刃而解，保证排球教学的顺利进行。

(5) 可持续发展素质。对可持续发展素质的评价主要是对教师接受新理论、新方法、新技术的能力进行考量，同时还要考虑教师的自学提高能力、教师寻求发展的能力以及教学改革和教学研究及科研能力。这其中，教师的教学发展潜能也是非常重要的一个素质。

2. 对排球教师教学工作的评价

(1) 教学思想的评价。考核教师在排球运动的教学过程中，对于教书育人原则的坚持程度，对于学生的全面发展是否有利，是否有改革创新的精神等。

（2）教学技能的评价。教师的讲解语言是否准确、规范、简洁，是否对排球的专业术语有着正确的运用，动作的示范能否做到优美且正确无误，在处理课堂突发事件时能否冷静处理，并使教学工作得以顺利进行。

（3）教学方法和教学手段的评价。教学方法有没有足够强的启发性来帮助学生进行独立的思考、分析和解决问题，并激发学生的创新意识；是否与学生的身心特点相符合并有助于激发他们的学习兴趣和动机；教学中的直观因素是否足够提高学生的学习效率。

（4）教学内容的评价。教学内容是否科学性和思想性统一，是否紧紧围绕教学目标安排，思想品德教育的内容是不是贯穿在课程当中，运动负荷的安排科学与否，对教学组织的合理程度等。

（5）教学效果的评价。教师是否调动学生的学习积极性和主动性；是否激发和保持学生运动的兴趣并促进学生形成体育锻炼习惯；是否培养学生顽强、勇敢、合作竞争的心理品质。

（三）学生

学生是排球教学的对象，对学生的评价重点在于其排球运动的学习，具体如下：

1. 对排球学习的评价

对排球运动学习的评价指依据《体育教学大纲》所规定的学习目标和学习内容，对学生个体或群体的学习过程和学习成果进行价值判断的活动。具体包括对学生身体素质和运动能力、体育基础知识、排球运动技能、学习情感的评价。

2. 对学生学习能力的评价

学力是学生学习的能力，是学生获得行为的才能、能力。评价学生的学习能力要对学生的排球学习能力状况以及个别差异更为了解，从而在排球运动教学目标的完成当中获取更多的信息资料，达到培养学生排球运动技能的目的。

3. 对学生思想品德的评价

对学生思想品德的评价主要指学生是否热爱中国共产党、热爱社会主义祖国，是否培养美感和文明行为，并逐渐养成遵守纪律、尊重他人、团结友爱的习惯等。

(四) 排球教学的客观条件

排球教学条件评价对排球教学的效果有着非常大的影响，所以在评价排球教学效果的过程中是非常重要的内容。排球教学条件评价的内容主要包括排球教学场馆器材的配备、排球教学经费占教育经费的比例等。

1. 排球场地和器材

排球场地和器材是进行排球教学的阵地，因此，只有拥有良好的排球场地和器材，才能有效地实施排球课程，实现排球教学的目标。

2. 排球教学经费

一般情况下，排球教学的经费包含在体育教学经费当中，学校领导对体育教学工作的重视程度决定了体育教学经费的充足程度。因此，要让学校领导意识到学校体育工作的重要性，进而认识到排球教学工作的重要性。

五、排球课程教学效果评价的准备工作

为了做好排球教学效果评价，获得更加真实的评价效果，应做好以下几点准备工作：

(一) 评价开始前的准备工作

评价开始前的准备工作主要包括以下方面。

(1) 要对排球教学中整个评价指标体系的内容进行熟练掌握，并认真把握好整个评价工作的目的。

(2) 做好宣传和动员工作，使排球教学中所有成员都能够积极、主动地参与到整个评价工作准备中来，并认真地做好本职工作。

(3) 组织和建立有代表性的、强有力的评价工作领导小组和筹备工作组，明确职责、合理分工。

(4) 根据所建立的整个评价指标体系中的内容要求来进行资料的搜集。

(5) 对搜集来的资料进行分类、汇总，并建立相关的档案，然后对相关的原始材料进行核对查实。

(6) 根据相应的评价标准，开展较为客观的、实事求是的自评活动。

(7) 对自评工作中存在的缺陷进行修补。

(8) 填写各类报表，并撰写自评报告。

(二) 评价进行时的准备工作

(1) 选择其中最具有代表性的人员来做好针对评价的汇报工作。

(2) 与评价组做好协调、配合，共同做好各项考查、测试、座谈等的组织工作。

(3) 组织相关人员认真听取评价结果和评价建议。

(4) 搞好会务接待工作。

(三) 评价结束后的工作

(1) 根据相应的评价结果、分析和建议，认真地制订相应的整改方案。

(2) 对整改方案进行有步骤、有组织、有措施的落实。

六、排球课程教学效果评价的具体步骤

(一) 制定教学评价目的

解决为什么要进行评价是进行排球教学评价的首要环节。排球教学活动是在一定的目的指导下进行的。排球教学评价的具体目的不同，评价的内容、组织形式和方法也不同。

(二) 成立教学评价小组

排球教学评价小组是进行排球教学评价的主体。成立排球教学评价小组时，要依据具体的情况确定组成的性质、规模及其人员组成。排球教学评价小组或评价机构可以是具有连续性和稳定性的，也可以是临时性的。但是，无论是什么样的评价小组，都必须具有一定的权威性。排球教学评价小组一般由分管领导和排球专家组成。

(三) 制定教学评价指标体系

制定评价指标体系是进行教学评价的关键步骤，通过建立相应的评价指标体系，可以更加清楚地反映排球教学的过程，对教师排球教学进行科学反映。确立指标体系时，应该遵循科学合理的原则，恰当地使用相应的评价指标。

(四) 搜集教学评价信息

搜集评价信息也是实施排球教学评价的一个重要环节。在排球教学评价过程中，搜集评价信息的方法主要有以下几种：

1. 问卷法

评价者通过书面调查评价对象而获取评价信息。

2. 测验法

评价者依据评价内容编制一定的等级量表和标准的试题，用以搜集评价信息。

3. 访谈法

评价者依照访谈提纲，通过和评价对象面对面谈话或者是小组座谈会的方式直接搜集信息。

4. 观察法

评价者依据指标内涵的要求和评价对象的特点，有目的、有计划地直接进行自然状态下或控制条件下的观察进而获取评价信息资料。

5. 文献法

评价者通过查阅与评价对象有关的文字记载的材料，进而搜集评价资料。

(五) 分析教学评价结果

在搜集了相关教学评价的资料后，就要对其进行加工处理。只有依靠对评价资料的加工处理，才能做出科学的、正确的判断。同时，指出评价对象的优点及其存在的问题，并分析原因，进而提供改进办法和措施。在实施评价的过程中如发现方案有缺陷必须及时修正。

第四节　高校排球课程体系的构建

一、排球技术教学的基本阶段

排球运动基本技术的教学可分为三个阶段：学习阶段，即初步掌握动作阶段；掌握阶段，即改进和完善动作阶段，掌握技术和理论知识深化阶段；提高阶段，即动作日益巩固，趋于运用自如，达到自动化阶段。这三个阶段的特点和教法各不相同。

（一）学习阶段

学习阶段的学生由于大脑皮层兴奋过度容易扩散，内抑制不够，在练习中表现出动作紧张、不协调，缺乏控制能力，并伴随着自己附加的多余动作。排球技术教学的重点是解决其兴奋性的问题，用统一讲解和练习的形式，动作细节不做具体要求，只强调正确动作应怎样做。可以在没有场地、球网的限制，较小力量、较慢速度的条件下进行练习。在这一阶段教学中，还要特别注意培养学生对排球运动的兴趣，调动学生的学习积极性，活跃课堂教学气氛。值得一提的是，结合排球的游戏性能激发学生的学习热情，提高教学过程中的兴奋性。为使学生对排球技术动作有完整、正确的概念，初步掌握技术动作，教师的讲解要力求简练、精确、清楚、有感染力；教师的示范动作要干净、利落、清晰、优美、有精神，使学生看了就想学、想练，起鼓动干劲的效果。只有将学生的神经系统调整到最佳状态，才能形成一个较理想的教学氛围，为学生学习掌握教学内容打下一个良好基础。就排球运动教学的三个基本阶段而言，此阶段时间相对较短。

（二）掌握阶段

掌握阶段的学生大脑皮层兴奋相对集中，内抑制逐渐发展巩固，排球技术动作开始变得轻快、协调灵活。教学中应把解决共性问题与个性问题相结合、讲解与启发提问相结合，提高学生观察和分析技术动作的能力，对错误动作要及时纠正。在教学课中，对基本技术的练习应保持一定的次数和时间，不能过分迁就于学生的兴趣，特别是传球、垫球的基本练习要予以重视，采用不同的组合、不同的形式去进行练习，也可以用一种形式多种用途，或一种用途多种形式去变化练习的内容。例如，接扣球的练习可以是定点多角度接扣球，也可以是不定点固定角度的接扣球。此外，为了提高学生的学习效率，减少与预防错误动作的出现，教师应对学生进行辅导。辅导分为普通辅导、部分辅导和个别辅导三种形式，其运用原则应该因人而异、对症下药。思想教育工作要及时配合，因为这阶段中，学习的难度和练习的难度逐渐增加，个别学生会出现兴趣减退、畏惧困难的情况，如果能发挥思想教育工作的效能，使学生勇敢面对挫折、刻苦学习，暂时的问题终将会得到解决。这一阶段的教学时间长于学习阶段，反映在结合场地、网、球，并对球的力量、速度、距离、落点提出各种不同的要求，还要对于技术的运用练习的质量做出明确规定，增加练习的复杂程序。如果没有足够的时间练习，学生无法掌握技术动作，达到熟练程度。

(三) 提高阶段

这一阶段大脑皮质已形成通路，内抑制牢固，大脑皮质的兴奋高度集中，动作巩固且能够高度准确、熟练和省力地完成动作，随机应变、灵活而轻快地运用技术。为了提高技术运用的熟练程度和战术配合默契程度，应多安排在接近比赛的条件下进行的综合性或对抗性练习。针对学生的实际情况分组，提出密度、强度、难度以及规则方面的要求。譬如，安排几个学生站在场上不同位置，担当不同角色，以不同的组合练习形式去综合练习攻防技术，提高临场串联和运用技术的能力，培养战术意识，相互默契配合，使之加深对技术、战术从理论到时间的再认识。如果各方面条件都已成熟，也不妨安排在比赛的条件下进行练习。例如，有裁判员执行部分的正式规则，采用计时比赛或回合比赛等。由于这个阶段的教学内容多、任务重、要求高，所以教学工作的难度较大，教育时间最长。

在实际教学中，排球技术教学的三个阶段划分，有时也没有非常明确的界限，甚至还会出现反复。由于教学对象各自的情况不同，差异性较大，所以在教学阶段的学习进程也各不相同。例如，有的开始学习进步较快，而后逐渐缓慢下来；有的开始学习稳定，缓步上升；还有的学习进步达到一定水平后不再上升，有时还会下降，即出现"高原现象"，待"高原期"过后又重新上升。这种种现象的出现，给排球技术教学提出了新的课题，能否对各教学阶段里的学习进程加以科学的控制，是检验教师能力的一个重要因素。

二、排球教学体系

(一) 教学计划

教学计划是国家或教育主管部门根据教育目的和不同类型学校的培养目标，所制订的有关教学和教育工作的指导性文件。它规定了设置的课程，各门课程教学的顺序和教学时数，每个年级的教学、劳动和课外活动的时间，寒暑假安排、学年编制等。它体现了国家对学校教育、教学工作的统一要求，是学校组织教学的根本依据。是否严格全面执行国家颁布的教学计划，也是检查学校教学、教育工作进行情况及衡量质量高低的标准。此外，国家教委组织有关部门和学校编写课程基本要求，其中含各门课程目标、具体任务、基本教学条件选编原则、基本教学内容、教学基本要求、成绩考核、教学基本条件等内容。它是制定课程教学大纲、组织教学、开展教学评估、实施教学管理和教材建设的重要依据，也是对各专业进行教育、教学评估的重要依据，是各门专业课程建设的指导性教学文件。

(二) 教学大纲

教学大纲是国家按照教学计划，以纲要形式编写的有关学科教学目的、教学要求和教学内容的指导性文件。每门学科的教学大纲明确规定了该课程的内容、范围、体系、教学进度及教学方法上的具体要求和考核标准等。教学大纲是国家对各科教学所规定的统一规格要求，是教师进行教学的依据，也是衡量教学质量的重要标准。教学大纲一般包括三个部分，即说明、本文、考试办法。

1. 说明

说明部分扼要说明本门学科的教学目的和任务，教材选编的指导思想和主要依据，教材内容的时数分配，以及教学方法上的原则要求。

2. 本文

本文部分是教学大纲的主体，它根据每门学科知识的内在逻辑体系，以纲目的形式，系统地列出教材内容的课题要目和章节顺序，在章节下简要指出内容要点和基本论点，以及教学的重点、难点和教学时数等。

体育类教学大纲中的球类教材内容分为理论部分和实践部分。理论部分内容规定讲授的课题及各课的内容，根据不同的学校、学制确定教材的范围和深度。实践部分内容较多、比重较大，有技术有战术，各项技术、战术又有其特有的动作方法和运动形式，教法不尽相同。教材内容编排表述上有按年级编排和按教材系统编排两种方式。按年级编排有利于根据教学的基本任务，结合各学段学生的年龄特征，合理安排教材，也有助于教师处理好每个年级教材的横向关系。按教材系统编排有利于根据教材的内在联系，科学地、系统地安排各类教材，编排教材时有一定灵活性，能适应各种不同情况。为了标明教材的主次关系，分为重点教材、一般教材和介绍教材三种。

3. 考试办法

这部分是针对各级学校体育教学所专门制定的，它规定考试的内容、方法、标准、评分办法和要求等，考试的内容应与大纲规定的教材内容相一致。教学大纲是编写学科教材的直接依据。在我国一般是先由国家组织编写每门学科的教学大纲，再根据大纲组织编写各学科教科书。但在实际中也常有先根据学科设置的目的及知识的逻辑结构，组织编写出教材或教科书，再根据教科书的内容提纲挈领地列出纲目，加上相应部分组成的大纲。

(三) 教学进度

教学进度是按照大纲的规定，对各学期出现的教学内容所做的课时和课序的具体分配，是每个教师本学期进行课堂教学和书写教案的可靠依据。教学进度安排的好坏，在很大程度上直接影响教学效果。所以，每个学期开始前，必须科学地、周密地、具体地制定出教学进度。

制定排球教学进度的前提：

（1）学习有关教学计划和教学大纲的文件，结合本校的实际情况，明确制定排球教学进度的指导思想。

（2）认真研究排球教学的目的、任务、方法、形式和手段等，领会其实质。阅读有关排球教材的内容，弄清每项技术教学时数在整个教材中所占的百分比，以及各类技术与战术的纵横关系。

（3）根据学生的具体情况和实际水平，确定学期中排球教学的教材内容，即重点教材、一般教材和介绍教材。

（4）分配各项技术、战术教学内容时，要考虑到教学的条件（场地和器械）、师生的配合（教的能力和学的能力）、技术动作的难易程度、季节对技术掌握的影响等。

（5）对学生学习排球各项技术的负荷量，教师要做到心中有数，既要有掌握技术的内容，又要有发展身体素质的内容，既要练上肢，也要练下肢，使身体得到全面的发展。

（6）为使课堂教学与课外活动紧密结合，在考虑教材的分量时，还应加入一定的课外作业，以巩固所学知识、技术和技能。

制定排球教学进度的方法有阶段螺旋式和循序渐进式两种：

（1）阶段螺旋式。阶段螺旋式的进度是将教学过程划分为紧密联系的几个阶段，每个阶段中都包括基本技术、串联配合、全队战术等几个教学内容和过程。每个阶段既有其独立性又有下阶段的基础，逐渐加深和扩大教材内容，突出了主要教材的教学。各阶段的教学时数分配比重，应根据排球运动的特点和内在联系而定，各种技术、战术先后出现的顺序，以及技术、战术的组合，应遵循由易到难、由简到繁、循序渐进和巩固提高等教学原则。

（2）循序渐进式。循序渐进式进度安排方法是把教材内容按照主次和难易程度科学地分配于全教学过程。首先，抓好主要技术的教学，为进一步提高技术水平打好基础。主要技术的教学一直贯穿整个教学阶段中，并呈逐步加深加宽的走向趋势，再配以相应战术的教学。其次，安排进度应稳妥地处理好主要技术与次要技术、技术与战术、进攻与防守、新教材与复习教材的关系。再次，重点教材、一般教材、介绍教材的内容进度安排，要以主要技术和战术为主线，避免因选择不当与主要技术、战术的教学发生矛盾。理论课也如此，可根据与主要技术、战术的关系，合理地插入各教学单元中去。最后，教学比赛（随课比赛、比赛课）的安排，在保证教学任务的前提下，尽可能增加一些比赛的时间和次数，以培养运用技术、战术的能力，在实践中提高技术、战术水平。

排球教学进度不是教材内容的简单排列，而是既要保持排球教学的科学性和系统性，又不失排球运动的技术、战术的规律性、完整性。因此，排球教学进度在一般情况下应相对稳定，不可随意改动。

(四) 教案

教案又称课时计划，是教师组织和进行课堂教学的最基本的依据。它是根据教学的进度、教学的实际和条件，按照科学的教学程序，采用合理实用的教学方法而编写的。教案的质量直接影响教学效果，也可以反映出一个教师的思想水平和业务水平。

排球技术教学课的教案应包括下列内容：

(1) 课的主要任务和要求。

(2) 教学内容及教学过程。

(3) 技术、战术教学的顺序和步骤。

(4) 教学方法和组织手段。

(5) 练习的时间、次数和负荷量。

排球技术教学课的教案一般以准备、基本和结束三个部分的先后顺序来编写。

首先，在课的任务和要求的提法上，用词应简明扼要、切合实际。例如，技术、战术的教材，一般用"学习""初步掌握""建立……概念""复习""改进""进一步提高"或"提高和巩固"等；在机体和素质方面，可用"发展、增强、促进"或"进一步发展、增强"等；在思想道德品质方面，一般用"培养、加强、发扬、调动"。

准备部分，主要明确本课的任务和要求，使学生的注意力迅速集中到排球场上来，让身体器官进入兴奋状态，克服生理惰性，为基本部分做好心理和身体准备。准备活动的形式很多，但不论采用怎样的形式，都要遵循"进程由慢到快、动作幅度由小到大、运动量逐渐上升"的原则。准备活动的内容选择与安排，应尽量与本次课的主要任务相适应，也可以通过准备活动有针对性地发展某一专项身体素质。

基本部分，是课的主体，备课时重点应放在基本部分的安排上，安排基本部分的内容教材之间的相互联系，明确本次课的主要任务和教材的重点与难点，要解决的重点问题。排球技术课的特点是通过练习达到教学目的——使学生掌握"三基"。在进行技术练习时应加大练习密度，增加触球的次数，这是学生掌握和提高排球技术的关键。选择练习的方法要有目的性，一种练习方法能达到多种目的，几种练习方法也能达到同一目的。施以恰当的组织教法也是备课的重点之一，分组轮换或不轮换的练习形式、各项教材的教学步骤和采取的教法措施等，都应根据具体情况而定。

结束部分，一般要做整理活动，调整呼吸，使全身或局部肌肉得到放松。由于运动引起的生理变化不可能随着运动的停止而立即消失，需要引导神经和其他器官恢复正常的生理机能，过渡到安静状态，消除疲劳。讲评本次课的纪律、作风和教学任务完成情况，布置作业和预习的内容也不可缺少，但时间不宜过长。

第八章　高校排球课程教学创新与探索

第一节　高校排球课程教学理论创新

一、多元智能理论

(一)多元智能理论的产生与发展

多元智能(MI)理论是美国哈佛大学心理学教授霍华德·加德纳针对风靡全球的智商(IQ)理论的缺陷与不足,历经三十多年的实验研究,于20世纪80年代提出的一种全新智能观。多元智能理论一经问世,迅速风靡全球,首先在欧美各个国家受到普遍欢迎,很快传到世界其他各国,对20世纪末和21世纪初的世界教育产生了广泛而深远的影响。

(二)多元智能理论的内容

加德纳认为:人的智力不只是传统智力测验中所测得的语言智能和数理逻辑智能,而是多元的,至少包括言语、逻辑、音乐、空间、运动、自省、人际和自然八项智能。这八项智能彼此联系又相对独立地存在于每一个大脑健全的正常人身上,但它们在不同人身上的组合方式却不尽相同,这一特点使得每个人的智能各具特色,各有所长。

(三)多元智能理论的价值

多元智能理论的实质就是要求在教育中要尊重学生的个性和差异。在承认学生智力的不同表现方式的基础上,去发现每一个学生的最优势智能,进而通过为学生创设最适合其展示和发挥自己优势智能的教育方案,来培养学生的自信心、成功感和解决问题,并创新出社会所需要的发明创造的综合素质和社会通用能力。

(四) 运用多元智能理论创新普通高校排球选项课教学改革

1. 普通高校排球选项课教学改革需要多元智能理论的指导

随着素质教育在高校体育教学中的全面贯彻与实施，改革传统教学模式以便于将工作重心从传统的传授知识成功转化为培养学生的创新意识以及解决问题、处理问题的能力的研究和探索的重要性更为凸显。为此，教育变革的重点之一就是确立全新的教育观和学生观。真正做到在教育教学过程中以学生为中心，不仅要尊重学生的差异、尊重学生的个性，而且要针对每一个学生的优势智能为其设计个性化的教育方案，旨在为每一个学生提供成功的机会与发展的平台，进而使他们充满自信地得到愉快、全面的发展。多元智能理论正是这样一种符合我国现阶段教育变革中全面贯彻和实施素质教育的新型现代教育理念。

2. 多元智能理论在普通高校排球选项课教学改革中的运用

笔者运用多元智能理论创新普通高校排球选项课教学，在排球选项课教学中应用多元智能理论来创新其教学模式、教学内容、教学方法和教学评价，不仅可以弥补现有的排球选项课教学存在的诸多缺陷与不足，而且能够通过围绕学生的多元智能组织排球选项课的教学活动，构建一套充分开发每一个学生潜能的新的体育教学模式。在实现传统体育教学目的的基础上，达到更加有效地通过开发学生的多项智能来提升学生的综合素质，尤其是心理素质，进而促进其潜能的充分开发和可持续发展之目的。与此同时，在为普通高校体育教学改革创新提供理论支持的基础上，探索我国普通高校排球选项课教育教学改革创新的新的研究方向。

二、内隐学习理论

(一) 内隐学习理论的内涵

内隐学习理论是一种新的教学理论，对于一些抽象知识的解读有着独特的建树。关于它的具体解释是这样的：在环境刺激以某种结构的形式存在或出现时，人们会有意识地去了解或掌握这个结构，即在环境刺激下做出适当的应激反应。而人具有内隐学习的能力，能够从细微的改变中察觉到其中的奥秘，对于利用这样的理论在加深知识理解、技能掌握方面有着重要的优势。并且在现在的主流教学中，外显学习是学生主要的学习思路，借助内隐学习理论可以将内隐学习与外显学习有机结合，获取更好的学习效果。二者结合可以帮助学生更好地理解复杂的内容。

(二) 内隐学习理论的实际运用

1. 帮助学生掌握基本技能

排球教学是一项对细节要求很高的运动，在传球或者发球过程中手腕的一个小动作都有很大的影响，所以在排球教学中教师常常对学生要求很严格，希望学生能够掌握好这些基本的技能。但在过去的实践中似乎成效不佳，所以教师可以利用内隐学习理论来引导学生掌握好这些基本技能。举一个简单的例子，在引导学生进行拦网手型的练习时，教师不用刻意地要求学生将这样的动作拎出来进行机械练习，这样往往得不到理想的效果，还会压抑学生的学习兴趣。那么，现在教师可以先为学生讲解正确的拦网手型，让学生有一个初步印象，同时用双手来进行模仿，形成简单的肌肉记忆，随后要求学生在拦网时记住这个动作，而不刻意地练习，经过一段时间学生会发现，自己在拦网时就能很自然地用到这个动作。

2. 激发学生的自信心与愉悦感

教学不仅仅是向学生传授知识，更在乎学生的学习体验。传统的教学模式只是机械地灌输知识与引导练习，学生很多时候觉得上排球课只是完成任务，学习体验自然是很糟糕的。利用内隐学习理论更多的是在于引导学生感悟与思考，在不经意间发现了自己已经掌握了某个技能，更能激发学生的自信心与愉悦感，这样的学习体验是非常棒的。就比如学生在练习拦网起跳时，学生原本的起跳高度达不到要求，教师不会要求学生在课后跳高一百下、两百下，这样只会白白地增添学生的负担。这时教师只要鼓励学生："下一次会跳得更高的。"学生在每一次起跳时都会想起这句话，自然而然更加用力起跳。而经过一次次尝试，学生会发现自己比以前跳得更高了，这种感觉是非常愉悦的，也激发了学生的信心。

总而言之，排球教学在高校体育教学中有着重要的作用，对于提升学生的身体素质与综合能力有重要意义。但它又是一项复杂而系统的教学实践活动，在教学过程中会受到诸多不可控因素的影响。而借助内心学习理论，引导教师通过变换环境、语言、表情和动作暗示等实现有效教学，有利于提高学生的想象力、记忆力与创造力，从而促进学生的全面发展。这就要求教师在今后的教学中，要加强对内隐学习理论的研究，采取更有效的策略将其落实，获取更好的教学效果。

第二节　高校排球运动训练创新

在高校，排球活动正在如火如荼地进行，但在排球教学中，有一些问题不可忽视，要对这些问题进行整改，力求做到高校排球的最完美教学。高校排球要想高质量地进行，必须对其中的规章制度进行整改，力求做到完美教学。

一、影响高校排球教学质量的因素

（一）教练因素

在高校教学中，学校可能对正课的重视程度较大，而对高校排球的重视程度没有对正课的重视力度大，导致学生和教师都对高校排球产生了轻视的严峻现象，针对这一现象，必须要维护高校排球。首先，要从招聘高校排球教师的严格规范上做计划，在招聘排球教师时，必须要求排球老师经过专业知识的训练才能进入高校教授排球，现在的很多高校排球教师专业知识都不够扎实，导致教师在教学中不能很好地回答学生的问题，产生课堂懈怠的情况。其次，对于高校排球教师必须要求仪表端正，为人正直，富有责任感。在进行排球课堂的时候，教师一定要进行预先准备，以防发生排球动作教导泄露的现象。高校排球教师必须要经过严格的训练，在课堂中要对学生保持认真的态度，在教学中要保持严谨的态度，不断地提升自己，为高校排球的完善做准备。

(二) 学生因素

在练排球的过程中，技术会随着课程的增多而慢慢加大，学生身体素质低下，无法将力量集中，球体无法落到控制区域，学生便无法掌握排球技能。其实，排球对于我们的身体和生活都有很大的益处，要从中了解到它的优点，并努力地学习排球。学生每天都是坐在班级里进行学习，缺乏体能训练，他们的身体素质很有可能会下降，导致在排球练习时出现参差不齐，体力跟不上的现象。排球对身体的各项协调能力要求很多，随着排球课一节一节增加，每节排球课进行的难度也在逐渐增大，这样可能会使学生越来越跟不上练排球的强度。而大多数家长对学生练排球的支持力度也不够高，导致学生对排球练得好坏与否也不那么重视。

二、提升高校排球教学训练质量的有效措施

(一) 软硬结合式训练法的应用

传统排球的训练方法比较单一，主要注重学生在发球、跑位等主要标准的提升，而这些内容往往是学生自己在练，可能会产生无趣、乏味的现象，这个时候就要实行现如今的软硬结合式训练，提高学生的积极性，垫球和传球是通过学生之间的互动提高的，这样能提高学生的积极性。在垫球的过程中，教师要帮助学生克服心理问题，不用担心垫球会伤着自己，排球本身的球体是非常轻的，不可能会伤到自己，最多就是在训练初期手腕上方会出现青紫的现象，这是练习排球必须经历的，不需要过多的担心。学生在垫球过程中，先减小双方之间的距离，身体应该往前倾，因为排球比较轻，学生在进行垫球的时候要加大力度。在传球的过程中，学生要提高的就是自己的敏捷度，在球传来的时候保持高度紧张。学生在进行排球训练时，要减少对排球的恐惧感，不断地进步，不断地提高自己，顺利度过过渡期。

(二) 培养学生对排球的兴趣

在排球训练中，单一的训练模式肯定会让学生感到枯燥乏味，这时候教师就需要插入故事进行教学。在进行教学的时候，可以宣传中国女排的精

神，让学生感受到中国力量的伟大，中国女排精神的可贵。中国女排的精神值得人们学习，教师与学生要努力地练习排球，要坚持不懈。练习排球的时候，教师不可过度地对学生进行严格要求，因为排球课没有正课那么多，而进行排球的训练时间也少之又少，所以教师要根据每个学生的进度做出不同的计划，不能对学生太过压制，这样会适得其反。在教学生练习排球时，一定要先让学生打好基础，打好基础是练好排球的关键，不可急于求成，要根据每个学生的情况进行定位，学生之间不可过于计较输赢，个人的身体素质不同，接受排球的时间也不同，导致对排球专业的接受度也不同，所以每个学生最先应该做的就是努力学习排球。

(三) 加大资金投资，完善训练设施

为了进一步提升高校排球教学的质量和效果，教师要增强学生的实践能力，让学生通过练习或者实践活动来提升自身水平。因此，在高校实际的教学过程中，应该加大资金投入，积极购进先进的教学设备，同时在校园内修建排球场地。对于一些比较陈旧以及损坏的教学设备，学校应该积极维护和更换，保证学生在练习过程中能够具有安全性，为学生营造一个良好的排球训练环境，提升训练质量，进而提升学生的排球水平和技能。

(四) 完善排球教学训练体系

在高校排球训练期间，由于其训练内容会涉及很多的方面，因此，学生在训练的过程中，应该合理地应用排球运动的技巧。同时，在实际的训练过程中，为了能够减轻学生的学习负担，提升学生的排球技能和水平，教师应该不断完善教学训练体系，对学生的自身需求进行合理分析，有针对性地进行训练，提升学生的整体水平。此外，教师要不断推进高校排球教学训练的改革进程，建立新的训练体系，根据学生的发展需求，切实做到因材施教，让学生能够学以致用，确保学生所学的技巧和技能都可以熟练应用到比赛中，提升训练质量，进而为学生的未来发展奠定坚实基础。

(五) 适当开展排球比赛

对于体育运动项目而言，学习技术的最主要方式就是参加比赛，让学生

通过比赛，可以不断地总结经验和教训，提升学生的学习热情。因此，为了可以进一步提升高校排球训练质量，在进行排球训练期间，教师可以利用学生的热情和积极性，通过比赛调动学生的趣味性，引导学生主动地参与和学习排球，让学生将"要我练，要为学"转变成"我要学，我要练"。此外，在实际的排球比赛过程中，教师应该根据学生的参赛情绪，合理地激发学生的运动参与以及运动潜能，从而实现锻炼学生身体以及心理的效果和目的，保证可以有效提高学生的排球水平，进而确保学生可以朝着良好的方向发展。

面对现阶段影响高校排球训练质量提升的因素，教师应该根据实际情况合理地分析，学生的自身水平及特点，保证可以从根本上提升排球训练质量。此外，在排球实际训练的过程中，教师应该与时俱进，跟上社会发展的步伐，主动学习一些先进的训练方法，在教学中不断总结不足，积极改善教学观念，加强学生的身心素质，保证学生的排球水平能够得到提升，进而促进学生的未来发展。

第三节　高校排球课程教学方法创新

一、体育运动技能课丰富教学方法的原因

体育教学方法经常使用的有以语言传递为主的讲解法、问答讨论法等，以直接感知为主的示范、演示法等，以联系为主的分解、完整练习法，循环、重复练习法，等等。一些教师认为体育教学方法受旧的教育观念、课程理念的影响，教师在上课过程中使用的教学方法过于单一。体育运动技能课与其他理论课的学习有不同之处，体育运动技能的学习是一个动态的过程。正是由于运动技能的学习要在长时间、相似程度高的刺激中进行，学生容易出现体育学习心理疲劳。体育学习心理疲劳通常由学生对单调重复的练习方法产生的倦怠感造成，不仅会使学生在练习运动技能时心不在焉、产生错误动作，长此以往，会使学生降低运动能力，进而影响体育学习效率。

以排球为例，排球运动属于团体项目，想要进行排球比赛，要求场上每个成员都要掌握基本技术。排球教学有其自身的特点，总的来说，排球教学分为技术、战术、实践三个部分。技术又分为准备姿势、移动等无球技术和

发球、传球等有球技术。每个基本技术的学习都要求教师突出重点与难点，处理好基本技术与比赛时应用技术的关系。所以，教师在排球教学过程中要根据教学目标、教学对象以及教学内容来选择或创新有利于学生学习的教学方法，提高学生的学习兴趣，掌握准确的基本动作。

二、排球技术课创新教学方法

(一) 娱乐教学法

对于经历过初中、高中体育课的学生来说，高校体育课特别是排球技术课应该设计得丰富、有趣，教师应捕捉到一节课的"娱乐元素"，避免学习氛围的枯燥。

在使用娱乐教学法的过程中，教师应注意要合理安排、调整娱乐的时间和阶段。更值得注意的是，要时刻将安全放在第一位，在课程开始之前说明规则，并及时调整时长和负荷度。在使用娱乐教学法时要注意各队员的基本技术掌握情况，将各队实力平均分配，以免强弱差距过大，影响学生学习的积极性。

(二) 游戏教学法

游戏教学法就是以游戏为形式开展教学。在高校排球教学中使用游戏教学法有良好的效果，因为排球运动源于游戏，使用游戏教学法可以提高学生的学习兴趣和学习态度。徐加奎认为最好的学习方法就是在激发学生的学习动机与兴趣的同时，促进学生学习态度的转变。他提到，美国著名心理学家布鲁诺说："最好的学习动力就是学生对所学知识产生浓厚的兴趣，而最能激发这种学习兴趣的方法便是游戏。"他通过实验研究证实游戏教学法有利于活跃上课学习环境，有利于提高学生的运动能力与学习技能的兴趣，更重要的是影响学生学习态度的转变。

(三) 比赛教学法

比赛教学法是在规则范围内通过比赛竞争来完成教学任务的方法。对于排球选修课学生来说，排球教学首先注重体验和运动参与、培养和提高比赛能力，其次注重排球的基本技术与战术的提高、身体素质的提高，只有一部分学生注重关于排球运动文化的传播。刘启震通过实验研究认为比赛教学法在排球选修课中切实可行，通过比赛教学法，学生的学习兴趣、学习态度都有提升，运动能力也明显提高，课堂气氛活跃，学生积极学习基本技术。

(四) 移植教学法

成功学教学法与多元智能理论教学法都属于其他领域的理论在体育教学方面的引用，因此，对教师要求较高，要加强学习成功学与多元智能理论的知识，在对知识充分理解掌握的情况下"举一反三"，切忌滥用。

第四节 高校排球教学模式创新

随着时代的发展，创新已经成为推动社会进步和国家富强的必要因素，教育事业的发展也是如此。随着教育改革的深化和加强，高校体育教育不再仅仅满足于学生成绩的提高，而更加注重"阳光体育"的教学理念。"阳光体育"旨在激发学生体育运动的积极性，培养学生身心健康、科学的终身体育习惯。结合新课程改革的相关标准，高校排球教学模式的创新要求教师要尽可能地拓展排球运动的实际功能与价值，给予学生更好的学习体验，结合高校学生的个人能力与兴趣特征来针对性地进行创新和改革。

一、确定学生的课堂教学主体地位

兴趣是学生学习的内部动力。在高校排球教学过程中，要想实现高效体育教学课堂，教师就需要充分发挥学生的主体地位，增强学生的学习兴趣与学习积极性，以激发学生对排球运动的持久兴趣。这样就能够从本质上激发学生的内在潜力，让学生自发地参与排球学习和排球运动。高校体育教师还需要尊重学生的个性特征，并结合生本理念打造适合学生未来发展的生本课堂，及时确定学生的课堂教学主体地位，以此来提升学生的身体素质和能力。

传统教学方法主要是让学生进行模仿练习，忽略了学生在教学中的主体地位。分层教学、分组教学、探究教学、俱乐部教学模式等均更加强调学生在教学中的主体地位，注重因材施教和快乐参与，让学生在学习中由被动学习转变为主动学习，充分挖掘学习的潜能。利用分组学习法，教师可以将学生按照个人排球技能水平来划分成不同的学习小组，组内成员划分合理，将水平较高和技巧存在缺陷的学生进行均匀分配。在课堂练习时，在小组内首先进行动作的练习，由同组成员负责纠正错误动作，以此来实现互帮互助。这样学生的整体学习过程就能够变得更加丰富，实现良好的自我纠正、自我分析和自我评价。在分组教学中为了进一步提高学生学习的自主性，发挥主体性和创造性，利用"翻转课堂"教学[①]，还可以增进学生与学生以及学生与教师之间的合作和交流能力，提高学生的身心素养和社会适应能力。分层教学模式更能突出学生的主体地位，促进学生全面发展，增强合作与竞争意识。而在高校排球教学中引入俱乐部教学模式，按学生的不同技能水平进行分组教学，可以更好地提高排球教学质量，进一步推动校园排球的可持续发展，提高学生的运动水平[②]。

排球教学模式的创新不是完全抛弃传统常规的教学方法，而是根据教学内容和学生主体的不同，进行有针对性的、个性化的、多元化的教学，是一种以因材施教思维为指导的教学模式，从而使高校排球教学满足不同层次学生的学习需求，激发学生主动学习和自主学习的欲望，提高教学质量和教学效率。

二、优化丰富排球教学内容

随着社会的进步和时代的发展，排球文化的作用和地位日益凸显，女排精神曾经激励了一代又一代人为实现梦想而拼搏奋斗。因此，高校排球教学内容首先要适当增加排球文化教学内容，让学生能够认识到排球运动的魅力与价值，从而积极主动地学习排球。

在高校排球教学内容中，通常以技能传授为主，以学习排球传球、垫球、发球等基本技术的学习作为教学重点。教学内容简单化的特点，导致学

---

① 王国亮. 翻转课堂引入高校公共体育教学的实证研究 [J]. 西安体育学院学报，2019(1): 110-116.
② 毕博. 兰州市高校排球教学引入俱乐部模式探讨 [D]. 兰州：西北师范大学，2017.

生对学习排球运动缺少兴趣和积极性。排球教学内容要以快乐体育、阳光体育、终身体育的教学理念为指导，要更加关注学生对运动趣味性的价值体验和成功体验。在技术教学中要结合学生的个人身体素质，科学安排教学内容的难易程度，提高学生的学习自信心，给学生更多的成功体验，这样才能充分调动学生学习的积极性。排球运动具有激烈对抗性特点，排球比赛精彩又激烈。因此，教学内容的选择要保留排球运动的观赏性与趣味性，利用观看排球比赛视频，组织参加排球比赛，激发学生的学习兴趣。

三、增强排球课堂的趣味性，提升学习体验

为了能够获得更好的教学效果，高校排球课程在实际布置的过程中就需要秉承着"快乐教学"的理念，不断对传统排球课堂教学模式进行创新与改革。为此，教师首先要改善自身的教学语言，拉近与学生之间的距离。风趣幽默的语言能够避免排球教学过程出现沉闷的现象，吸引学生的注意力，并让学生更好地进入学习状态之中。随着时代的发展和科学技术的进步，现代教育技术手段也不断提高，多媒体教学给传统的教学模式注入了新的活力。教师在教学过程中可以结合信息技术手段来培养学生对排球运动的兴趣，激发其学习积极性，不仅使学生在教学过程中充满着学习热情，整体的教学效率也会有所提升。在排球技术教授之前，结合多媒体教学设备为学生播放动作演示视频，并截取相应的赛场片段，让学生能够在这种直观性的排球动作展示中领会到此动作在整体比赛中的重要地位，也更容易让学生建立动作表象，帮助学生尽快掌握动作。教师还可以在体育课程授课的过程中适当增加音乐元素，让体育和音乐进行有机融合，从而营造出更加轻松愉悦的学习氛围。趣味性的排球课前热身活动也是必不可少的，教师可以从互联网上积极寻找各类创新型的课前热身活动，从而能够在营造课堂氛围的同时激发学生的学习兴趣。

在排球教学中，组织教学比赛是必不可少的。为了使学生获得成功的学习体验，增强趣味性，教师可根据学生的身体素质和技术水平，修改比赛规则降低难度，以提高学生参与排球比赛的兴趣。游戏教学法、比赛教学法、情景教学模式法在排球教学过程中都能使学生从实战应用中获得自我感悟，提升学生的自主学习能力，使学生养成良好的合作与竞争意识。这能够

增强学生的学习兴趣，增加学生参与游戏和比赛的积极性，增强学生对排球基本知识和运动技能的理解，能更好地解决传统教学模式所带来的问题。高校排球运动的可持续发展，对于学生的未来发展尤为重要。

四、改善考核方式，提升学生的过程性感受

传统的排球教学考核评价以学生的最终学习成果为主，这种终结性考核评价方式缺乏全程监督性，也难免会使教学效果的评价缺乏客观性、合理性。虽然这种考核方式综合性较强，但是在一定程度上受到学生原有身体素质和机体反应能力的影响较大，对于部分学生而言并不公平，也不利于激发学生在学习过程中的积极性。为此，教师可以在考核的过程中实行阶段性测评，重视对学生学习成果和思想意识等方面内容的考察，并进行及时性的考核。对学生的学习效果做合理的阶段性、过程性的考核，学生能够得到更及时的学习效果反馈，有利于提升学习效果。教师可通过这种方式来不断激发学生的学习热情，增强其参加排球体育锻炼的勇气和信心。对此，高校体育教师在对学生在课堂上的表现进行评价时，一定要改变传统从严、过紧的评价方式，必须减少对学生的惩罚和过多的批评，而是在教学过程中多使用即时性的激励评价手段，时刻保持学生的学习与训练热情。

综上所述，要想高校排球运动体现出自身的独特价值，就需要改善传统教学模式，结合当前的教学现状和问题进行分析研究，进行有针对性的、个性化的、多元化的教学①；结合学生的发展特点和心理情绪设计合理的教学环境，营造出更加轻松、愉悦的教学氛围；要丰富高校排球教学内容，提高排球教学课堂的趣味性，创新考核评价方式，以此来提升教学的时效性，提升学生对排球运动的兴趣。

---

① 刘天宇，刘宇舰 . 高等体育院校排球普修课教学模式创新研究 [J]. 灌篮，2019（10）：155

第五节　高校排球课程教学评价体系创新

一、我国高校排球教学评价体系中的弊端

所谓评价，就是依据特定的目标和准则针对评价对象实施价值判断。而教学评价也就是将教学目的以及教学原则所呈现的要求作为基础，针对教学结果做出公正、客观的判断。在这其中包括很多方面的内容，如教学结构衡量、教学方法应用、教学过程反馈等各种价值判断。所以，科学、合理的教学评价能够给教学目标的实现程度、教学价值取向等各方面形成直接的影响。高校体育专业当中进行成绩考核通常是利用理论以及技术相结合的评价方式，而排球考核模式也属于其中非常重要的一项内容。经过调查之后发现，一些高校都是利用比较固定的考核方法，也就是理论知识考核成绩、技术成绩以及平时成绩这三个部分按一定比例融合而成最终的成绩，通常三者的比例为 3∶6∶1。其中，理论知识的考核主要是利用闭卷测验的方法，而技术考核则主要是评价学生对于排球运动当中传、发、垫以及扣等各种基本技能实际的掌握情况。教学考核当中规定，学生在理论成绩以及技术成绩方面（包含身体素质达标）必须全部合格之后才能计算最终成绩，从而实现达标。就评价性质层面来说，有三分之二的高校利用过程评价与终结性评价相结合的评价方式，而其他的高校则只利用终结性评价的方式。我们可以发现，高校排球教学活动在评价方式方面欠缺良好的全面监督性，有些高校就算利用到了平时成绩的这种考核方法，不过在实际的评价体系当中所占据的比例却是非常小的。这种情况也就给教学进程的客观评价形成了阻碍，最终还是主要以学生的期末达标测试成绩对他们的学习效果进行评价，所以对学习效果的评价欠缺一定的合理性。这种情况的出现也就导致了评价体系价值以及功能方面具有严重的缺失，甚至会将实际的教学成果模糊化。要是高校长期利用这种一切由成绩衡量的评价方式，将会培养出学生急功近利的投机意识，这与排球教学的本质以及目标是相互背离的。

对高校排球教学模式做出进一步分析，我们将高校排球教学评价体系当中所呈现的弊端具体总结为以下几个方面：①排球教学目标当中规定了要重视学生在技术以及能力多方面的培养，应该实现二者的同步提高。不过在

实际的考核模式当中，大都更加重视对学生排球技术进行测评，并没有关注到学生对于排球技术的应用能力、组织能力以及学习能力进行考核，造成学生对于技术和能力实际的关注程度严重失衡。②高校对于技术评价以及达标所形成的认识具有一定的欠缺，而且排球测评经常会受到一些外界因素的干扰，还会受到学生主观因素的影响，所以一次性的达标成绩根本无法代表测试结果的公正性。③还有部分高校忽略了过程评价所具备的重要性质，欠缺对于学生学习情况以及学习动态的监护，对结果性评价方式的利用非常容易让学生形成逆反心理。有一些实践性方面的技术与能力只有在日常学习当中才能够得到良好的体现，所以只重视总结性评价的方式缺乏良好的客观性。④教师与学生之间的互动和交流比较少，在评价体系当中只有针对学生学习成绩的评价，并没有学生和教师之间所进行的自评与互评。

二、高校排球教学评价体系的重要作用

(一) 培养学生的自主学习意识

因为传统形式的高校排球教学评价体系呈现出评价标准以及评价手段等方面严重的强制性以及单一性问题，导致高校学生将通过达标测试当成对排球课程学习最为主要的目标。而为了可以更为顺利地达到标准，学生在进行排球知识学习的时候，只会对体育教师示范的各种技术动作进行观察之后，机械地模仿和练习，而这样枯燥、乏味的学习过程，非常容易造成学生对于排球知识的学习形成严重的厌恶心理。此外，达标测试是对学生的学习成绩进行评定的唯一方式，让达标成为了每个学生进行学习之后必须经历的步骤，让学生在学习排球知识和技术动作的时候形成较大的心理压力，长此以往，会让学生对于学习活动出现严重的恐惧心理。而对于高校新型排球教学评价体系的构建，实现了对传统评价体系所具备局限性的突破，把以往的达标测试当作是评价手段当中的一种，让技术考核跟能力评价之间实现了共同发展。利用这样的评价方式，不但可以更好地缓解学生对学习排球的心理压力，不会在学习的过程当中出现厌学心理，而且能够更好地激发他们对于学习排球的兴趣，更主动地融入到学习过程当中，逐渐培养出更为优质的自主学习意识。

(二) 提升学生对学习排球的自信心

对教学评价体系的创新最为主要的目的在于破除以往强加给学生的束缚和枷锁，让学生逐渐由被迫学习转化成为主动学习，从而使得教学活动呈现出更好的人性化特征，更好地彰显出"以人为本"的新型教学理念。而就我国高校排球教学实践的整体情况来说，所应用评价体系过于陈旧，导致学生在学习自信心方面受到了严重的打击。而这种自信心的欠缺，不仅表现在他们因为担心自己不能通过达标测试，继而出现的一种心理上的恐惧，同时也表现在由于自己素质基础比较薄弱，有时很难对一些动作技术要领形成良好的把握，继而形成一种自卑心理。此外，还有些学生由于对排球运动所具备的重要内涵认识比较肤浅，所以在实际学习的过程当中表现出了很大的迷茫和困顿。所以，依据学生具体的素质特征以及发展方向，在教学过程以及教学评价体系设置的工作当中，应该将人文化元素充分地融入到其中，从而建立起能够显示出更好实效性以及适应性的教学评价体系。在此种新型评价体系的促进之下，学生将会对学习排球更加充满信心，继而让教学评价呈现出更好的实用效果，促进高校排球教学更为健康地发展。

(三) 和谐排球教学氛围的构建

优质的师生关系属于对和谐、健康教学氛围加以营造，继而获得更好教学效果的前提和基础。而在高校排球教学实践当中，由于传统教学评价标准相对来说较为苛刻，导致有很多体育教师为了保证教学效果，让达标率能够符合教学评价需求，继而向学生强制性传授和规范一些内容。而这样的教学方式不仅会影响学生的学习兴趣，还会让学生与教师之间的关系变得十分紧张，导致排球教学活动的开展最终无法呈现出良好的教学效果。所以，对教学评价体系的创新，设置具备人性化特征的评价标准，从而破除由于强制教学手段作用而出现的各种不和谐因素，营造出一种健康、开放、和谐以及愉悦气氛的教学环境，让学生与教师之间在信息沟通以及情感交流方面更加流畅，继而构建起彼此之间相互信任、尊重、理解和支撑的一种新型师生关系。这对教学目标的实现，教学效果的提升，具有非常重要的意义。

三、高校排球教学评价体系创新和发展的途径

(一) 构建促进学生综合素质发展的评价理念

传统教育模式之下的"唯成绩论"属于在以往应试教育的思想之下而形成的突出功利意识的一种教学理念，而正因为受到这种陈旧教学理念的影响，高校在开展排球教学活动的过程当中，对所有教学环节的设置重心都是对达标率的盲目追求。这也就导致了排球教学在使用价值方面愈发低下，教学评价最终呈现结构失真等问题。随着新课程改革的不断推进，素质教育更加强调培养学生的综合能力。在素质教育全面推进和普及的大环境之下，给高校排球教学提出了新的要求，在价值取向方面需要将培养以及促进学生所具备排球综合素质以及能力作为基本目标，对教学体系进行更好地构建和完善，实现高校教学体系的创新和发展。而与教学评价体系相对应的是，应该积极摒弃以往"唯成绩论"形式的评价意识，构建起具有多元化特征的评价目标，从而实现针对学生综合素质以及能力培养的新型教学理念，将评价效果作为基础，促进高校排球教学更为健康地发展。

(二) 将人文化管理元素融入教学活动当中

评价手段单一化，以及评价标准苛刻化，属于传统高校排球教学活动所应用评价体系当中最为明显的弊端，同时也是导致评价效果失真、评价职能缺陷的重要因素。所以，传统教育模式下具有强制性特点的评价体系已经显得无法适合教学改革和学生发展所提出的要求，跟"以人为本"的基本教学理念严重背离，成为导致学生出现厌学情绪，教学活动使用价值较低的根源。所以，在"以人为本"现代教育理念的引导之下，应该积极结合广大学生所呈现出的发展需求以及兴趣导向，将人文元素充分地融入其中，继而对传统评价体系形成全面的优化、重组以及创新，显现出对教育行为主体的尊重和肯定，积极利用更为人性化的教学手段，更好地促进学生在自主学习以及自我发展方面意识和能力的形成，促进教学效果进一步的提升。

总而言之，排球教学对于学生综合素质的培养具有十分重要的作用，只有切实从教学理念的革新入手，对教学评价体系不断地做出创新，继而促

进教学活动更为高效地开展，才能获得更为优质的教学效果。相关教育工作者需要积极探索，对国外的一些教学方法以及教学理念加以借鉴，继而与我国高校整体排球教学的实际情况相结合，创建出一套更加符合我国国情的教学评价体系，为国家教育事业的发展注入源源不断的活力。

第九章 高校排球课程心理与素质训练创新探究

第一节 排球专项心理特征

一、心理技能训练的内涵

从广义上讲，心理技能训练是指有目的、有计划地对受训者的心理过程和个性心理特征施加影响的过程。从狭义来讲，心理技能训练是采用特殊的方法和手段，使受训者学会调节和控制自己的心理状态，进而调节和控制自己运动行为的过程。

心理技能训练是现代竞技运动训练系统中不可缺少的部分，它影响和制约着运动员身体、技术、战术水平的改善和提高，可促进运动员心理过程的不断完善，形成专项运动所需要的良好个性心理特征，获得高水平的心理能量储备，使运动员的心理状态适应训练和比赛的要求，为达到最佳竞技状态和创造优异成绩奠定良好的心理基础。

二、运动心理技能训练的性质

在体育运动中的心理技能训练简称为心理训练，其定义有广义和狭义两种理解。广义上的理解是指在体育运动中，有意识、有目的地对运动员或练习者施加影响的过程，使其心理状态发生变化，达到最适宜的程度以满足提高运动技术水平和增进身心健康的需要。狭义上的理解是指采用专门性的具体训练方法来改变运动员或参与体育锻炼的学生的某一具体心理因素，以适应体育教学、训练和比赛的需要。

广义的心理训练是采用各种方法对运动员的心理施加影响的过程，着眼于心理状态的普遍适应和改善。狭义的心理训练则是采用心理调节的专门技术手段进行训练，要求提高具体的心理素质或克服某种心理障碍。在实际应用中，两种心理训练是紧密联系、相辅相成的。作为统一的心理训练概念，不应当人为地把两者割裂开。

三、心理训练的重要作用

(一)提高心理活动水平

运动竞赛的实践证明，优异运动成绩的创造和激烈比赛的获胜取决于多种因素，其中身体素质是保证运动质量的生理物质基础，运动技术是基本条件，而心理素质是两者能够发挥作用的内部动力。平时没有良好的心理训练，获得一定的心理素质水平，即使具有较好的身体和技术水平，在比赛中也难以取得好成绩。运动实践表明心理因素是运动员或学生在教学、训练和比赛中控制、调节自己的生理活动和技术动作的主导因素。原因如下：

(1)心理活动水平太低，就不能对生理活动和技术动作进行有效控制和调节，在这种情况下，尽管具有较好的身体素质和技术水平，也不能使其充分发挥作用。

(2)如果心理活动水平过高，充足的生理活动能量会冲击心理状态。使其产生心理紧张，冲击肌肉动作。使其用力过大动作变形，造成比赛或训练的失误。

因此，必须用心理训练的方法，提高心理活动的强度(激活水平)，使其达到能进行自我控制、调节的水平，以适应教学、训练和比赛的需要。

(二)控制心理活动强度

运动实践表明，运动员或参与体育锻炼的学生在竞赛活动中，不仅要付出巨大的体力消耗，同时亦要承受极大的心理负担。良好的心理素质是身体素质、技术、战术等能否充分发挥的重要保证。在教学、训练和比赛中，要求运动员或学生具有一定的心理强度。如果心理强度不足，则无法实现对身体素质和技术动作的主导作用。但是，这种心理活动的强度要适宜，不能太强，太强了会因对身体素质和技术动作的不适当调节造成失误。

在体育教学、训练和比赛中，一切运动技术动作的充分发挥都必须靠适宜的心理活动强度才能实现，也就是需要保持一定的身心力量平衡。如果失去平衡，由于身心任何一方超过了需要的限度，就会导致技术动作的变形，直接影响教学、训练和比赛的效果。因此，教师在教学和运动训练中，要对运动员或学生进行一定的心理训练，使其心理活动水平适合于身体素质、技术动作的同步发展和提高，适应比赛的要求，始终维持身心力量的协调性。

（三）掌握和改进动作技能

在体育教学和运动训练中，学生对于运动技术的学习，不单是对肌肉活动的训练，也是对大脑的心理机能训练，运动技术的学习过程实际是智力和体力活动结合的过程。因此，心理训练和技术训练同等重要，并且二者是密切联系的。

（四）消除疲劳和恢复体力

在教学、训练和比赛中，运动员或学生承受了较大的运动负荷，因此，在紧张的比赛活动和大运动量训练时，往往出现疲劳和体力不佳的情况，心理训练有助于帮助他们消除疲劳和恢复体力。心理训练还能帮助运动员或学生克服恐惧，消除紧张和心理障碍。例如，通过生物反馈训练，对于消除过度紧张、恐惧和焦虑心情有很大作用，对治疗一些疾病也有好处，如通过"脱敏"训练就可使运动员或学生比较冷静地对待比赛等。心理训练对于集中或转移人的注意力，调节和培养人良好的活动动机，发展人的意志品质等都有积极的作用。

第二节　排球运动心理训练的基本理论

一、行为主义理论式训练

（一）放松训练

这是一种专心致志地使自己身心放松的方法。运动员、学生进行一次大运动量的技术、战术训练或比赛之后，他们的体力、脑力消耗很大，在一般情况下这种体力和脑力的恢复可以自然完成。但是，往往在大强度的训练和剧烈的比赛中，有的单靠自然休息还不能恢复体力、脑力，其产生的疲劳现象（主要是精神疲劳）都会影响训练水平的提高和比赛成绩。实践证明，进行良好的放松训练，对于有效地减缓和消除疲劳有重要作用。

1. 放松训练的概念

放松训练是以一定的暗示语集中注意，调节呼吸，使肌肉得到放松，从而调节中枢神经系统兴奋性的方法。目前人们普遍采用的是美国芝加哥生理学家雅克布逊首创的渐进放松方法、奥地利精神病学家舒尔兹提出的自生放松方法和中国传统的以深呼吸为特点的松静气功这3种放松方法。各种放松练习方法的共同点是，注意高度集中于自我暗示语或他人暗示语，深沉的腹式呼吸，全身肌肉的完全放松。

2. 放松训练的作用

（1）放松与暗示效应：放松练习后，大脑呈现一种特殊的松静状态。这种状态有别于日常的清醒状态、做梦状态或无梦睡眠状态，通俗地称它为半醒的意识状态。此时，人的受暗示性很强，对言语及其相应形象特别敏感，容易产生符合言语暗示内容的行为意向。

（2）身体放松与心理放松：人们在平时的日常生活中常有这样的体验，心理紧张时，骨骼肌也不由自主地紧张，如肌肉发抖僵硬，说话哆嗦，全身有发冷的感觉等，而当心理放松时骨骼肌也自然放松。由此可见，大脑与骨骼肌具有双向联系。因此，肌肉活动积极，从肌肉往大脑传递的冲动就多，大脑就更兴奋，准备活动就起这种作用。反之，肌肉越放松，向大脑传递的冲动就减少，大脑兴奋性就降低，心理上便感到不紧张了。

（二）生物反馈训练

1. 生物反馈训练的概念

生物反馈（或生理回馈）是利用电子仪器将与心理生理过程有关的机体生物学信息（如肌电、皮电、皮温、心率、血压、脑电等）加以处理，以视觉或听觉的方式显示给人（信息反馈），训练人们通过对这些信息的认识，有意识地控制自身的心理生理活动，即通过中枢神经系统（Central Nervous system，简称 CNS）调控以往难以调控的植物性神经系统（或自主神经系统）（Autonomic Nervous System，简称 ANS）的功能或者调控运动行为。例如，运动员在训练或比赛中出现了情绪紧张，在生理上表现为植物性神经系统控制的机体部分发生一系列变化，如心率加快、血压升高、毛细血管扩张等。使用电子仪器显示各种信号（主要是视听信号），告诉运动员紧张情况下的主要生理机能反应，从而将紧张控制在适宜程度，这就是"生物反馈"的作用。

生物反馈训练不仅具有调整情绪状态、消除过度紧张、改善机体各器官系统机能的作用，而且还可以提高运动感知能力，加速运动技能的形成，使技术动作更为协调。如运动员练习动作时，利用肌电仪让运动员在示波器上直接观察肌电变化，可以提高运动员的肌肉用力感觉，精确区分完成动作的用力肌肉、用力时间和用力强度，从而加速运动技能的形成与完善。在耐力性项目的运动中，使用心率监测仪使运动员能够直接听到自己的心率变化情况，以便调节和控制练习的强度。

2. 生物反馈训练

生物反馈是指人的活动结果又成为信息反映在头脑中。生物反馈就是使人知道内脏活动的信息，了解内脏器官活动的效果，从而学会控制内脏器官的活动。生物反馈训练又称"内脏学习""自主神经学习"或"教育自己的内脏"。它是利用现代化电子仪器把自身内脏活动的信息显示出来，使自己知道并了解自己行动的效果，从而有意识地去控制行动。这种训练方法实际上是使训练者把生理功能变化的方向和自己的感觉联系起来，逐步学会在某种程度上调节自己的生理功能并向有利方向变化的训练方法。这种方法对消除过度紧张、恐惧和焦急心情很有作用，对治疗一些疾病也有作用。运动员或学生在训练和比赛时，往往出现情绪紧张等现象，这种现象必然在生理方面有所反应。特别是植物神经系统控制的各部分发生变化，如心率加快，毛细血管扩张，血压升高等。运动员或学生可通过生物反馈训练学会如何控制自己的这些反应，进而消除紧张使肌肉放松到理想状态和最佳的心理激活水平，同时也可以调节心率及血压，改善情绪状态。

这种方法的效果要经过较长时间的训练才能显示出来，因为对植物性神经系统进行调节和控制，时间太短是不行的。实践证明，生物反馈训练不仅可以稳定运动员的情绪，消除紧张心理，而且能加速消除疲劳。

(三) 系统脱敏训练

系统脱敏训练 (或敏感递减训练) 是心理治疗中的行为治疗方法之一，可用于特殊领域的焦虑或恐惧症，其理论依据主要是沃尔普等人提出的相互抑制原则。沃尔普认为，神经症习惯是在引起焦虑的情境中把中性刺激与焦虑反应相结合而习得的。如果在有引起焦虑刺激的情况下产生一种与焦虑不相容的反应，如放松、自信等，那么刺激与焦虑反应之间的联系必将减弱，他称这个过程为相互抑制。一个人不能同时既紧张又放松，处于完全放松状态时，本来可引起焦虑的刺激也会失去作用，即对此刺激脱敏了。在体育运动领域运用系统脱敏技术，可以帮助运动员解决一些情绪问题，如赛前焦虑。以整体环境为主的焦虑称为情景表象，以个人运动动作为主的焦虑称为动作表象。前者旨在提高情绪控制的能力，后者旨在提高运动技能。当然，两者往往是交叉的。

二、认知理论式训练

(一) 表象训练

1. 表象训练的内涵

表象训练是教师、运动员和体育运动心理学工作者运用得最为普遍的一种心理技能训练方法，被视为心理技能训练的核心环节。它是在暗示语的指导下在头脑中反复想象某种运动动作或运动情境，从而提高运动技能和情绪控制能力的方法。表象训练有利于建立和巩固正确动作的动力定型，有助于加快动作的熟练和加深动作记忆；赛前对于成功动作表象的体验将起到动员作用，使运动员充满必胜的信心，达到最佳竞技状态，这有助于消除肌肉酸痛和单调乏味的感觉。

2. 表象训练的依据

念动现象及心理、神经肌肉理论认为，当产生一种动作表象时，总伴随着实现这种动作的神经冲动，大脑皮层的相应中枢会兴奋，这种兴奋会引起相应的肌肉进行难以察觉的动作。运动表象时引起的这种运动反应称作观念运动反应 (或念动动作)。

3.表象训练的方法

表象训练也称念动训练、回忆训练或想象训练。念动训练主要是运动员或学生有意识地、积极地利用自己头脑中已形成的运动表象，并配合适当的语言暗示进行训练的一种方法。运动表象有的也称动作表象，是综合的表象，包括视觉表象（如动作的形态、过程）和动觉表象（如内部用力感觉、节奏）。念动训练时往往配合有语言暗示（如关键要领），语言可制成"套语"，使之固定化、程序化。这种内部重复演练动作表象的训练过程，能使表象过程中相应动作部位产生肌电活动。因为在人的头脑中产生一种动作表象时，总是伴随着实现这种动作的神经冲动，大脑皮层的相应中枢就会兴奋，原有的暂时联系会恢复起来。这种兴奋会传至相应的肌肉引起难以觉察的动作。这种产生运动表象时所引起的运动反应，称作"观念运动反应"，也叫"念动动作"。运动实践证明，进行念动训练所产生的效应，有利于建立和巩固正确动作的动力定型，从而有利于加快动作的熟练和加深动作的记忆。在赛前对于成功动作的表象体验（念动训练）能起到动员作用，可使运动员或学生逐渐恢复到最佳竞技状态。为此，应注意以下几点：

（1）运动表象愈清晰准确，完成的动作就愈准确。在头脑中准确地重现出某个动作形象并不是一件容易的事情，运动员或学生要在这方面进行反复练习。

（2）运动表象必须是视觉和动觉相结合的综合表象。如果只呈现视觉表象，那么念动训练的效果就会受到影响。通过实际练习，运动员或学生可进行自我检查与对比，以提高运动表象。

4.运动表象的形成过程

运动表象的形成过程分为两个阶段。在建立阶段，运动员首先形成有关动作的大致轮廓，但动作的时间、空间、力量特点都不大清楚，主要成分是视觉表象；在相对准确化阶段，运动表象中反映的动作时间、空间、力量特点逐渐清晰，主要成分是动觉表象。

（二）认知调节训练

一般来说，运动员情绪的调节与控制可以从两个方面着手：一是采用以生理调节为主的方法，如放松训练；二是采用以认知调节为主的方法，如本节将要介绍的合理情绪调节训练和暗示训练，这种认知调节训练，就是要提高运动员对情境评价与处理问题的能力，以在复杂的比赛情况下依靠运动员自己解决问题。

认知调节训练，也可称为认知—行为调节训练，源于20世纪50年代开始发展起来的行为矫正技术。行为矫正是连接临床心理学和实验心理学的主要桥梁，在早期，这一领域中的大部分工作都是应用实验室中的学习理论来解决行为问题。约瑟夫和沃尔普的工作也是此类方法的典型代表。众所周知，行为主义者关于人类行为的看法和态度同斯金纳的观点有密切关系，这种观点强调外显的行为，而对思维和情感则不屑一顾，认为这些内部行为难以用系统的科学方法进行研究。

一般来说，认知行为调节过程有4个阶段。第一个阶段是探查阶段，此时，心理学家要了解服务对象各方面的情况，比如，他是如何看待周围世界的，是如何建立和组织自己的认知系统的。第二个阶段是教育阶段，此时，心理学家帮助服务对象建立一种新的认知模式，把问题看作是可以解决的，并采取具体的方法解决问题。第三个阶段是巩固阶段，继续进行帮助。第四个阶段是评价阶段，评价帮助措施和服务对象的行为变化在他的生活中的意义。当然，这4个阶段并无明显区分，新问题的产生或旧问题的解决都可能导致人们在这4个阶段之间的不断跨越。

三、模拟训练

模拟训练实际是一种适应性训练或称为脱敏训练，是将训练安排在与比赛条件相似的环境下进行的一种训练方法，能使运动员逐步适应比赛的特殊环境，有利于提高其临场的表演效能及比赛水平。同时，通过模拟训练，排除运动员或学生参加比赛时产生的不良心理状态。为了达到这个目的，必须对即将参加比赛的对手、场地、设备、照明、器材、观众、气候、时间等条件掌握得十分清楚，才能进行模拟训练。模拟时还要注意在生理、心理、环境等各方面尽量做到与赛前实际情况类似。

模拟有实战实景模拟和语言形象模拟两种。实战实景模拟就是创造与比赛实际相类似的条件进行训练，培养运动员的适应能力。如条件许可应使运动员提前到达比赛地点和场地进行训练，或者到与比赛地点的气候、环境相类似的地方进行训练，和比赛同样要求的测验，制定和执行与比赛地点"时间差"相同的作息制度，都属于实战实景的模拟训练。语言形象模拟是利用语言来描绘未来竞赛时的情形，对手的行动和自己的行动。这种模拟要配合图表、图片、照片、录像、电影等，使之具体化。经过"模拟训练"，有利于技术、战术从运动训练场转移到比赛场上。

在模拟训练中，由于项目不同，采用的模拟训练方法也有所不同。如在一对一的项目中，可以选择一些适当的竞赛对手进行"实战"训练。这些训练都应在模拟的类似条件下进行。我国运动员在出国比赛之前，也曾做过模拟训练的尝试，包括对运动员作息时间的安排，在比赛中可能出现的问题，环境因素的干扰等，都进行了设计，这对克服运动员的紧张心理和对比赛环境的适应都是大有好处的。

第三节　排球运动心理训练的方法

一、集中注意力训练

注意力集中是坚持全神贯注于一个确定目标，不为其他内外刺激的干扰而产生分心的能力。运动员注意力的集中是非常重要的。根据实验研究，注意力集中能力对于运动员提高运动成绩十分重要。注意力集中的能力包含意愿的强度、意愿的延长和注意力集中的强度、注意力集中延长4个方面。注意力集中的强度依赖于精神机能，而注意力集中的保持和延长却取决于肉体机能。当精神疲劳时，注意力集中的强度就变弱；当肉体疲劳或有病时，注意力集中的延长机能就降低；当情绪不好、杂念多时，注意力也难以集中。因此，注意力的训练是一个综合的努力过程，所采用的训练方法也是多方面的。

实验研究指出，行之有效的集中注意力的训练应注意以下几个方面：

（1）对从事的活动要有强烈的兴趣，来自内部的兴趣动机更能使人全神贯注。

（2）在日常生活中养成办事有头有尾，不见异思迁的习惯。

（3）练习视觉守点、听觉守音的集中能力。

（4）在比赛中把自己忘掉，用身体体会进入集中注意力的境界。

（5）在比赛中把环境忘掉，不是想比赛和名次，而是想如何敏捷地做动作。

（6）消除担心、害怕心理及其他原因，避免情绪波动。

此外，在心理训练中有的学者研究，采用看手表、注意物体、注视墙上的圆圈等方式的练习也颇有成效。看手表的练习是指先看表的秒针，注意集中在秒针上，先看 1min，2min，3min，找出自己能坚持注视秒针的时间。如注意始终不离开秒针能坚持 1.5min，把这个时间记下来，然后进行练习时，每次坚持 1.5min，连续 3～4 次，每次练习后休息 10～15s，经过多日训练，每次练习的时间逐渐延长，当能集中注视秒针达到 5min 后就转入注视分针的练习，当能集中注视 5min 时，说明集中注意能力得到提高，这样的练习可以在任何时候进行，尤其是在大脑疲劳、注意力不易集中的情况下进行练习，会收到更好的效果。

二、智力训练

智力是人们在掌握和表现运动技能的过程中必须具备的心理特征，从中国学者的研究中可以看出 3 个研究特点：第一是智力结构中的一般因素或一般智力发展水平；第二是测量工具多为标准化的智力测验，如韦氏智力量表和瑞文标准推理测验；第三是多数学者认为体育活动能够促进人的智力发展。

根据国内外研究结果，可归纳出如下一些趋势：

（1）高水平运动员具备中等或中等以上水平智力。

（2）体育专业学生的智力发展水平与文理科相关。

（3）运动专项不同，取得优异成绩所要求的智力特征也不相同。

（4）运动技能的类型不同、水平不同，智力因素对技能获得的影响也不相同。

（5）运动技能学习阶段不同，智力因素对掌握运动技能的影响也不同。

（6）智力缺陷儿童的智商分数越低，技能操作成绩也越差，掌握运动技能也越困难。

（7）在所完成的操作任务难度和智商分数之间有中等程度到高等程度的

正相关。

上述定义强调我们应当在具体运动情景条件下来把握和理解运动智力，另外"必须具备的心理特征"主要是运动员的认知因素，即与运动信息加工过程中编码、储存、提取、决策问题有关的知觉、注意、记忆和思维等因素。

另外，正确理解运动员的智力水平具有重要的意义，它有助于消除有些人认为运动员"四肢发达，头脑简单"的错误观念，有利于运动员的选才工作。在选才工作中，不但要关注运动员是否具备了成为高水平运动员所必须具备的中等以上的智力发展水平，而且更要关注运动员在具体运动情境中解决问题的能力。对运动员智力的正确理解，还可以使我们正确认识体育运动与智力发展的关系。

三、意志训练

人的意志品质是决定人心理的一个因素。在训练中可以有意识地设置一些快速变化的困难，培养运动员当机立断，正确估计危险程度，毫不犹豫完成决定的果断精神。克服主观困难的方法可采用说服教育、榜样作用、自我命令等。克服困难的方法可采用改变负荷、练习难度、降低要求和环境条件的改变等通过在训练中锻炼并提高运动员的自制能力，使其能自如地控制情感，养成坚定的意志品质，保证运动员在比赛中能充分发挥其竞技能力。

四、表情调节

表情调节是有意识地改变自己面部和姿态的表情以调节情绪的方法。情绪状态与外部表情存在着密切有机的联系，因此有"情动于中而形于外"的说法。情绪的产生会伴随一系列生理过程的变化，并因而引起面部、姿态等外部表情。如愉快时兴高采烈，笑容满面，手舞足蹈；愤怒时横眉竖眼，咬牙切齿，紧握双拳；沮丧时垂头丧气，肌肉松弛，萎靡无力等。既然情绪状态与外部表情存在着密切而有机的联系，我们就可能通过改变外部表情的方法而相应地改变情绪状态。如感到紧张、焦虑时，可以有意识地放松面部肌肉，不要咬牙，或者用手轻搓面部，使面部肌肉有一种放松感。当心情沉重、情绪低落时，可以有意识地做出笑脸，强迫自己微笑，假使做不到，可以看看别人的笑脸，或者想一想自己过去最高兴的某件事，也可以想一想自己过去最得心应手的比赛情境。

五、活动调节

大脑与肌肉的信息是双向传导的，神经兴奋可以从大脑传至肌肉，也可以从肌肉传至大脑。肌肉活动积极，从肌肉向大脑传递的冲动就多，大脑兴奋水平就高，情绪就会高涨。反之，肌肉越放松，从肌肉向大脑传递的冲动就越少，大脑的兴奋性就降低，情绪就不会高涨。活动调节利用不同速度、强度、幅度、方向和节奏的动作练习，也可以控制运动员临场的情绪状态。例如，情绪过分紧张时，采用一些强度小、幅度大、速度和节奏慢的动作练习，可以降低情绪的兴奋性，消除过度紧张。情绪低沉时，可采用幅度小、强度大、速度快和节奏快的变向动作练习，通过反复练习，可以提高情绪的兴奋性。

六、音乐调节

通过情绪色彩鲜明的音乐控制情绪状态叫音乐调节。音乐能够影响人的身心健康，这一概念早已为人们所接受。例如，人们可以听着催眠曲进入梦乡，唱着歌曲减轻繁重体力劳动造成的疲劳等。研究表明，音乐能使人产生兴奋、镇定、平衡3种情绪状态。音乐给予人的"声波信息"，可以用来消除大脑工作所带来的紧张，也可以帮助人们内在地集中注意力，促使大脑的冥想状态井然有序。因此，人们喜爱的曲子或一种具有特殊节奏的音乐，可使人身心放松，也可使人身心兴奋处于机敏状态。运动员赛前如果有异常的情绪表现（如过分紧张），听一段轻音乐或喜爱的歌曲，往往能得到调节情绪的良好效果。

七、呼吸调节

通过深呼吸有可能使运动员的情绪波动稳定下来。情绪紧张时，常有呼吸短促现象，特别是过于紧张时运动员常有气不够嘴或吸不上气来的感觉，这是呼气不完全造成的。这时可以采用缓慢的呼气和吸气练习使情绪的兴奋性下降。情绪低沉时，可采用长吸气与有力的呼气练习提高情绪的兴奋水平，这就是呼吸调节。这种方法之所以奏效，是因为情绪紧张时，呼吸快而浅，由于快呼吸，使体内吸入大量氧气，呼出大量二氧化碳，问题在于二氧化碳呼出过多，会使血流中的二氧化碳失去平衡，时间一长，中枢神经便迅速做出抑制性的保护性反应，这时，采用加深或放慢呼吸频率的方法来消除紧张，经过一小段时间后，就会得到情绪稳定的效果。

八、颜色调节

在竞赛中也可以利用联觉现象通过颜色调节运动员的心理状态，即为颜色调节。例如，过分紧张时，看绿、蓝、紫色，具有镇静作用，设法用绿毛巾擦汗，饮用绿色的饮料，到蓝色环境中休息一下可使过度兴奋得到缓解。如果运动员临场精神状态不振，则应多给以红色或黄色刺激。排球运动比赛所用球由原来的一种浅色改为现在的彩色球，除了适应电视转播和利于运动员判断球旋转方向外，也是为了调节运动员枯燥的训练，在视觉上增加色彩的刺激，从心理上起到振奋情绪的作用。排球运动员现在的比赛服与以往相比，也是多彩多姿，其中也有用颜色调节心理的原理。

九、语言调节

语言调节或称暗示调节，是使用语言对心理活动施加影响的方法，也可用手势、表情或其他暗号来进行。暗示现象在日常生活中有着广泛的作用。暗示不仅对人的心理和行为产生影响，还可以影响到人的生理变化，暗示作用有积极的也有消极的。

暗示可分为自我暗示和他人暗示。竞赛之前和竞赛之中，教练员与运动员应尽量用积极语言分析对手情况，制定战术，树立信心。避免使用消极词语，如用"我很镇静"代替"我不紧张"，用"我充满力量"代替"我还没有疲劳"，用"我站得很稳"代替"千万别摔倒"等。教练员应十分注意自己的手势、姿态、脸部表情和眼神，这些都是传递暗示信息的媒介，可能对运动员的心理带来重要影响。如中国女排国家队前主教练陈忠和就深谙此道，女排姑娘们比赛时，他在场外总是一副笑脸，及时地给予鼓励和安慰，不断调节队员的情绪，使她们始终处在积极向上、奋勇拼搏的情感当中。同时，运动员自身的表现也可能对队友产生影响。

第四节　专项力量训练

一、力量素质的重要性

力量就是指人体或人体某部位肌肉紧张或收缩时所表现的能力，它反映出人体对阻力的克服程度。从运动生理学的角度来讲，就是反映运动员肌肉收缩的程度。

力量是人体活动的基本因素，运动员的力量素质是发展身体各项技能的基础。排球运动所需的爆发力、速度、弹跳耐力等无不以力量为基础。力量素质还与其他素质有密切关系。力量是耐力增长的一个因素，且因适宜的力量可以控制人体抵抗地心的引力，更快地操纵身体各部位，故也有助于灵敏度、协调性的发展。因此，有效地进行力量训练对提高排球运动水平具有极为重要的意义。研究表明，排球运动员的水平越高，其力量训练水平也越高，即高水平的运动员经过训练，摒弃了排球运动不太需要肌群的力量，而发展了那些排球运动所必需肌群的力量。

二、力量训练原则

(一) 大负荷原则

大负荷就是以最大负荷或接近最大负荷进行训练。当肌肉、肌群对抗最大或接近最大阻力练习时，能最有效地发展肌肉的力量，使肌肉最大程度地收缩，从而刺激肌肉产生相应的重量适应，导致肌力增加。较小的负荷只能使肌肉保持原有的力量水平。

(二) 渐增负荷原则

在力量训练中，由于力量水平的不断提高，原来的大负荷已不再是大负荷，因此，要不断提高负荷，使训练经常处于大负荷状态。

(三) 力量练习安排的顺序原则

力量训练中，因为小肌群容易出现疲劳，为了保证大肌群的大负荷，必须在小肌群出现疲劳前，使大肌群受到训练。例如，以负重蹲起训练腿部力量，达到相当重量或次数时，想要重点训练的股四头肌并没有达到疲劳程度，而腰背较小的肌肉已不能坚持训练。所以，训练时应注意采用适当方式避免在疲劳之后立即进行负重蹲起的训练，使股四头肌产生一定程度的疲劳之后，立即进行负重蹲起的训练，使股四头肌达到所需要的疲劳程度，或与其他肌肉同步疲劳，从而得到最大限度的锻炼。同时，还必须考虑在相继的练习中不要使用同一肌群工作，以保证肌肉工作后有足够的恢复时间。

(四) 符合专项特点的原则

由于力量发展有其运动体能的特殊性，因此，力量练习与专项运动技术动作的要求和形式应尽可能接近。力量须对实际用到的肌群进行训练，并尽可能模拟实际运动中的运动动作。发展肌肉力量的过程是：刺激 (第一次强度) →反应→适应→增加强度 (第二次强度) →反应→增加力量。

从力量发展的过程看，不断地增加强度能不断地提高肌肉力量，但必须注意要在一定的负荷限度内循序渐进，才能避免伤病，获得良好的效果。

三、发展专项力量的方法

(一) 手指、手腕力量练习

(1) 手指用力屈伸练习。

(2) 手指用力做握网球练习。

(3) 单手或双手传足球或篮球。

(4) 身体离墙 1m 左右，用手指做推撑墙的动作。

(5) 向下抖手腕做拍球练习。

(6) 提抓铅球或沙袋练习。

(7) 手持哑铃做腕绕环练习。

(8) 用小哑铃或杠铃做腕屈伸练习。

(9) 手指或手掌撑地做俯卧撑练习。

（二）手臂力量练习

（1）单人各种抛球练习：用前臂和手腕动作将实心球抛起用另一手接住，两手交替进行。双手背后将球抛起过头并接住。双手上抛，转体 360° 接住。仰卧，双手胸前向上传球，迅速起立接球。双手持球，弯腰从胯下向后上方抛球，转身接球。

（2）双手或单手持球上举，立姿或跪姿、坐姿，直臂或屈臂做向前、向后抛掷实心球练习。

（3）双人推小车比赛，正反向运动，要求身体平直，手臂伸直。

（4）脚尖固定，两手交换支撑绕圆圈移动。

（5）手倒立推起（在同伴帮助下）练习。

（6）俯撑，手足同时离地做向侧跳跃移动。

（7）双手持哑铃做前平举、侧平举和臂绕环练习。

（8）双手持哑铃肩后屈肘上举。

（9）徒手挥臂或做掷网球练习。

（10）肩上单手或头上双手掷实心球练习。

（11）自己或在同伴帮助下做侧手翻练习。

（三）腰腹肌、背肌力量练习

（1）单人徒手练习：①仰卧起坐、俯卧体后屈、侧卧抱头侧上屈、仰卧举腿、肋木举腿等。可徒手或负重练习，或者做仰卧元宝收腹。②双手置于头上，上体做前后屈、左右屈或大绕环练习。③仰卧两头起：仰卧，两手臂和两腿伸直，同时向一起靠拢，手指尖触脚背为一次。

（2）双人徒手练习：①俯卧，两手置背后，做体后屈，另一人固定其脚部。②一人仰卧双手握住另一人踝部，做快速收腹起，另一人推其脚背。③一人凳上仰卧，抬起两脚放在另一人腰旁，另一人握住其踝部，仰卧者伸直两膝用力坐起来用手拍自己的脚背面，然后双手在头后触地。④一人左右侧卧起，另一人固定其脚。⑤一人在凳上做仰卧绕"8"字回环，另一人固定其脚。

（3）实心球练习：①双手持球或双脚夹球，在垫上做仰卧收腹或俯卧折体起。②站立或分腿坐地，双手持球做体转和上体大绕环练习。③两手持球，臂上举，做以腰为轴上体后属的腹背运动。④双脚夹球跳起，将球向前、向上或向后抛出。⑤一人仰卧于垫上，在其脚部稍远处站一个同伴。同伴把实心球传给仰卧者，仰卧者接球坐起，同时将球用双手回传给同伴。⑥坐在垫上，双手持球。从头上向背后掷实心球。

（4）杠铃和壶铃练习：①做抓举杠铃的练习。②斜板仰卧持壶铃或杠铃片做收腹练习。③肩负杠铃或手持壶铃做上体屈伸练习。④肩负杠铃做体前屈、体转、体侧屈练习（小负荷）。⑤双手举一个重物（杠铃片、哑铃等）做腰绕环。

（四）下肢力量练习

（1）"矮子"步行走，要求双手摸脚后跟，行走距离视能力的提高而逐渐增加。

（2）单双脚跳绳及双摇跳绳练习。

（3）连续蛙跳、跨步跳、多级跳、单足跳练习。

（4）连续跳跃一定高度的橡皮筋或栏架。

（5）跑台阶或双脚连续跳台阶。

（6）双足纵跳在空中转体。

（7）站立，两脚交替上踢，膝触胸。

（8）两人相向后排防守准备姿势，连续侧滑步移动并做双手胸前传球练习。

（9）双脚夹球，跳起小腿后屈向上抛球后用手接球。

（10）在海滩、沙地或木屑跑道上及软垫上做各种跳跃练习。

（11）杠铃负重后排防守准备姿势快速提踵。

（12）脚挂壶铃，做小腿屈伸练习。

（13）肩负杠铃坐在凳上，站起，连续做若干次。

四、力量训练应注意的问题

（1）根据力量增长快消退也快和增长慢消退也慢的规律，力量训练应循序渐进，训练负荷逐渐增加。当队员对某一负荷适应后，应增加负荷刺激，使运动员始终处于不适应状态，不断打破旧的循环，建立新的循环。大负荷训练能使肌肉最大程度地收缩，从而刺激肌肉产生相应的肌力，使肌力不断地有所提高。实践证明，每周安排一两次力量训练可保持已获得的力量，只有坚持全年训练，才能使力量得以逐步增长。

（2）力量训练一定要全面。上下肢、前后肌群要平衡发展，离心收缩与向心收缩要成比例，主动肌、协同肌与对抗肌的放松练习也要纳入力量训练计划中。在一节力量训练课中，其安排应循序从大肌群训练至小肌群的训练，在常年或多年的训练过程中应坚持小肌群训练的不间断性。

（3）力量训练应实行集中与分散刺激相结合。每次力量训练集中于某一部位效果较好，因为集中刺激容易给机体留下较深的痕迹。但集中刺激过于频繁，容易使局部肌肉产生疲劳甚至受到伤害。所以，不能每次训练都集中在某一部位，只有将集中刺激和分散刺激结合起来，才能使身体各部位的力量协调发展，相互促进。

（4）训练手段和方法力求多样。任何长时间单一的练习方法都会使队员感到枯燥甚至厌倦，单一练习手段对队员机体的训练不可能是全面的。为了提高队员练习的兴趣，全面增强队员的身体机能，应根据力量训练的任务，结合学生的身心特点，力求训练手段和方法新颖、多样化。

（5）力量训练要因人而异。根据不同年龄、形态、场上位置、个体特征等因材施教，循序渐进。在少年期，应主要以克服自身阻力的形式，逐步提高承受负荷的能力，多采用动力练习，以发展一般力量训练为主。在青少年性发育初期阶段，应尽量避免对脊柱有负荷的练习，用提高动作速度和改善肌肉协调功能来提高速度力量。在 16～18 岁阶段，可逐步承受最大力量的负荷训练。力量训练应在精力充沛时进行，身体疲劳时进行力量训练容易受伤。负荷大或达到极限强度时，一定要加强保护，避免伤害事故的发生。

（6）在力量训练中要突出速度因素。不要片面追求负荷量和难度，关键是在动作正确的情况下选择适宜的负荷强度，重点突出速度。

第五节　专项速度训练

一、速度素质的理论分析

速度是指在单位时间内完成某个动作或位移某段距离的能力。排球运动中的反应、起动、移动、传球、垫球、发球、扣球和拦网等技术都需要快速完成动作。因此，速度素质对排球运动员来说具有特殊的重要性。首先，速度与神经系统的调节作用有关，这与大脑皮质神经过程的灵活性，即兴奋和抑制转换的速度有关。人体要活动，肌肉就要收缩，而肌肉的收缩是受神经支配的，这时神经过程由抑制转为兴奋。神经过程灵敏性好，反应速度就快；反之，神经过程灵敏性差，反应速度就慢。其次，速度还与肌肉活动的协调性有关。肌肉各肌群之间的协调性的改善，可以提高速度。因为肌群的协调使肌群之间的阻力减小，对外部而言，则使人体各部的速度大大提高。速度还取决于力量、灵敏和速度耐力等身体素质的发展水平，特别是取决于爆发力水平。因此，有效地提高这些相关素质的水平，能提高速度素质。关节灵活性，对抗肌的拉长能力的提高也有助于速度素质的提高。肌肉的放松能力，即完成动作时不过分紧张的能力，也有助于速度能力的发挥。在排球运动场上速度的特点是：定向与变向相结合的速度；是以球或人的动作为信号的；短距离的移动多。

排球运动中的速度分为反应运度、移动速度和动作速度。

（1）反应速度：指对外界刺激的反应快慢。它是运动员赶在对手之前以最大速度对教练员和学生给的信号、比赛情况的变化等估计情况并做出和实现最有利的决定的基本前提。例如，看到扣过来的球到开始接球时的神经传导时间和肌肉收缩的必需时间。

（2）移动速度：指在单位时间内身体移动的距离。

（3）动作速度：指完成一个动作或成套动作的速度。例如，扣球时的挥臂速度、起跳速度或翻滚垫球时的翻滚速度等。

二、发展专项速度的方法

根据排球运动场上的速度特点，提高排球运动员的速度，主要是提高肌肉收缩的速度，一般常用的方法是：

(一) 反应速度的练习

(1) 看手势或其他信号向各个方向起跑。预备姿势可以是站立姿势，也可以是坐姿、跪姿或卧姿。

(2) 全队队员分两队面对站立，相距 1m 左右，看教练手势或其他信号做追逐跑练习。

(3) 冲刺钻球。教练员抛垂直球，队员定点起动，力争在球落地前从球下钻过。也可以是教练员将球突然放手，让球下落并反弹起来，队员在第二次球落地前从球下钻过。

(4) 冲刺接球。教练员单手将球高举，队员在 3m 处准备，当教练员突然抽手让球掉下时，队员冲跑在球落地之前将球接住。

(5) 一名队员任意抛球，另一队员迅速移动接球后抛回。或一名队员抛球，两个队员轮流接球，也可由一名队员抛球。其他队员绕过若干障碍物将抛出的球接住。

(6) 转身接球练习。队员面对墙站立，教师向学生后方掷出各种变换球的同时发出信号，让学生转身将球接住后再抛给教师。

(7) 垫墙上反弹球。学生面对墙 2 ~ 3m 站立做好准备，教练员从队员身后突然将球扔到墙上，要求队员将反弹回的球垫起。教练员扔球的角度要根据运动员的反应能力而定，并掌握好练习的难度。

(8) 追赶同伴练习。全队做圆圈跑动报数，做好追人的准备，教练员随机喊 1 或 2，被喊到的队员立即加速追赶前面邻近的队员，要求在外圈一圈之内追到。

(9) 主动与被动拦网。两队员隔网相对站立，一人主动甩开对方跳起拦网，另一人力争不被对方甩掉，而与其同时拦网。

(10) 运用视觉或听觉信号，做出各种快速起动和冲刺、移动、变向、急停和跳跃练习。

(11) 从各种距离看手势起跑及冲刺比赛。①绕过后面的队员做冲刺跑。②绕过后面队员做一圈半冲刺跑。③绕过前面的队员做冲刺跑。④绕过前面的队员后，再踏起跑线后做转身冲刺跑。⑤前面队员绕后面队员一圈后，后面队员接力起跑冲刺。⑥后面队员绕过前面学生后，前面队员起跑冲刺。

（12）两个队员各站在篮球板的两个角下，看教练员手势起跳单手（或双手）摸篮板，然后移动摸罚球线（或排球场端线），如此往返 3~5 次，看谁完成的速度快。

（13）移动截球。教练员在网前，队员在中场准备，教练员向各位置抛出各种变化球，要求队员判断移动，在球未出半场或落地之前将球截获。

（14）队员学生背对墙面站立，自己对墙抛球并迅速转身将反弹球垫起。

（15）躲避球击。全队队员分成两队，一队站半场内，另一队站场外，场外队员用一球（或多球）掷向场内队员，场内队员移动躲避，被击中者出场或加入场外队，直至场内队员全被击中。

（二）移动速度练习

（1）原地快速跑计时练习。

（2）做原地小步跑或高抬腿跑时，根据教练员发出的信号，突然向前加速跑出的练习。

（3）结合排球场地练习各种移动步法。向前做小步跑或各种小碎步跑；向两侧做滑步或侧交叉跑；向后做后退跑或结合视、听觉信号做各种移动的互换练习。

（4）看手势快速起动，在进攻线和中线之间或端线和进攻线之间往返快速移动。

（5）36m 移动。队员站在进攻线后看信号起动，前进时必须用双手触到中线，后退时双脚必须退过进攻线。前进、后退两个来回后接侧身滑步或交叉步移动（不许转身）两个来回，用单手触线，然后做钻网跑。单手触对方场区进攻线，折回时单手触出发线。

（6）根据教练员发出的视、听觉信号迅速起动、移动和制动，看哪个队员在规定的时间内移动距离长。

（7）"米"字形快速往返移动。

（8）跑中变方向：①队员站在距离教练员 10m 的地方，看手势轮流起动跑向教练员。在离教练员 2~3m 时，教练员突然给两侧手势，队员不减速朝指定一侧跑去。②同上，从 6m 处自动后退跑向教练员。距 2~3m 时，教练员发口令同时做方向手势，队员听口令转身朝指示方向一侧跑去。③两队员相距2m，看手势迅速起动冲向教练员，冲出3~5m后，教练员突然向两侧给手势，如指向右时，则左边队员向中追右边队员，要求在10m内追上。④第一排5、6个队员成纵队直线跑，看手势向两侧跑，看谁先冲出边线。⑤同上，从后退开始，听口令转身，同时看手势向两侧跑。⑥全队相距2m，成两行跑，看手势向两侧互追。⑦同上，成两行后退跑，听口令转身，同时看手势向两侧互追。

(9) 在网前3m快速移动接起跳拦网练习。

(10) 排球半场对角线冲刺跑。

(11) 移动拦网后，后退垫球，再助跑做起跳扣球的组合练习。

(12) 前后、左右连续移动做垫球、传球练习。

(13) 扣球、拦网、调整传球、防守、扣球的组合练习。

(三) 挥臂速度练习

(1) 徒手连续快速挥臂练习。

(2) 扣吊球。要求动作放松，并有后振动作，抽打时肩部向上伸展。

(3) 快速挥臂以扣球动作鞭打标志物，如树叶，树叶应在扣球手臂上方最高处，鞭打时肩部向上伸展。

(4) 手持篮、排、足球或羽毛球、乒乓球掷远。

(5) 两人一组，相距10m左右，相互单手肩上掷排球，要求以挥臂扣球动作掷球，并且使球出手后与地面近似平行飞行。

(6) 以扣球手法，在助跑起跳后挥甩网球、垒球或羽毛球。

(7) 做轻杠铃的提、屈、挺等快速练习。

(8) 两人一组，相距5~6m，单手掷实心球。

(9) 结合球做挥臂练习。采用一人抛球，另一人扣球，在肩的前上方要有一根橡皮条或绳代替排球网，每组扣30次，两人交换。

(四) 起跳速度练习

(1) 连续跨跳、单足跳或蛙跳。

(2) 连续做徒手助跑起跳扣球练习。

（3）连续跳跃 3 ~ 5 个栏架或一定高度的橡皮筋，要求脚落地后立即跳起，连续性和节奏感要强。

（4）连续起跳拦快球 10 ~ 20 次。

（5）在 30cm 台阶上跳下 10 次，计时。

（6）连续跳 3 ~ 5 个不同高度的栏架或橡皮筋，要求连接的速度要快。

（7）教练员按规定的节拍左右移动横杆，队员穿沙衣或手持重物跳过横杆。

（8）连续起跳扣半快球 10 ~ 20 次。

三、速度训练应注意的问题

（1）速度的提高不如力量训练的增长明显，所以速度训练要保持经常性，并对提高动作速度不断地提出具体要求。

（2）速度训练应安排在队员中枢神经系统处于良性兴奋状态时进行，否则动作的协调性将受到破坏，快速完成练习的能力也会丧失。在每次课的前半部，在适应性练习后进行速度练习效果较好。训练中应结合排球运动的特点练速度，应多采用视觉信号，让队员做出相应的反应动作。

（3）专项速度练习要和专项技术训练紧密结合。专项速度练习可以帮助队员建立专项条件反射，从而能更快地提高专项技术的反应速度。实践证明，反应速度结合排球场地和球来进行，比单纯练习提高的速度快。所以，应结合专门技术练速度，与所采用的技、战术特点相适应。

（4）应以多种手段提高速度素质。要利用与速度素质相关的其他素质促进速度素质的提高，特别是通过力量素质的训练来提高速度素质。

（5）在进行速度训练时要注意运动员的年龄和性别差异。初中学龄段是发展速度素质的敏感期。这个年龄段的队员中枢神经系统的兴奋占优势，骨骼增长迅速，柔韧素质相应较好，这些都为提高频率、增大动作幅度提供了条件。应抓住这一时期，特别重视速度训练，积极地发展队员的速度素质。

（6）速度训练可遵循超负荷原则安排在负重力量训练后。利用肌肉剩余兴奋的惯性，动员更多的肌纤维参与运动，既可发展力量，又可发展速度，使神经始终处于灵活控制中，防止动作僵硬和不协调。例如，在进行杠铃训练后立即转入徒手的、与所运用的技术动作相似或相同的练习。利用肌肉剩余兴奋的惯性运动比平时徒手练习时动员更多的肌纤维参与运动，从而提高运动能力。

（7）速度训练要防止产生不良影响的积累，如做完速度较慢的练习后要安排速度较快的练习，形成训练的良性转移。

第六节　弹跳力训练

一、弹跳素质的理论分析

弹跳力是指人体蹬地所完成的与地面之间产生一定距离的能力。它反映人对地施以一定的力量后所克服地球对人体引力的程度。

弹跳过程就是人体给地面一个力，使地面产生一个大小相等、方向相反的作用力，即支撑反作用力，这个力使人体获得加速度直至离开地面腾空而起。地面对人体的支撑反作用力是上体和手臂向上做加速度运动所引起的惯性力，通过脚这个支点作用于地面而产生的地面对人体的支撑反作用力。

弹跳力的好坏，关键在于肌肉收缩力和肌肉收缩速度，即弹跳力等于力量与速度的乘积。可以看出，当速度不变时，增加肌肉的力量可以提高弹跳力；当力量不变时，提高肌肉的收缩速度，同样可以增加弹跳力。

在实际动作过程中，并非蹲得越低越好，因为腿部力量的发挥与关节角度有关，只有适宜的角度才能最大地发力。特别是在当前，排球运动技、战术的发展对运动员弹跳力的要求不仅是跳得高，还要求跳得快，因此，不仅深蹲能高跳，浅蹲也要求跳得高。这对提高弹跳的力量、速度有了新的要求，即特别要重视提高肌肉收缩速度的训练。从实验知道，学生经过系统训练后，肌肉收缩的力量不会有成倍的差别，而收缩的速度是可能有很大差别的，所以应该把提高肌肉收缩的速度作为研究和训练提高弹跳力的重点。

二、发展弹跳力的练习方法

（1）左右脚交替向前做跨跳练习。

（2）两腿深蹲连续向前做蛙跳练习。

（3）连续垂直跳起在空中做快速收腹练习。

(4) 原地向前、向后、向左、向右做直膝连续跳跃练习。

(5) 后排防守准备姿势，全蹲纵跳起。

(6) 原地连续做直膝向上跳练习。

(7) 垂直跳起在空中做转体 180°、转体 360° 练习。

(8) 单脚，前跳，落地后立即双脚跳回。

(9) 高台跳下后立即做冲刺跑练习。

(10) 后排防守准备姿势从高台跳下后，立即再跳过低障碍物。

(11) 利用高台或跳箱做连续跳上跳下（单、双脚）。

(12) 双脚连续做左右跳过长凳前进。

(13) 连续双脚跳越 3~5 个栏架。

(14) 单、双脚向上跳跃抱膝或分腿跳，之后双脚落地。

(15) 做立定或助跑 1~2 步的跳高或跳远练习。

(16) 以跨跳步行进或双脚向斜前方跳跃，也可单脚左右交叉跨跳步前进。

(17) 做双脚连续向上方跳，跳起后收腿或展腹，或前后分腿胯下击掌。

(18) 双线跨跳，两条线相距 50cm。①双脚跨出、跨进、向前或向后连续跳。②双脚两边跨越前进跳。③单脚两边跨越前进跳。④左脚跨过右线、右脚跨过左线跳。

(19) 从 40~100cm 的高台上跳下，再迅速跳上另一高台。或先双脚跳上一高台，跳下后又立即跳上另一高台。

(20) 连续做扣球或移动拦网练习。

(21) 从高台上跳下后，立即再跳起做拦网或扣、吊球。

(22) 做后排助跑起跳挥臂向对方场区掷垒球练习。

(23) 做结合排球的各种起跳练习。①做摆臂起跳的模仿练习。②做摆臂与起跳的节奏练习。③做助跑与踏跳的结合练习。④做助跑与起跳空中平衡与滞空能力的练习。⑤做变向助跑起跳与跑动助跑起跳扣球练习。⑥做连续助跑起跳与跑动助跑起跳扣球练习。⑦做跳起空中连续拦扣球的练习。⑧网前连续移动追拦吊球。⑨45° 角快速助跑至网前起跳，在最高处接抛球。⬛🔲◽🔹 低网原地起跳扣自抛球。

(24) 原地或助跑起跳摸篮球板（或一定高度的物体）。①跳起单手连摸

②跳起两手交换摸。③跳起两手同摸一个位置后换摸另一个位置。

（25）两人跳接球练习。要求在空中跳接后立刻在空中传出。

（26）连续两边来回移动起跳。①摸篮板的两个角。②摸两个吊球。③双手拦同伴在网上举着的两个球。

（27）肩负杠铃提重。地面上放一块约5cm厚的木板，队员前脚掌站在木板上，脚跟站在地面上，肩负杠铃，抬头，挺胸，腰肌收紧，做提踵练习，如选用大质量时，要在杠铃架上练习。

（28）肩负杠铃跳跃。用下肢最大力量的50%为负荷量，队员膝关节角度为130°～140°，跳跃高度为15cm，按规定的次数和组数练习。

（29）肩负杠铃后排防守准备姿势起。下蹲时身体要保持挺直，膝关节的角度不要小于120°，杠铃质量一般应控制在最大负荷的75%左右，整个动作由下蹲至直立。速度不要快，要慢慢地完成动作。

（30）仰卧双足蹬起杠铃。

（31）各种质量的抓举和挺举。

（32）连续快速拉起一定质量的杠铃，要充分伸展髋、膝、踝等关节。

（33）后排防守准备姿势跳起上抛3～5kg的实心球，要使用髋、膝、踝的力量上抛而不是只靠手臂的力量。

（34）助跑单脚或双脚起跳摸高，连续摸高练习。

三、弹跳力训练应注意的问题

（1）弹跳力水平较多地依赖于力量素质，而力量素质易消退。弹跳力的训练需要多年规划和全年规划，常抓不懈。在全年计划中要安排好每一阶段的训练重点，一般情况下冬训期间弹跳力训练比重应大些，而且多采用力量素质练习的训练方法，比赛期间可减少弹跳训练，但结合排球技术的弹跳比重应增大。即便在过渡期也要保持一定的力量训练，以维持或提高学生的弹跳力水平。

（2）发展弹跳力应从发展肌肉力量开始。达到一定水平后，应注重同时发展肌肉力量和收缩速度。弹跳力水平主要通过爆发力表现出来，采用大负荷强度训练是提高爆发力的有效方法，但要根据具体情况因人、因时而异。初学者的弹跳力训练宜采用数量上的刺激，对有一定训练水平的队员宜采用强度刺激。在队员精力不集中或疲劳时，不能勉强进行。要充分做好准备活动，防止受伤。

（3）发展与弹跳力相关的主要肌群的速度性力量训练。即大腿前群肌肉和小腿后群肌肉组成的伸膝肌群、屈足肌群和腰背伸肌肌群的爆发力训练。同时，还要注意踝关节、脚掌等小肌肉群及韧带的爆发力训练。要使身体各部分的爆发力真正为跳得高、跑得快、滞空时间长服务。在弹跳力训练中加强对协调性的训练也是必不可少的内容。

（4）要注意安排一定数量的超等长训练。发展弹跳力的方法较多，其中超等长训练是使弹跳力提高较快的一种方法，如多级蛙跳、跳越栏架、跳台阶和跳深等。但运用超等长练习方法时要慎重，要在队员有一定的力量基础时才可使用，并与其他方法结合使用，以免因过度训练造成伤害。

（5）发展弹跳力与专项技术相结合。在弹跳力训练中所选用的练习，应与排球动作结构和用力性质相一致，这样所发展的力量不需转换，可直接运用于专项技术。因排球运动中各种击球活动的时机、方法变化较大，要适应这些变化，就必须加强专项弹跳技术的训练。

第七节　专项耐力训练

一、耐力素质的作用

耐力是各种身体素质的基本因素之一，也是一般竞技能力的基础。排球运动比赛是在变强度长时间的条件下进行的，因此，排球运动员所需的耐力是在适当间歇的情况下长时间保持规定强度的能力。在运动中有两种形式的耐力：一种是肌肉耐力，一种是心血管耐力。

（1）发展肌肉耐力：按发展肌肉力量的方法，采取逐渐达到极限负荷的原则，不断地使肌体的负担量超过原有的水平，就可以提高肌肉的耐久力。力量与肌肉耐力息息相关，增强力量是增长肌肉耐力的有效方法。例如，轻质量的多次重复练习，穿沙衣蛙跳200m等都能发展肌肉耐力。

（2）发展心血管耐力：心血管耐力是指肌肉活动中循环系统长时间供应氧及排出代谢产物的能力，对提高排球运动水平起着很重要的作用。发展心血管耐力经常采用的方法有：800m、1500m、3000m 跑，越野跑，踢足球，打篮球和爬山等，简便易行，锻炼效果好。

耐力增长可使大脑皮质的机能长时间保持兴奋与抑制的节律性转换，使肌肉与肌肉之间、肌肉与内脏器官之间的协调性加强。

二、耐力素质训练方法

（1）发展肌肉和心血管耐力，常采用循环训练法、重复训练法和间歇训练法，其中间歇训练法效果最好。间歇训练法就是在进行重复工作时，各次重复之间有一个短暂的休息间隔，这种方法的主要目的是提高吸氧量。提高运动量，增强耐力的方法有：①增加重复次数。②增加每次重复的时间。③提高每次重复的强度。④缩短间隔时间。

（2）采用专门练习发展排球运动员的专项耐力。例如，低姿移动 3min 为一组，连续若干组；单人防全场连续防起 50 个好球；单人在 4 号位连续扣球 50 次；或分队比赛进行 8~10 组。在选择耐力素质训练时，还应注意几个问题：①在全年训练计划中，耐力应作为一个基础素质来安排。通常在冬季多安排一般耐力的训练。在夏季和赛前可减少一般耐力的训练，增加专项耐力的训练。②耐力清退较快，须经常保持耐力训练，每周至少保持一次有一定强度的耐力训练。③耐力训练要结合实战的需要，在各种技、战术和身体训练中要注意耐力的提高。各种技、战术和身体训练只要安排得当都可以提高耐力。

三、发展专项耐力的练习方法

（一）弹跳耐力练习

（1）连续小负荷多次数的力量训练。

（2）规定次数、时间、节奏的跳绳，如 5min 跳绳练习。双脚双摇跳 30s，左脚弹跳 1min，右脚弹跳 1min，完成两个循环正好 5min（可根据训练水平调整负荷）。

（3）连续跳上跳下台阶或高台。

（4）连续原地跳起单手或双手摸篮板或篮圈。

（5）连续收腹跳 8～10 个栏架。

（6）30m 冲刺跑 10 次，每次间歇 15～20s。

（7）用本人弹跳 80% 的高度连续跳 20～30 次为一组，跳若干组，组间休息 2～3min。

（8）个人连续扣抛球 10～20 次为一组，扣若干组，组间休息 3min。

（9）两人轮流连续扣抛球 30～50 次为一组，组间休息 2～3min。

（10）3～5 人一组，连续滚翻救球，每人 30～50 次。

（11）扣防结合练习，队员扣一个球退到进攻线防守一个球，连续进行 10～15 次为一组。

（12）连续移动拦网，队员在 3 号位原地跳起拦两次，落地后移动至 4 号位拦一次，再回到 3 号位拦一次，移动到 2 号位拦两次，再回到 3 号位拦两次。做 2～3 个循环为一组。

（二）移动耐力练习

（1）看教练员的手势连续向右前、前、左前方进退移动，2～3min 为一组。

（2）36m 移动。队员站在进攻线后看信号起动，前进时必须用双手摸到中线，后退时双脚必须退过进攻线，前进、后退两个来回后接侧身滑步或交叉步移动（不许转身）两个来回，用单手摸线，然后做钻网跑。单手摸对方场区进攻线，折回时单手摸出发线。

（3）连续地跑动滚翻或鱼跃救球。

（4）队员连续移动接教练员抛出的不同方向、不同弧度的球。

（5）单人全场防守，要求防起 15 个好球为一组。

（6）队员连续移动接教练员掷出的不同方向、不同距离的地滚球。

（7）个人连续地跑动传球或垫球 10～15 次。

（8）30s 移动，距离 3m 左右。连续做 5～8 组，中间间歇 15s。

（三）综合耐力练习

（1）身体训练以后再进行排球运动比赛或比赛以后再进行身体训练。

（2）技术训练以后再进行篮球或足球比赛。

（3）象征性排球比赛模仿练习。队员从1号位防起一个扣球之后，前移防起一个吊球，再移动到6号位调整传球一次，移动到5号位防一个扣球，再移动到4号位扣一个球，移动到3号位做一次拦网动作，后撤上步扣球，再移到2号位。一次单脚起跳扣球为一组，连续做若干组。

（4）连续打5～7局或9～11局的教学比赛，可训练比赛耐力。

（5）按场上轮转顺序，在6个位置上做6个不同的规定动作，连续进行若干组。例如，1号位跳发球，6号位左右补位移动救球，5号位滚翻防守救球，4号位扣球，3号位拦网，2号位后撤鱼跃救球。

四、耐力训练应注意的问题

（1）耐力素质属于基础素质，应在全年训练计划中做好统筹安排。通常在冬训或一年训练之初多安排一般耐力的训练，作为全面训练的基础；在夏训和赛前可减少一般耐力的训练，增加专项耐力的训练；在比赛期间要酌情安排专项耐力训练，但不宜过多。

（2）耐力训练应注意年龄特点。队员在身体发育成熟前，应着重发展其有氧耐力，而不宜做大量无氧耐力的训练。对这一阶段的少年儿童，可根据情况，适当穿插一些无氧耐力训练，但其强度不能超过大强度，重复的次数、组数要少，组间休息要充分，并以掌握较为熟练的技术动作练习为主，以免破坏技术动作结构，影响协调能力的发展。随着身体发育的不断成熟，应逐步加大无氧耐力的比例，为专项竞技能力的提高奠定基础。

（3）紧密联系排球专项运动的实际。各种技、战术和身体训练只要安排得当都可以提高耐力，特别是在技、战术训练中，在时间、密度、强度的安排上应有意识地结合排球耐力训练的要求。在形式上接近实战，在训练量上要超过实战。采用极限训练法、间歇训练法和循环训练法都能有效地促进耐力的提高。

（4）耐力训练对队员的意志品质要求较高。坚强的意志能充分发挥队员的内部动因，提高抗疲劳能力和耐力训练水平。因此，在耐力训练中，要注重队员意志品质的培养。

（5）耐力训练要持之以恒。耐力素质消退较快，要经常进行耐力训练。每周至少应坚持一次有一定强度的耐力训练，才能使耐力素质得到保持。

第八节　灵敏性训练

一、灵敏性的理论分析

灵敏性是指迅速改变身体或身体某部分运动速度、运动方向、运动位置和随机应变的能力，由力量、判断能力、反应能力、移动速度、爆发力和协调性等素质结合而成。在排球运动比赛中为了完成各种攻防战术配合，每个队员必须先判断对方的意图和来球的方向，及时、巧妙地做出各种相应的动作，这就需要高度的灵敏性。

二、发展灵敏性素质的练习方法

(一) 控制性的练习

（1）两臂同时分别向前、后绕环。按教师口令，两臂分别做不同顺序、不同起始节拍的动作。左手前平举，右手在体侧不动；左手上举，右手前平举；左手侧平举，右手上举；左手下放体侧，右手侧平举；左手不动，右手还原。

（2）两足开立和并拢连续跳跃，双手从体侧平举至头上击掌，最后还原。

（3）分足跳时，双手头上击掌；并足跳时，双手侧平举。

（4）连续交换单足跳跃。前踢腿时，双手触足尖；后踢腿时，双臂上振。反复进行。一条腿前踢落地后换另一条腿后踢。

(二) 垫上练习

（1）连续做前（后）滚翻练习。

（2）做左右侧滚翻练习。

（3）做鱼跃前滚翻练习和手撑兔跳练习。

（4）做直体前扑，手掌胸前击掌，推起穿腿，蹬足练习。

（5）做前滚翻，左（右）横滚动，快起，原地鱼跃，跪跳起练习。

(三) 双人及多人垫上练习

(1) 双人前滚翻练习。

(2) 双人鱼跃横滚翻前进。

(3) 三人两边交叉鱼跃横滚翻。

(4) 三人两边鱼跃前滚翻练习。

(四) 橡皮筋垫上练习

(1) 高度 1m 左右 (也可根据队员弹跳高度确定)，双脚跳起收腹将橡皮筋踩下，再接前滚翻，或接跪跳起，或接鱼跃。

(2) 做一定高度的侧手翻过练习。

(3) 双脚跳过橡皮筋接跪跳起后再跳过橡皮筋。

(4) 两条橡皮筋，跳过一条后接俯卧撑，跪跳起后再跳过另一条。

(5) 做一定高度的兔跳从下面过，臀部不得碰橡皮筋。

(6) 一高一低两条橡皮筋，中间距离尽可能小些，做鱼跃前滚翻，从中间过，要求上下不得碰橡皮筋。

(7) 同上，兔跳过，可以来回做，也可以从中间过去，从下面回来。

(8) 同上，俯卧式跳高从中间过，再接横滚起。

(9) 同上，用向侧前方鱼跃方法从上面过后再接横滚从下面过第二橡皮筋，可来回做。

(10) 同上，两次鱼跃前滚翻过，或先做兔跳过，再做鱼跃前滚翻过。

(五) 弹跳板练习

(1) 原地或助跑高跳，做收腹展腹练习。

(2) 做前、后或左、右分腿跳。

(3) 做前屈体摸脚面。

(4) 两次转体、落地后接前滚翻或接鱼跃。

(六) 结合场地和球的练习

(1) 根据不同信号，队员分别做快速起动、制动、变速、变向及跳跃、滚动等动作。

（2）队员做拦网落地后，接鱼跃或滚翻垫球，再上步扣球。

（3）队员做前扑，向后撤步移动，向前单足蹬地鱼跃，向侧后滚翻的组合练习。

（4）持球躺在地板上，自己向上抛球后立即起立将球接住。

（5）将球用力向地面击打，待其反弹后从球下钻过，反弹一次钻一次，力争钻的次数多一些。可以两人比赛。

（6）每人一球，连续运球从教师拍球中钻过。

（7）三人一组，中间队员分别接两边队员的平抛球做向后倒地传球。

（8）两人一组，一人侧传另一人抛来的低平球后接滚翻，若干次后交换。

（9）两人一组，一人跳传另一人抛来的球后接着做立卧撑，若干次后交换。

（10）教师灵活运用扣、吊或抛球的方法支配球的速度和落点，队员判断翻动取位将球回传（垫）给教师。

（11）教师灵活运用扣、吊球手法，将球击到边（端）线附近，队员移动垫球，接界内球，不要接界外球。

（12）网前拦网一次，转身退到进攻线救一个球，然后回到网前传一个球。

三、灵敏素质训练应注意的问题

（1）排球运动中的灵敏性是由判断能力、反应速度、移动速度、爆发力和协调性几种素质与排球技术结合而成。灵敏性训练要求队员注意力集中，动作准确快速，因此，应把灵敏素质训练放在课的前半部分进行。

（2）灵敏性训练要注重对腰、腹、背的训练，它们是连接上下肢的纽带，各种全身活动都离不开它们的配合，对于身体的灵敏性起着重要的作用。

（3）灵敏素质训练应以视觉信号为主。在排球运动中，运动员的灵敏性反应多来自对已观察到的情况的判断，根据观察与判断及时地做出动作反应。所以，要积极发展运动员的观察能力，提高他们神经系统的反应能力。

（4）根据年龄特点，安排好灵敏性训练。13～14岁以前，通过训练来发展灵敏素质可以取得较好的效果。15～16岁是快速生长期，灵敏性增长较慢。到 18 岁以后，灵敏性又以稳定的速度增长。训练中要根据运动员生理特点和实际情况，抓住灵敏性发展的规律和时机，科学地安排训练，才能得到良好的效果。

（5）灵敏性训练的内容和动作设计应考虑到排球技术动作的需要，如滚翻、前扑、鱼跃、起立、起跳、空中动作、击球、转体等，应紧密结合技术的实际，使灵敏素质的提高能更有效地应用到实际比赛中。

（6）灵敏素质是由多种素质结合而成的，不是单独训练可以完全获得的，在训练灵敏性时应注意与其他素质训练结合进行，以取得更好的效果。

第九节　柔韧性训练

一、柔韧素质的理论分析

柔韧性是指运动员完成大幅度动作时关节最大活动范围。它是由关节的骨结构，关节周围组织体积的大小，各关节的韧带、肌腱、肌肉与皮肤的伸展性 3 个因素衡量的。在排球比赛中，要求运动员的身体各部肌肉韧带和关节必须具备良好的柔韧性。例如，指、腕关节柔韧性好，能提高传球的准确性；肩关节能拉开，背弓挺出，有利于挥臂鞭打；腰、髋关节柔韧性好，有利于控制击球点的范围。总之，良好的柔韧性有利于运动员技术动作的准确，增大完成动作幅度，提高完成动作质量，防止运动损伤。

二、发展柔韧性素质的练习方法

只要经常进行伸展性的练习，有目的地拉长肌肉和韧带，就可以有效地提高柔韧性。急速拉长和慢张力拉长肌肉韧带都能有效地提高柔韧性。但是，慢张力拉长肌肉韧带可以有意识地放松对抗肌，并使之缓缓拉长，也可以避免损伤和疼痛；急速拉长肌肉韧带可以较快地提高柔韧性，但会伴以剧烈的疼痛，且易拉伤。因此，慢张力拉长法可以多进行，训练手段也可以多种多样。对排球运动员要重视进行增大踝、膝、髋、腰、肩、腕等关节活动范围的训练。

(一) 发展手指、手腕的柔韧性

(1) 两手相对,指尖向上互触,反复弹压练习。

(2) 压腕练习。

(3) 手持短器械做腕绕环练习。

(4) 队员一手侧扶肋木,两腿前后分开,脚跟着地并固定,做前、后转腕练习。

(二) 发展肩关节的柔韧性

(1) 两臂前后绕环和上下摆振练习。

(2) 手扶墙 (或肋木) 压肩、压腰练习。

(3) 在单杠和肋木上做单拉、双拉肩练习。

(4) 两人相对,手扶对方肩部,同时做体前屈压肩练习。

(5) 背对肋木坐下,两手从头上握住肋木两脚不动,腰尽量向前挺起,持续数秒钟。

(6) 两人背向站立,双手互握,左右侧拉。

(三) 发展腿部的柔韧性

(1) 两腿交换做前、后、左、右摆振练习。

(2) 做各种踢腿动作:向前踢、向后踢、向侧踢等,可以徒手做,也可以扶墙、扶树干或扶肋木做。

(四) 发展腰、髋的柔韧性

(1) 上体弹振前后屈 (后屈时加弹性阻力和保护)。

(2) 双手握单杠或吊环做腰回旋动作。

(3) 做队员背对背直臂互握平举或屈肘互勾的大幅度转体动作。

(4) 正压腿,侧压腿 (在地上或肋木上)。

(5) 纵劈腿,横劈腿。

(6) 屈腿坐下,两脚掌心相对,双手将膝关节向下弹压。

(7) 背向双手头上握肋木,双脚固定,做腰、髋前挺练习。

(五) 发展踝关节的柔韧性

(1) 跪坐压踝。

(2) 负中等质量，踝关节做屈伸动作，如提踵。

(3) 把脚放在高约 10cm 的木板上，足跟着地，做负重全蹲练习。

(4) 踮起脚尖，做踝关节的绕环练习。

(六) 其他练习

(1) 一队员仰卧屈膝，另一队员帮助侧压。

(2) 一队员俯卧屈膝，另一队员帮助侧压。

(3) 俯卧背后击掌和仰卧挺腰起练习。

(4) 在各种凹凸形地面或器械上连续跳跃和跑动练习。

三、柔韧性素质训练应注意的问题

(1) 柔韧性素质不仅与性别、年龄有关，而且与中枢神经系统的兴奋性有关。经过一定时间的准备活动以后，队员情绪高昂，体温升高，肌肉内部的黏滞性降低，膝关节软骨增厚，所表现出来的柔韧性也较好。因此，柔韧素质的训练应安排在课的前半部分，尤其在队员精力充沛、情绪高涨时训练效果最好。

(2) 柔韧性训练要适应专项的要求。排球运动所表现的柔韧性，不仅仅是指某个动作反映在身体某一关节或某一部位上，它往往牵扯到两个或两个以上的关节或身体部位。因此，在训练时要对包括主要柔韧性活动区在内的各相关关节、部位进行训练。同时，还要根据队员关节结构和体态的差异，结合专项技术适当加大其活动范围。但不能过度训练和提出过高的要求，避免因与技术要求不相符或过度训练引起伤害事故。

(3) 应注意提高队员的协调能力。柔韧素质在某种程度上取决于运动机体的协调能力。队员在做动作时，各部位动作是否协调一致，使各部位动作按技术要求达到舒展程度，以及在完成动作中的主动肌收缩、对抗肌充分放松等，都与协调能力有关。此外，在柔韧性训练中对协调能力的培养，可以提高肌肉的舒展性，降低肌肉黏滞性，改善肌肉张力，把肌肉练得柔而不软，韧而不松。

（4）柔韧性训练要经常练习，使肌肉和韧带的伸展性不断得到发展。少年儿童的关节面角度大、软骨厚，韧带较松弛，肌肉的伸展性较好，且女生优于男生，在青少年时期抓柔韧素质的训练效果好，经过训练提高快，但停止训练后消退也快。所以，柔韧性训练要坚持不懈，持之以恒。

（5）气温对柔韧性有一定的影响。天气暖和，全身发热时柔韧性较好；天气寒冷，身体发冷时柔韧性差。为取得好的训练效果，进行柔韧性素质训练时，要注意外界温度的高低。当气温较低时，准备活动要充分，以身体轻微出汗为宜。

第十章 高校排球课程中排球游戏的创新应用

第一节 排球游戏概论

一、排球游戏的概念

"概念是反映客观对象本质属性的思维形式。""每一个概念都有一定的外延以及内涵。概念的外延是适合这个概念的一切对象的范围，概念的内涵是这个概念所反映的对象的本质属性的总和。"

(一) 排球游戏的概念界定

在对排球游戏进行全面讨论时，首先应明确其概念。对于概念的定义，逻辑学上常用"被定义项＝种差＋临近属概念"的方法定义概念。等式中的被定义项的临近属概念，是一个比被定义概念范围更宽泛的概念，用来确定被定义概念所反映的对象属于哪一类事物。被定义项的种差，则是指被定义项的这个种概念与同属于其他同级种概念在内涵上的区别，这种区别也就是被定义概念所反映的对象同其他对象的本质差别。最后把被定义项同属加种差构成的定义项用定义联项联结起来，构成完整的定义。

参考国内学者对各类体育游戏概念的表述，结合排球游戏与体育游戏、排球运动的关系，以及排球运动的特点和技术特征，将排球游戏定义为：排球游戏是一种遵循排球和游戏规律，以排球的技术、战术及体能练习手段为基本内容，以提高排球技能并增强体质，娱乐身心为目的的排球活动。

定义中"排球活动"是排球游戏的"属"概念，排球游戏不论以何种形式出现，都脱离不了排球的技、战术特征，任何排球游戏在本质上都属于排球运动。其中游戏中的竞争性、规则性，尤其是娱乐性元素是排球游戏区别于单纯的排球身体练习的"种差"。排球游戏区别于排球基本技、战术练习最大的一个特点就是娱乐性，寓教于乐可以达到事半功倍的效果。

(二) 排球游戏的内涵

排球游戏的内涵是这个概念即排球游戏所反映的对象的本质属性的总和。要想了解排球游戏的内涵，我们可以从体育学、现象学、文化学三个维度上进行探究。

1. 排球游戏是一种包含排球运动元素的竞争性活动

排球游戏属于体育游戏的一个方面，而体育游戏又是游戏的一个分支。所以，排球游戏也具有游戏应有的基本要素，即"竞争"。"竞争是游戏的基本要素"，我们之所以在游戏中能体会到乐趣，是因为游戏者从游戏中通过努力竞争，试图打败对手，从而获得胜利。这是每个参与游戏者发自内心的渴望。如果参与者对胜利或者战胜对方并不渴望，那么就会减少竞争，游戏的意义也就不复存在。例如，排球游戏中常见的"垫球比多""接力传球""三球不归一"等都包含着竞争，一些身体素质类游戏更是充满着激烈的对抗。排球游戏中也有一些灵敏反应类游戏，多是模仿性游戏，虽然不包含胜负问题，但此时的胜负已经转化成了另一种形式，通过比拼完成动作的优劣。游戏者为模仿更加到位，反应更加迅速必然会引起竞争。

排球游戏，顾名思义必然与排球有关，所以排球游戏的最基本的特征是包含排球运动的内容，如传球、垫球、扣球、发球、拦网和比赛等。如果脱离了这些特点，那么排球游戏也就成了一般性的体育游戏。排球游戏的内容、取材应该建立在排球运动的传、垫、扣、发、拦、比等排球技战术练习基础之上。

2. 排球游戏是在一定规则条件下的双向或多向活动

排球游戏是一种有规则的身体活动。排球游戏是一种竞争性的排球活动，所以在竞争下必然要有规则，没规则的条件下，竞争就会失去公平，游戏也就无所谓游戏。如在排球游戏"三球不归一"中，游戏在教师发令开始后，比赛双方才可进行，比赛中球出界、下网时则相应扣分，持球过久也要接受惩罚。这些相应的规则既促进了游戏的竞争性、娱乐性，也保证了游戏的公平性。游戏参与者应当服从和遵守游戏规则，如若谁不严肃对待游戏，谁就成了游戏的破坏者。"一旦游戏的规则遭到了破坏，整个游戏世界便会崩塌。"

　　排球游戏是一项双向或多向活动。只有在双边或者多边游戏者参与下才能保证游戏的进行，形成竞争现象，而游戏的双边或多边主题也就决定了排球游戏运动的双向或多向性活动的特点。如游戏"抢球""点到为止"，体现出双方游戏者为游戏主体参与游戏，通过竞争完成游戏。而竞争内容可以包含很多，如灵敏性、智力性、速度性和平衡性等游戏，就可以进行多向的游戏，参与者也可以是多人，或者几个队伍。

　　3.排球游戏是无功利性的娱乐身心的活动

　　排球游戏是一项非功利性的活动。排球游戏参与者对游戏最后的结果是不会带有物化的功利性的，参与游戏者清楚地知道自己扮演的角色，并积极配合，遵照设定的规则进行游戏，以从中获得快乐作为唯一的目的。如游戏"打龙尾"中，参与游戏者扮演"龙头""龙尾"，模拟龙的摆尾动作，躲避敌方扔来的排球。在这样一个游戏环境下，游戏者忘却掉现实中的角色，在这场游戏中通过与同伴配合，在激烈的躲闪追击下充满着紧张与欢乐、失利与沮丧，从而获得心理上的刺激与快乐。游戏本身并没有物质上的输赢，参与者通过完成游戏任务或目标，投入到激烈的竞争中，为的是展示自己的能力，获得人们的赞誉。

二、排球游戏的作用

　　深受人们喜爱的现代排球运动原本就是在发展人们智力和体能过程中发明的一种有趣的球类游戏，但这项起源于有趣游戏的排球运动，却在学校体育教学中演变为枯燥、乏味的竞技技术技能训练，使学生渐渐失去了学习的兴趣，降低了排球运动的健身效果。重视排球游戏教学，能够贯彻"以人为本"的体育教育思想，有效地促进学生的全面发展和终身体育意识的培养，激发学生对排球运动学习的积极性，提高技术技能和专项身体素质，全面发展排球的身体素质和基本活动能力，掌握和提高排球技术、技能与技巧，在丰富多彩的内容、生动活泼的形式和灵活合理的规则约束下，培养学生积极主动、遵章守纪、团结互助以及机智果敢的优秀品质，提高学生对排球的兴趣，培养学生的创新精神，以及发展学生良好的个性。

三、排球游戏的特点

(一) 培养排球运动素质

排球游戏具有培养学生的运动素质的特点。排球游戏与体育游戏的基本功能是一致的,都具有提高身体素质的特点。排球游戏以其技、战术和体能练习为基本手段,必然包含排球运动的基本活动以及身体素质练习活动。学生在课堂上,通过排球游戏把身体素质的全面发展很好地融入到排球技能学习上,两者相辅相成,在游戏中学习,在游戏中活动,这对于改善身体状况、增强体质、提高环境适应力大有益处。

(二) 享受排球趣味

排球游戏具有娱乐性的特点,让参与者享受排球趣味。游戏只有娱乐性才能称之为游戏,才能吸引人们去参与其中享受它本身带来的乐趣。排球运动本身就是作为一种游戏发明出来的,参与者在自己设定的规则中,自觉遵守参与,寻求的就是一种身心娱乐。所以,排球游戏必然有充足的娱乐性、趣味性才能让参与者在精神上获得满足。虽然它不会创造物质财富,但依然会吸引人们去主动参与。娱乐性是排球游戏的本质之一,失去了娱乐性就不叫排球游戏了,而只能称之为排球的球性练习或身体练习。

(三) 培养争胜勇气

排球游戏可以培养学生的争胜勇气。前面提到,竞争是游戏的基本要素。游戏本身并不会产生乐趣,只有在竞争环境下,参与者通过个人或团队的努力克服苦难或者打败对手以获得胜利,从而品尝到游戏的快乐与满足。所以,排球游戏在设立时,就要将竞争列为必要条件。它可以以参与者们之间的直接对抗的形式体现出来,也可以通过为达到某个目标或结果以比拼智力、速度、时间等挑选优劣,比出胜负。所以,在竞争的排球游戏中参与者更能够获得争胜的机会,在竞争中比拼智力、体力,培养出争胜勇气来。

（四）促进排球技能掌握

排球游戏能够促进学生排球技能的掌握。首先排球游戏的创编一部分是依据了排球的基本技、战术特点设立的，学生在进行游戏时必然会将游戏中的动作、方法、规则等进行学习和熟知，通过技能迁移作用自然在游戏中就熟悉甚至掌握了排球技能。这也要求游戏创编者在创编排球游戏时注重技、战术类的动作迁移游戏的科学性和合理性，并且够能在排球每个技能教学过程中，运用相应不同的游戏。在各个技能学习教学活动中，学会利用排球游戏促进学生对排球技能的学习和掌握。

（五）促进学生社会化

排球游戏可以促进学生行为规范社会化。正所谓"无规矩不成方圆"，排球游戏是在一定的规则与条件下有序进行的，并且具有公平性。排球是集体性运动必然要有团队性的排球游戏，在这样的环境下促使学生学会沟通交流，在游戏中，参与者必须遵守游戏规则，控制和约束自己的行为，内化社会行为规范。

（六）享受排球团队合作

排球游戏可以促进游戏者团结合作。排球游戏在未成年全面发展的教育中有重要意义，它和体育游戏的教育意义是相一致的。在游戏的激烈竞争对抗下，它可以培养参与者积极进取、勇于拼搏、团结合作的精神。游戏的群体性也会促使游戏者相互交流，困难中相互鼓励，在这个游戏的小团体下一同承担失败的沮丧和痛苦，分享成功的快乐和喜悦，享受排球本身的团队合作特性。

四、排球游戏的分类

排球游戏的活动形式、方法和作用等各不相同，当我们选用和创编排球游戏用于教学辅助等情况下，如果各个游戏纷杂无章，不进行有序分类的话很难理清其中的头绪。所以，对排球游戏的分类，既能够全面和系统地掌握游戏的性质、内容、适用范围，也便于游戏的整理、应用和创编。

目前，对体育游戏的分类常见的方法是根据身体素质进行分类，根据运动项目分类，根据组织形式分类，按基本技能分类等。依据学校体育教学的目的，实施新课标的要求，笔者认为对排球游戏在教学中根据课的结构与功能并且结合游戏运动形式主体进行归类是较为合理的。依据排球游戏的概念界定以及运动形式，可以将排球游戏划分为三级体系。一级分类体系，根据课的结构功能和游戏作用将排球游戏划分为三个部分：活动类，即课的准备部分；练习类，即课的基本部分；放松类，即课的结束部分。二级分类体系，是按照排球游戏的运动形式和技术将排球游戏分类，分为素质类、技术类、战术类。三级分类体系，是根据身体素质内容、排球运动基本技术及战术项目特点进行的细化分类。

五、排球游戏的创编

(一) 创编原则

随着时代的发展，课程改革不断深化，排球游戏创编也应该立足于学生，服务于教学，在借鉴和吸收部分传统、民间游戏的积极因素的同时，根据学生特点和实际大胆地对游戏进行取舍和整编，并补充新内容，注入新理念，拓展新形势，体现时代精神，创造性地处理游戏的内容，开发出新的游戏教材和练习内容，并注重游戏的时代性、健身性、针对性、创造性等。

1. 本体性原则

排球运动有别于其他运动项目，在技术、技能、技巧、体能等方面有着自己的规律和特点。因而，游戏形式的排球活动要保持本体的特色，突出本项目各内容、方法的要求，坚持本专项的内涵。当然，在创编排球游戏时，可以选择一些其他项目(特别是身体素质方面)的素材，但必须与排球运动有共性特征，而且必须适用于排球项目本身。排球游戏可使学生在愉悦的环境中加深对排球基本技、战术动作的理解，在提高快速移动、准确传接球等基本技能的同时，使学生速度、灵敏性、协调性等身体素质得到同步提高，大大提高学习基本技术的质量和效果。

泛化阶段是学习技能的初级阶段，主要的教学任务是通过完整、正确的示范和简练的讲解，使学生对所学技能有一个明晰的印象，建立正确的动作概念，初步学会动作。一方面，多做一些运球接力游戏，使学生熟悉球性；另一方面，多做一些抛接游戏，配合简单的步法移动。

分化阶段是在不断练习过程中，一些不协调和多余动作逐渐消除，大脑皮层中枢兴奋和抑制逐渐集中，教学任务是提高技能动作质量，努力使动作规范化。比如，做一些传球、垫球接力游戏。

巩固阶段是通过进一步反复训练，运动条件反射系统已经巩固，达到动力定型阶段。在这一阶段，可以在改变环境和条件的情况下巩固动作，如"隔网垫球""触地连续垫球""隔网对角传球""垫球接力"等。

结合排球场地上的线和区设计游戏，充分利用排球场地，使学生在跑动过程中熟悉场地大小，提高比赛中判断界内外球的准确性。排球的合理利用，可使学生通过排球游戏，了解排球的特性，如大小、轻重、弹性、飞行速度等。

2. 娱乐性原则

游戏原本就是人类在一定规则约束下进行的一种娱乐活动。排球教学训练方法的游戏化目的，从某一角度上讲，就是针对学生特点，吸引他们的兴趣、调动他们的情绪，从而发挥他们内在的能动作用，启发引导他们的创造性。在此娱乐性不仅是游戏的目的，而且是手段，是寓教于乐的一种载体，因而必须坚持。

排球游戏的娱乐性更多地表现在专业本身的竞争性上，这种竞争能激发学生的活力，发掘他们的潜在能力，往往事半功倍、效果较好。除此之外，创编设计一些与常规习惯不同的动作，设定一些有趣的环境、情节，采用一些特定的规则，也可以引起学生兴趣，激发他们跃跃欲试的心理，集中他们的精力，满足他们的操作感。在准备活动当中，通过体育游戏逐步提高学生身体机能活动能力，并要注意控制运动负荷和学生心理的变化，避免一开始就做一些运动量过大、对抗性激烈的游戏；在基本技术教学中运用时，则尽可能选择、创编一些以基本技术为素材的体育游戏，特别是在动作技能基本形成后的巩固与运用阶段，可大量采用。在集体活动中，游戏一定要有突出的趣味性，尽可能轻松、活泼、新颖、幽默，使学生尽快消除身心疲惫感。

3.针对性原则

创编游戏要从实际出发，既要考虑学生生理、心理特点和对游戏的可接受程度，又要注意所创编的内容符合场地、器材、天气等客观条件，更要强调它与教学训练内容和任务的一致性，使之针对性强并和基本教材相关程度密切。在进行创编时，还要想到给学生些发挥主动性、创造性的余地和空间。

不同学习阶段，体育教学的目的任务都有各自的特点，应选择和创编相应的体育游戏为特定的目标任务服务，这样能收到事半功倍的效果。从教学内容出发，结合学生实际，合理创编游戏内容。不同教学阶段，游戏的内容不同。如排球游戏在一定规则的条件下进行，而这些规则是根据排球运动的一些规则制定的，有利于学生在游戏的同时了解排球运动规则。

身体素质是身体运动的基础，排球专项身体素质对于排球技、战术教学和比赛水平的提高起到至关重要的作用。但排球教学中，专项身体素质的练习往往枯燥乏味，影响练习的效果。如果以排球游戏代替枯燥单一的专项素质练习，学生就有新鲜感和克服困难的信心。因此，针对学生的特点，创编竞争性和娱乐性较强、含有专项素质要求的体育游戏能获得较好的锻炼效果。

4.教育性原则

排球游戏是排球内容和游戏形式相结合而建立起来的一种寓教于乐的教育手段。除基本方法、技能的传授以外，思想素质教育占有很重要的地位。依据排球特征，应使学生在游戏活动中树立团队观念，养成文明习惯，弘扬拼搏精神，发展创造性与主动性，培养机智、坚毅、果敢的品质。

5.多样化原则

体育游戏手段、方法、形式、规则的设计和创编应围绕目标呈现多种选择性和可能性。不论是在体育游戏内容的设置上，还是游戏方式的选择上，都要多种多样，使目标的实现途径具有较大的选择空间。体育游戏的变通性、实施条件的差异性、体育教学对象的多层次性等均要求体育游戏活动具有多样性。

单一的排球游戏，反复多遍会令人生厌，同样不利于调动学生学习排球技、战术的积极性，并且，单一的游戏也不易达到全面发展学生身体素质和排球技术技能的教学目的。因此，排球游戏创编时不能拘泥于单一的模式，教师要在拥有大量游戏素材的基础上，针对排球教学内容和学生特点，根据课堂教学的变化和排球比赛实战的需要，敢于打破常规，勇于编创排球游戏。

6. 诱导性原则

进行辅导性游戏的创编时，必须与排球教材紧密联系，才能保证教学任务的完成。排球教学过程中，经常有一些比较难的动作，学生在练习中感到吃力或产生畏惧心理，从而影响动作的掌握。在学习这些技术前，先安排一些和所学内容接近的游戏来辅助和诱导教学，通过这些与教材接近或难度较低的诱导性游戏，可在一定程度上降低学生对于较难动作的恐惧心理，提高学生的学习积极性。

7. 成文配图原则

排球游戏多以集体竞赛为主，参与人数多，游戏跑动路线多样，因此，创编时成文和配图尤为关键。游戏的书写顺序通常是名称、目的、场地、方法、规则和要求。游戏图示要便于理解。主要包括场地尺寸、起止界限、分队位置、引导人位置。一般采用符号和线条两种。

(二) 创编步骤

1. 明确游戏目的、任务

排球游戏属专项性游戏，进行创编时，应在保持本专项特征的基础上，保持创编游戏与基本教材的关系，明确创编的目的和所要完成的任务。

2. 选择游戏素材

要依据排球游戏的具体任务，选择相应的基本素材。可选择多种相应的游戏素材，将它们巧妙地交织在一种游戏活动中。

3. 确定游戏方法

排球游戏方法与游戏的娱乐性、教育性，以及与身体活动和专项练习的效果密切相关，应根据排球游戏的目标和任务确定。游戏方法通常包括游戏的准备、进行形式、人数队形及其变化，活动范围、路线、更替方法和动作要求等。

4. 制定游戏规则

制定排球游戏规则，要遵循排球规则的基本精神，有利于排球技能、技巧的规范运用。要注意以下几点：

第一，明确合理与犯规、成功与失败的界限。

第二，明确对犯规者的处理办法。

第三，有利于游戏的安全。

第四，要有一定的灵活创造空间。

5. 确定游戏名称

游戏名称不仅可以使游戏内容一目了然，有时对特定对象还可营造一种假想的游戏或活动的环境和氛围，以起到调动和引导积极情绪和主观能动性的作用。因此，游戏的名称要具有形象性、激励性，要简单易懂并能反映出该游戏的主要特征。

6. 提出游戏的教法建议

第一，提出游戏适用范围、程度和对客观条件的要求。

第二，可能会出现哪些问题，怎样预防解决。

第三，明确游戏变化方法。

第四，其他注意事项。

六、排球游戏的组织与要求

排球教学训练中的游戏组织工作是否得当，关系到游戏的运用效果、学生积极性的发挥、游戏过程的安全、裁判工作的公正和学生间的团结，因而非常重要。

(一) 准备与实施

1. 准备

排球游戏的教学训练准备包括以下几点：

（1）游戏的选择。选择排球游戏应注意学生人数、年龄阶段、兴趣爱好、心理特征、身体条件、训练程度以及环境条件、季节气候等因素。应根据课的总任务和该游戏在课中的目的选定。

（2）设定游戏方案。如何选用排球游戏进行教学和训练，应预先有一个设定的方案。不能无计划地选用，随意实施，这样既不安全，又很容易脱离课程主题，影响教学效果。

（3）准备器材、布置场地时为了安全和课目标的实现，布置场地要有各种界限和标志，应根据活动内容、参加人数来决定适宜场地和器材的数量。

2. 实施

排球游戏的实施是指教学训练过程中，排球游戏的组织和运作过程。

（1）根据游戏特点、任务和实际情况对学生、场地、器材进行合理安排。其间要做好分组工作，确定主持人、游戏引导人或裁判员等工作。

（2）指导运作不同于教法运用，主要是一种管理调控过程。当然，除了讲解、示范等教法运作因素外，更重要的是起着发现问题、正确引导、妥善处理、保证运行的作用。要及时按规则处理违规现象，及时制止游戏中的争执现象，立即消除安全隐患，引导游戏深入进行。

（二）基本要求

排球游戏是学校排球教学与训练中的一个特殊学、练环节，为了有效地运用排球游戏寓教于乐的教学训练功能，组织指导游戏活动时应注意以下几点：

1. 自觉遵守游戏规则

规则在游戏中除了起限制作用外，更重要的是鼓励学生勇敢、机智地去克服困难，依靠集体的智慧，充分利用规则允许的条件，去争取成功、感受快乐。如果试图从突破限制、破坏规则约束的方面，投机游戏的成功，那就失去了游戏本身的积极意义

2. 适时调控游戏负荷和兴奋程度

学生对于有趣的游戏，往往会不顾一切尽情活动，一直到精疲力竭为止。而游戏的活动效果，并不是运动负荷越大越好。游戏的娱乐效果，也不是尽兴为佳。碰到此类情况，教师应根据学生的年龄、体质等各方面情况，及时进行适可而止的调整。这对学生身心健康十分有好处。

3. 时刻把安全放在首位

游戏中的各种身体对抗或竞争活动，容易出现不安全情况，教师除了应事先对场地、器材等各种安全隐患进行排除外，课上还要加强安全教育，

采取必要措施防止伤害事故的发生。

4.注重兴趣与学、练的统一

排球运动技术、战术动作往往易学，但难精，必须通过无数次单调的反复磨炼才能提高。青少年注意力不易持久集中，枯燥反复的练习往往事倍功半。把排球技术动作和战术配合作为素材，以游戏方式进行活动，应该会收到意想不到的效果。但学生在游戏活动中，往往由于兴奋性过高或求胜心切，会出现不注意学、练动作的问题。因而，在排球游戏活动中，不仅要特别注意兴趣和学、练动作的问题，而且要特别注意兴趣和学、练技能的统一关系。

第二节　移动游戏

一、抛接球比赛

游戏目的：培养学生的球感和空间感。

游戏方法：将学生分成人数相等且成偶数的若干组，每组成两列横队，面对面站立，保持适当间隔，各组排头手持软式排球。教师发令后，排头按规定的顺序传球，先完成的队为胜。

游戏规则：必须按规定的方法传球，传球失误时，必须把球拾起来回到失误的地方继续进行，传球时脚越过线视为犯规。

二、地滚球接力赛

游戏目的：为提高学生低姿势移动能力和手控制球的能力。

游戏方法：学生分成的两个组，站在端线外列队，听到信号后，排头学生将一个软式排球推拨，沿地面滚动球前进，到限制线或中线或更长距离的对方场地的端线，后转往回拨地滚球，到起点的端线交给下一个人，全队依次进行，速度快的队胜出。还可以一人推拨两个地滚球，以增加游戏难度。

游戏规则：①滚球者两手不能离开球体，不能抛滚或用身体其他部位借助力量。②人和球都必须绕过障碍物，违者重做。③交接时，球不能离两人太远，不能抛接。接球人接球时两脚必须在端线后。

教学建议：根据对象不同，球数可增可减。

三、坚守一方

游戏目的：发展灵活性和反应能力。

游戏方法：4 名学生分别站在边长 3 米的正方形的四条边外进行防守，其余学生在外围可以拿一个软式排球以地滚球方式进攻，尽量将球滚入正方形，防守者则尽量阻止球从自己防守的一边线滚入，球滚入正方形后攻防交换。也可用两个或两个以上软式排球进攻，以增加防守的难度。

游戏规则：进攻者可以相互传球，捕捉战机，进攻时必须用地滚球。

四、游戏搬家

游戏目的：培养学生之间的团结协作精神，提高其反应及灵敏性。

场地器材：排球若干，排球场一个。

游戏方法：全体学生先围成圆圈，每 3 个队员分一个球。当听到"野兽出没"时，3 个队员迅速并列站在一起，并且排头队员持球站立在所画的小圆圈里；当听到"猎人出动"时，两个无球队员手挽手架起一座桥，另一队员双手持球蹲在圈内；当听到"兔子搬家"时，蹲在圈内的队员必须跑向另一个圈。依此类推，按口令做动作。

游戏规则：①蹲下的队员必须持球在圈内，搬家时必须持球。②漏球或抢不到圆圈者做练习。

教学建议：①根据学生人数来调整圈的大小。②如人数太多，可分若干组来同时做此游戏。

五、投地雷

游戏目的：发展学生上肢力量及团队协作能力的培养。

场地器材：排球 14 个、篮球 2 个，篮筐 2 个。

游戏方法：将学生分成相等的两组，站在投掷线后，成纵队站立，各队间隔 3 米，在距投掷线前 15 米处在各队的前方各画一个半径 1 米的圆圈，圈内放 1 个篮球，另外各队分发 7 个排球，游戏开始，各队站在投掷线后，依次用排球击圈内的篮球，篮球被击出圈外得 1 分，（球被击出圈后，要立即捡回放入圈内）得分多的队获胜。

游戏规则：①击球必须出圈，压线者不算。②游戏者不得超越投掷线，否则击球无效，若排球投出之后球仍未出圈可进入圈内拿排球。

教学建议：①为了增加游戏难度，可将圆圈直径缩小。②还可以把圆圈画在离投掷线更远的地方，以此来增加游戏趣味性。

六、击"瓜"出圈

游戏目的：发展上肢肌肉力量和准确用力的能力，提高并发展智力水平。

场地器材：排球场一个，10个排球，4个足球。

游戏方法：在场地画一个4米为半径的圆圈，在圆心处放10个排球为"西瓜"，另备4个足球。游戏者手拉手后退站在圈线上，然后1、2报数分甲、乙队，甲队先由4名队员准备开始，听到信号后甲队队员先击球，将排球击出圈外者得1分，然后把排球拾回圆圈内，再将足球交给本队的队员，1分钟的练习后，甲队应将足球交给乙队进行1分钟的比赛，两队得分多者为胜。

游戏规则：①抛击排球必须举过头向下抛出，否则无效。②抛击排球时，不能双脚离开线，退出或进入圈内抛球均无效。

教学建议：①选择适合的角度，确定一个准确的目标。②每个队可以搞好配合，在未击着球的时候本队队员可捡球继续击球。

七、"鸭步"接力赛

游戏目的：培养学生及时的移动能力和保持人与球适当的位置关系。

场地器材：排球场一个，排球若干，起点线和终点线各两条。

游戏方法：将学生分成人数相等的两组，各队站在起点线后做好准备。当听到信号后，练习者模仿鸭子走到终点线。到终点线后再跳过场地上的若干排球，回到该队，与下个队员击掌。先做完的组为胜。

游戏规则：①鸭步必须到位，重心要低并且手必须抓住脚跟。②队员归队途中必须从球上跳过，且不能碰到球，碰到球需将球放好后重新做。

教学建议：①队员归队途中也可绕排球呈"S"形线路回队。②队员归队也可用垫球绕过排球，以此来增加游戏的难度。但需顾及脚下的排球，注意安全。

八、盲人埋地雷

游戏目的：提高学生在离开视觉器官后的感应能力及运动意识能力的培养。

场地器材：排球 2 个，半径为 1 米的圆圈两个。

游戏方法：学生站成三角形，3 条边上的学生各成一队，在三角形内的一角画条起点线，在线前不同位置画两个半径为 1 米的圆圈为"埋雷点"，3 个队各派一人，以单双数的方式决定先后顺序。参加者站在起点线后蒙上眼睛，用手托着两个排球判断好方向与距离后，先后走向 2 个圈将"地雷"放进圈内，放到圈内 1 个为某队积 1 分，未放入得 0 分，最后累计得分多者为胜。

游戏规则：①要将"地雷"埋入圈内，压圆圈线不算。②不允许其他人提示与引导。

教学建议：①"埋雷点"的圆圈半径可以缩小，以此增加比赛的难度。②规定比赛时间，埋雷必须在限制的时间内完成，否则结果无效。

九、叫号赛跑

游戏目的：提高学生的反应能力和移动素质的培养。

场地器材：排球场一个，排球 3 个。

游戏方法：把学生分为两组，人数相等相隔 2 米，面面相对而坐，从左到右依次报数。要求每位学生记住自己报的数字，在两列横队的左边放一个排球代表奇数，在两排横队的右边放两个排球代表偶数，用简单的计算，例如，5-2 或 6×1 等进行计算，结果为每队学生的序号。如果结果为偶数，两队学生开始跑动触摸两个球，结果为奇数则摸一个球，先摸到的学生为胜即得 1 分，后摸到的为 0 分，最后以得分多少来决定胜负。

游戏规则：①当出题的人说完题后，再说"开始"时两队队员方可站起来跑回目的地。②在跑的过程中，不能相互影响，不准抓对方的衣服。

教学建议：①可以调整游戏规则，当结果为奇数时摸两个球，偶数时摸一个球。②规定比赛时间，在限制时间内得分多者为胜。

第三节 传球游戏

一、自传球打板碰筐

游戏目的：可以提高学生掌握上手传球的能力。

游戏场地器材：篮球场，排球若干。

游戏方法：将学生分成人数相等的若干组，列队于篮球场罚球区。第一人持球做自传球 1～3 次，然后把球再传向篮筐，球碰篮板得 1 分，碰篮筐得 2 分，入篮得 3 分，没碰任何地方则由下一人继续做，全队依次进行。积分多的队名次列前。

游戏规则：必须用双手做上手传球。

教法建议：某学生得分后可连续做，直至不得分时再换人。

二、二人循环传球赛

游戏目的：提高学生传球控制能力和相互配合的节奏感。

场地器材：排球场地一块，排球若干。

游戏方法：两人一组，每人一球。当听到口令后，甲用传球方法向地面距乙 2/3 处传反弹球给乙，乙从空中同时把球传给甲，双方接住对方来球后继续做，当连续 5 次后甲乙交换出球方向，再做 5 次传球。在固定时间内配合完成循环传球次数多者名次列前。

游戏规则：①必须按规定路线传球。②传球的难度不宜过大。

教学建议：①在双方接住球时做几次传球。②讲明传球的反弹点的距离。

三、传球比赛

游戏目的：提高传球能力。

游戏准备：在场地上画一条直线为传球线，在线前 3.5 米处间隔 3 米并排画两个直径 1.5 米的圆圈。排球两个，放在圆圈中心。

游戏方法：将游戏者分成人数相等的两队，分别面对本队圆圈站在传球线后。游戏开始，组织者发令后，排头快速跑到队前圆圈内起球，用上手传球的方法将球传给本队第二名同学，第二名同学用同样方法传回给排头后跑至尾，其他队员照以上方法依次进行。全队和排头传球一次后，排头把球放回原处，回到本队，拍本队第二名同学的手后，站到排尾，第二名同学则快速跑到圆内拾球同排头一样和本队队员每人传球一次……其他队员也同法依次进行，直到排尾传球完毕后跑回传球线为止。以先完成的队为胜。

游戏规则：①传球必须按规定的方法和顺序进行。②传球不得出圈过线。③传失的球必须自己捡回，重新开始。

教法建议：人数过多可多分组，也可将传球改为垫球等。

四、背传接力赛

游戏目的：提高学生背传球的控制球能力和传球的准确性。

场地器材：排球场地一块，排球若干。

游戏方法：将学生分成人数相等的若干组，排纵队，前后间距2米。听到口令后，排头做向后上方做背传球，第二人同样做背传球，依次传到队尾。速度快的队为优胜。

游戏规则：①要依次做背传球，如有失误应从该地点重做。②不能隔人传球。

教学建议：①在熟悉背传球后进行比赛。②中间传球人也可采用先自传，然后背传的方式进行。

五、蛇形自传接力赛

游戏目的：提高学生传球及控球能力。

场地器材：排球场地一块，排球若干。

游戏方法：将学生分成人数相等的若干组，并成纵队站好，前后间隔2米。听到口令后，排尾曲线绕人自传球前进，至排头时将球传给队尾第二人，依照同样方法做完蛇形自传球前进，全队依次进行。速度快的队为优胜。

游戏规则：①必须依次绕过每一个学生，不允许隔人过，否则犯规。②如球落地可捡起在该地点重做，继续前进到排头。

教学建议：①可在自传球过程中加1~2次传高球。②自转180°接住落下的球再继续前进。③传球高低可据学生传球技术而定。

六、传球绕标赛

游戏目的：提高学生传球、控球能力和眼环视能力。

场地器材：较大面积的平整场地，标杆和排球若干。

游戏方法：将学生分成人数相等的若干队，成纵队分别在出发线后站好。听到口令后，排头迅速自传球前进，并绕过途中的标杆，当绕过最后一个标杆后迅速跑回本队，将球交给下一人，下一人做同样动作，直至全队依次做完为止。速度快的队为优胜。

游戏规则：①未绕标杆者为犯规，应重做；全队犯规3次取消比赛成绩。②如球落地，应在该处捡球后继续做。

教学建议：①障碍用标杆，不用实心球，避免摔伤人；一般设3～5个障碍为宜。②练习中如果信心不足，也可原地连续自传等待时机再向前练习。

七、双人俯卧传球赛

游戏目的：提高学生传球的节奏感和控球能力。

场地器材：排球场地一块，排球若干。

游戏方法：两人一组，每人一球。听口令后，甲从下传反弹球给乙，乙从空中传给甲，待接到球后，甲乙同时做一次俯卧撑，然后继续做甲从下、乙从上的传球，循环5次后甲乙互换传出球的路线，再做5次。以速度快，传球配合好为优胜。

游戏规则：①传球、做俯卧撑两人应同步进行，配合要好。②做动作要到位，不能只求快而忽视动作质量。

教学建议：①在比赛前可以熟悉一下球性。②如果学生为初学者，也可采用摸地或原地旋转的方式做传球间的动作练习。

八、越网传球

游戏目的：提高学生传球的准确性和控制能力。

场地器材：排球场地一块，排球若干，球网一张。

游戏方法：每人持一球对网站好，球网可以卷起。当听到口令后，学生在网的一侧向另一侧传球，随即迅速钻过球网接传1～3次，之后再将球从另一侧传回，依此类推。在规定的时间内，传球移动成功次数多者为胜。

游戏规则：①如球落地可以捡回再接传。②学生不能离球网太近，应保持一定距离。

教学建议：①水平高者可连续左右移动传球。②如有球网，要求入网者不能触及球网。

九、矩形传球

游戏目的：加强学生传球技术，提高学生传球控制能力。

场地器材：排球场地一块，排球若干。

游戏方法：5人一组成四角站立，其中有一角站2人。传球从站2人处开始，将球传向对角线的方向，同时传球人也随球跑向球传向的位置，对角线处的人将来球传向右手侧边上的人，且跑至右手边的人在该处则做对角线方向传球，依此类推。在固定的时间里，传球次数多的队名次列前。

游戏规则：①球落地捡回继续计数，尽量让传球连贯。②动作性质低，出现传球技术动作错误，应不计算在累计数内。

教学建议：①在传出球时可做2～3次自传球。②在传球前可做转体或原地旋转的动作练习，以此增加练习难度。

十、隔网定点传球

游戏目的：培养学生的上肢力量和传球的准确性，提高学生的团队意识。

场地器材：排球场地一块，排球2个。

游戏方法：将学生分成两组，在排球网两侧画4个圆，传球队员只能在圆中利用传球将球传到对面固定圆中，对面圆中学生用同样的方法将球传到对面指定圆中，依次进行下去，以连续传球为计数方式，三局胜两局者取得最后胜利。

游戏规则：①只准传球，不能采用其他技术完成动作。②球不准落地，落地一次，落地后捡起球接着传下去重新计数，在同一局中，落地两次为输一局。③传球者不准在圈外传球，在圈外传球算犯规一次，此次不计入同级次数之列。

教学建议：①本游戏不适合初学者，只适合有一定排球基础的学生。②在做本游戏前应先进行热身运动和基本的传球练习。

第四节　垫球游戏

一、垫接反弹球

游戏目的：巩固垫球手型，熟悉球性。

游戏方法：每两人一组，一人持球，一人往地下抛球，待球反弹后，另一人则钻到球下用垫球手法接球于垫击部位处。在规定时间里，两人接反弹球成功次数高者名次列前。

游戏规则：抛反弹球时必须高过人，同时接球人必须用正确的垫球部位将球接住，视为成功，否则不计次数。

二、迎面自垫球接力赛

游戏目的：提高学生垫球技术和控制球能力。

游戏方法：将学生分成人数相等的若干队，并相距一定的距离迎面站好。听信号后，排头做自垫球移动前进，移动至对面第一人后将球交给对方，全队依次进行。速度快的队为胜出。

游戏规则：必须连续垫击球移动前进，如球落地，应在落地点捡回球后重做，不允许持球跑。

三、活动圈垫球赛

游戏目的：提高学生垫球能力，加强其判断力。

场地器材：平整的场地上画数个5～6米半径的圆，排球若干。

游戏方法：把学生分成人数相等的若干队，每队站成半径5～6米的圆圈。听口令后，开始进行相互垫击球。在规定次数内垫球成功次数多者为优胜，或以垫击最高次数为优胜。

游戏规则：①一人连续垫多次，只按一次计数。②采用非垫球方式，不计正常次数。

教学建议：①在垫球过程也可从本组任选一人站于圆心进行接球，以减小其难度。②此练习熟练后，可采用隔人插花的方式加大难度练习。

四、穿梭接力

游戏目的：熟悉垫球部位；发展灵敏性和协调性。

场地器材：排球场地一块，排球若干。

游戏方法：将学生分成人数相等的两组，并在排球场端线站好。听到口令后，排头在垫击球的部位将球托起，并且持球跑动前进，穿过球网到对区端线处，球交给下一个人，该人接过球依旧持球跑动前进，全队依次进行。速度快的队为优胜。

游戏规则：①球落地后应立即捡回，并在掉球处重新开始做。②不允许双臂夹球的方式前进。

教学建议：①在持球过程中可采用自垫球移动前进。②在前进过程中把握学生的水平，可灵活选择击球的方式。

五、来来往往

游戏目的：巩固垫球手型，熟悉球性。

场地器材：排球场地一块，排球若干。

游戏方法：每两人一组，一人持球，一人往地下抛球，待球反弹起后，另一人则移到球下用垫球动作将球持在垫击部位处。在规定时间内，两人接反弹球成功次数多者名次列前。

游戏规则：①抛反弹球必须高过人。②接球人必须用正确的垫球部位将球持住方为成功，否则不计次数。

教学建议：①抛球时力量要适中。②垫击反弹球时可自垫2~3次。

六、看谁垫得准

游戏目的：提高学生垫击球的准确性和手臂控球能力。

场地器材：排球场地一块，大筐若干，排球若干。

游戏方法：将学生分成人数相等的若干队，每队距筐8米，列队站好。

听到口令后，排头做自垫球移动前进，至距筐约 3 米处时将球垫向筐内，然后徒手跑回击下一人的手掌，第二人做同样的动作，全队依次进行。速度快、入球多的队名次列前。

游戏规则：①必须用垫击方式垫球入筐。②中途球落地应在落地点捡起再继续做。③大筐可根据实际需要，改为藤条圈或用呼啦圈代替。

教学建议：也可以在自垫球移到距筐 5 米处将球垫向筐内或在垫向筐之前自垫 2～3 次。

第五节　发球游戏

一、分区发球

游戏目的：提高学生发球的能力。

游戏场地器材：在一平整的场地上画一标志线，作为发球线，距该线 10～12 米处画 A 区，12～14 米处画 B 区，14～16 米处画 C 区，16～18 米处画 D 区；排球若干。

游戏方法：每人依次发球，要求第一球落在 A 区，第二球落在 B 区，第三球落在 C 区，第四球落在 D 区。

游戏规则：发球方法不限，以球的落点为准。

教法建议：在学习发球时，可以不用球网，在地面上画上方格线。

二、发球比准度

游戏目的：提高学生发球的准确性和能力。

游戏场地器材：画一发球线，距该线 10～12 米处放一靶台；排球若干。

游戏方法：将学生分成人数相等的若干队，听信号后，排头向靶台发球，击中得 1 分，全队依次做同样发球，得分多的队名次列前。

游戏规则：发球方式不限制。

教法建议：发球线与靶台距离可视学生能力进行调整。

三、发球得分

游戏目的：发展力量和协调性。

游戏准备：在排球场地上画好发球得分的标记和端线发球区的标记，排球若干个。

游戏方法：教师可将学生分成人数相等的两队，成横队面对球场分别站在两端线外，若由甲队先发球，则乙队先捡球。游戏开始，甲队排头站在发球区内开始发球，以球落在场地上不同得分标记计分，发球后站到队尾，由本队第二名队员发球，到甲队全队发完，则换乙队发球，各队依此顺序轮流发球一次，以得分多的队为胜。

游戏规则：①必须在发球区内发球，不得进线、踩线。②发球出界和发球触网算失误，不得分，并由本队下一个人继续发球。

教法建议：①排球网的高度可根据学生情况进行调整。②可限制发球的方法，以达到某种发球技术练习和提高游戏难度的游戏目的。③教师根据学生能力制定球的落点范围大小和分数多少。

四、跑动发球赛

游戏目的：提高发球能力。

场地器材：画有一定标志的排球场地一块，排球若干。

游戏方法：在排球场上画有不同落点的标志，人数相等的两个组，分别成纵队在排球场两边端线对应的场角外，听到信号后，从每队第一个人开始，运球快速沿边线跑至对区端线外发球过网落入相应区域，然后沿另外一条边线快速跑回本队，击第二人手掌，如此重复，直至全队完成。规定时间内完成并以发球落点累计分判定名次。

游戏规则：①必须在规定时间内完成发球，否则每超时5秒扣1分。②不允许在场内绕近道奔跑。③后续者必须在和前一人击掌后出发。

教学建议：完成的规定单位时间，可视具体情况确定。

五、传、发球接力赛

游戏目的：提高学生传球技术，巩固发球技能。

场地器材：排球场地一块，排球若干。

游戏方法：先把学生平均分成两组，排成纵队站在起点规定处，用上手传球的方式自传到终点，中间过球网时队员必须让球从网上通过，人从网下钻过继续传球到终点，然后由端线后发球，球落到对面场区算得1分，如发球失误此队得0.5分，发球落地后下一个队员才能开始，最后按得分多少判输赢。

游戏规则：①传球过程中如有掉球，从掉球处重新开始，但掉球两次扣0.5分。②传球过程中不能持球，出现犯规动作则令出局。③传球从网下过扣0.5分。④发球手法不限。

教学建议：①可把传球过程改为垫球，或改成传垫结合的比赛。②发球时可在场区内画对应的分值区，增加练习的趣味性。

六、"指标"发球赛

游戏目的：提高学生发球技术熟练程度和稳定性。

场地器材：排球场地一块，排球若干。

游戏方法：将学生分成三人一组的两个队，同时分别在两边端线外依次发球。要求全队连续完成10个球不失误，若某队在发球过程中，发失一球则该队发球重新开始记数，直至按要求完成。完成时间短的队为胜。

游戏规则：①必须上手发球。②要每人参与轮流发球。③其他判定按发球规则进行。

教学建议：①完成规定指标数，可根据大家的水平和每组人数情况增减。②参加人数较多可多分几个组进行。

第六节　扣球游戏

一、扣球入筐

游戏目的：提高学生扣球的准确性。

场地器材：在排球场地心上和5号区放上两个大球筐。

游戏方法：将学生分成人数相等的若干队，每人持一球，分别在4号位自抛自扣，所扣的球入筐得 1 分，在固定时间里累积得分多者为胜队。

游戏规则：必须扣球入筐才得分。

二、扣球积分

游戏目的：提高学生扣球的准确性，培养学生控制扣球落点的能力。

场地器材：将排球场分割成相等的六块并标上分数，每人一球。

游戏方法：将学生分成人数相等的若干队，在 4 号位准备扣球。由教师或二传手做抛球，全队依次把球扣过球网，以球落点的区域计算得分，在规定时间内累积得分多的队名次列前。

游戏规则：扣球与吊球得分均有效。

三、踩点扣球抢分

游戏目的：改进扣球助跑起跳和挥臂的动作。

场地器材：在助跑起跳处地面上标出扣球上步脚印，并在排球场对区后场画三个距离相等、直径为 2 米的圆；垒球若干。

游戏方法：将学生分成人数相等的若干队，每队每人从进攻线处按地面划定的脚印助跑起跳，以扣球挥臂动作，甩扣小垒球到对区圆圈内。全队依次进行，累计得分多者为胜。

游戏规则：①球落入圈内得 1 分。②没按脚印方法助跑起跳者扣 1 分。③按扣球动作、助跑起跳挥臂甩扣球。

教学建议：①持球手心空出，腕稍放松，以利甩扣。②各队位置在扣完一组后，可互换。

四、扣投靶心

游戏目的：改进扣球助跑起跳和挥臂的动作，提高学生对扣球的兴趣。

场地器材：画一直径 2 米的圆，乒乓球、垒球若干。

游戏方法：将学生分成人数相等的若干队，听到口令后，排头从限制 4 号位助跑起跳扣投球，把球落到对区画的圆圈内则得 1 分，全队依次进行，以得分多者为胜。

游戏规则：①按扣球动作投球。②不允许触网。

教学建议：①适用于初学者，如扣球手包不住球者也可采用此游戏方法练习。②可投乒乓球、垒球，也可投羽毛球或小皮球。

五、扣活动"靶"比赛

游戏目的：发展学生扣球观察能力和准确性。

场地器材：排球场地一块，排球若干。

游戏方法：人数相等的两队分别在两半场4号位扣3号位传球。对方场内一学生充当活动"靶"，当二传出手后，立即改变自己原来位置，但必须在对方扣球人起跳后瞬间停止移动。规定时间扣中"靶"多的队为胜。

游戏规则：①活动"靶"必须是不属于任何一方的"中间人"。②活动"靶"必须按预先划定的位置迅速走位。

教学建议：①当活动"靶"的学生必须注意自我保护。②不要有意避让或主动接防球。

六、扣吊结合

游戏目的：提高学生扣球和吊球技术水平。

场地器材：排球场地一块，排球若干。

游戏方法：将学生分成若干3人组。在4号位有教练或二传手做传球，学生依次做一次4号位扣球，一次吊球，上网扣球动作要连贯，扣吊球均落在界内则得2分，否则不得分。3人均照同样的动作完成，最后得到分多的一组为优胜队。

游戏规则：①扣吊顺序要对，否则不得分。②扣吊动作要规范，否则需扣分。

教学建议：在进行扣球前可进行自抛自扣球动作练习，以便熟悉球性。

第七节 拦网游戏

一、徒手拦网"角力"

游戏目的：让学生熟悉拦网各动作环节，提高拦网的空中身体控制力。

场地器材：排球场地一块。

游戏方法：将学生分成人数相等的两队，隔网两两相对而立。听口令起跳在空中后，收腹、提肩、顶肘、压腕发力，网上拦网互击掌，看谁空中身体控制力好，不后仰失重心者即得分。在规定次数内，两队得分多者名次列前。

游戏规则：①身体控制力好的得2分，旗鼓相当的各得1分，失重心者不得分。②触网为失误扣1分。

教学建议：①网上击掌不要压小臂触网。②注意拦网各动作环节的规范。

二、二龙戏珠

游戏目的：让学生熟悉拦网动作，提高拦网能力。

场地器材：排球场地一块。

游戏方法：将学生分成若干个4人组。4号、3号、2号位各一个小组，分站立于限制线后隔网两两相对。听开始口令后，同组网两边的第一人移至网前做原地拦网动作，两人同时起跳后在空中用拦网手互相击掌，待下落后撤回限制线击拍第二人的手，第二人做同样的拦网动作。在规定时间内完成拦网数多的队名次列前。

游戏规则：①拦网要按技术要领进行。②不允许触网。③下撤时步伐要正确。

教学建议：①在移动过程中再增加一个拦网动作。②初学者为了提高练习兴趣可在网上方吊一排球，加强拦网的对抗性练习。

三、横向拦击

游戏目的：提高学生在移动中运用并步、交叉步拦网的能力。

场地器材：排球场地一块，排球网一张。

游戏方法：将学生分成人数相等的两队，分别列队在排球场端线上。听到口令后，排头迅速从端线跑至4号位网前，并做一次拦网动作，然后顺网向3号、2号位移动起跳拦网，返回本队击拍下一人的手掌，第二人再做同样的动作，全队依次进行。速度快的队为胜队。

游戏规则：①拦网时手要高于网，同时手要靠近球网。②拦网时不许触网。

教学建议：①可在3号拦网时增加一个扣球，让学生在3号拦一个扣球，拦死进行下一个拦网动作，以增加难度。②拦网对抗时注意落地的稳定性，避免出现受伤事故。

四、学随其后

游戏目的：提高学生拦网时判断、反应、起动、移动和掌握起跳时间的能力。

场地器材：排球场地一块，球网一张。

游戏方法：将学生分成人数相等的两队，分别列队站于限制线后。每队出人，如甲队一人先做主动拦网动作，乙队一人则跟随模仿做同地点拦网动作，共做5次。主动做拦网的人做出拦网动作后3秒钟，被动拦网人必须做出模仿动作，如果超过3秒钟，则算失败，5次3胜。待第二人则交换主动与被动，依此类推，胜次多的队为获胜。

游戏规则：①拦网时手腕要高出网口。②主动拦网者可以做假动作。

教学建议：①可在甲队、乙队进行一个简单的模拟赛后再进行，以增加游戏的趣味性。②也可采用双人拦网的方式进行练习。

五、网上对抗

游戏目的：提高学生拦网配合的能力。

场地器材：排球场地一块，球网一张，排球若干。

游戏方法：将学生分成若干个两人组，每组一人在3号位，另一人站在2号位准备拦对方4号位的扣球。由教师抛球或二传传球，拦网人看出球方向进行移动拦网，3号位向2号位移动组成双人拦网，拦网成功则得1分，每拦一次换下一组做。在规定时间内，积分多的名次列前。

游戏规则：①拦网不允许触网。②未拦住球、触网失误均不得分。

教学建议：①在进行此游戏前，可先进行一个双人拦网的配合动作，以便于游戏的正常进行。②双人拦网时，学生应注意相互配合。

六、拦、扣对抗

游戏目的：提高学生拦网判断、反应、起动、移动和掌握起跳时间的能力。

场地器材：排球场地一块，排球若干。

游戏方法：将学生分成若干两人组，一人在 2 号位拦网，一人在 4 号位扣抛球，两人做 5 次拦扣后交换。以封堵过网点为准，判断是否成功，在规定时间内成功次数高者名次列前。

游戏规则：拦网时不许触网。

教学建议：①可以结合扣二传球。②抛、传球准确、固定。

七、高点拦击

游戏目的：提高学生拦网技术和拦网技术的应用能力。

场地器材：排球场地一块，排球若干，高台若干。

游戏方法：将学生分成人数相等的两队，各自在本场 2 号位边线处列纵队排好。排头在 2 号位拦高台扣球，待拦死后换下一人拦网，全队依次进行。速度快的队为胜队。

游戏规则：①按拦网规则执行。②拦死时再换下一位。

教学建议：①可在 1 号位、6 号位、5 号位各加一位学生防守，要求把扣进来的球防起即可。②此练习也适用于双人拦网。

第八节　综合类对抗游戏

一、钻越发球

游戏目的：发展学生灵敏协调能力，提高发球准确性。

场地器材：排球场地一块，排球若干。

游戏方法：两人一组隔网站立，一人抛高球，待球落地反弹，人从球下钻过一次，待球第二次反弹钻第二次，待球第三次反弹钻第三次，之后将球捡起，到端线发球给对区同伴，另一人接住球做同样动作。在规定时间内每人完成10次发球，速度快者为胜。

游戏规则：①钻反弹球3次，如钻不过则重做。②如发球失误，应重发，全部计入时间。

教学建议：①可在反弹第三次时把球垫起或传起后再抱球到端线发球。②同一反弹球可连续钻两次，以节省练习时间。

二、发接协作

游戏目的：巩固、提高学生发球技术，提高保护意识和移动、卡位的能力。

场地器材：排球场地一块，排球若干。

游戏方法：将学生分成人数相等的两队，均在端线列队。听到口令后，排头发直线球，并迅速进场到场心接教师由对区3号位抛过来的球，然后将球交给下一人继续做同样动作，全队依次进行。速度快的队为优胜。

游戏规则：发球失误和接球失误均重做。

教学建议：应根据学生水平抛球，不可难度过大。

三、发防对应

游戏目的：提高学生发球能力，增强防守意识。

场地器材：排球场地一块，排球若干。

游戏方法：将学生分成人数相等的两组，并在底线列队。听到口令后，排头发球人在6号位防守，接教师在4号位扣过来的球，球队依次做同样动作，按每人防起一球累积全队防起数，完成速度快的队为优胜。

游戏规则：①发球失误者重发。②防守失误不重做，但不计入起球数。

教学建议：在比赛前可进行5～10分钟的热身赛，以便熟悉球性。

四、接发球对抗赛

游戏目的：提高学生接发球能力。

场地器材：排球场地一块，排球若干。

游戏方法：将学生分成人数相等的两队。甲队发球，乙队接发球每轮一交换。看一传到位率，到位率高者为优胜队，起球可按到位、一般、破攻、触手失误、直接落地给予评分。

游戏规则：①发球人必须按规则进行发球。②如发球失误则不计数应重发。

教学建议：①接发球队可做4人、6人接发球站位。②接发球队如水平高可做2人接发球站位。

五、调防有序

游戏目的：提高学生在传球后迅速做防守的意识和能力。

场地器材：排球场地一块，排球若干。

游戏方法：将学生分成人数相等的两组，在端线列队。听到口令后，排头从1号位插上接教师对区4号位的一般扣球后立即前移，再将教师抛过来的球向4号位调传，然后返回本队由下一人做同样的一防一传动作，球按队依次进行，速度快的队为优胜。

游戏规则：①防守扣球要起球。②传球要先传一般球。③如果失误，则该动作要重做。

教学建议：①在整个过程可采用跨步或跑步方式移动。②扣球的力量和防守难度要根据防守者的水平而定。

六、四龙戏珠

游戏目的：巩固发、传、垫、扣、拦的排球技术和能力，增加对排球的学习兴趣。

场地器材：排球场地一块，软式排球若干。

游戏方法：球队由4~5人组成，比赛时2人上场，无固定位置。

游戏规则：①持球判罚尺度放宽。允许在击球时用"捞""捧""携带"球的动作，只要不是把球持住后再抛出都可以。②发球采用传发球方式，即在限制线后任何地点，用自抛球传过球网的方式以代替底线的发球。球发出后比赛即为开始。③采用每球得分制。④可以任意换人。⑤每局25分，双方13分时交换场地。⑥一局定胜负。

教学建议：①二对二比赛规则为初学者而定。②参赛人数可以增加，以利增加玩球的兴趣。③球网可以降低。④技术含量不宜过高，以提高练习兴趣为主。

结束语

排球运动具有较强的趣味性、竞技性，受到了学生的喜爱。排球也是校园体育课程的一项基本内容，对校园体育文化的建设具有重要的推动作用。随着排球运动的不断发展，我国的排球运动事业也取得了较大的进步，排球运动健儿在国际比赛中屡得佳绩，创造辉煌。排球精神更是新时代我们倡导的主导精神，它对培养人们顽强、拼搏、向上、进取的精神有着重要的作用，在高校构建排球文化具有重要的价值意义，对陶冶学生的情操，培养学生的可贵品质有着重要的作用。因此，高校应该重视排球文化的建设，并积极采取多种途径构建排球文化，丰富校园文化，推动校园文化的不断完善和发展。

首先，排球文化具有重要的教育价值。高校校园排球文化还具有重要的教育价值。运动员在排球比赛中，面对对方来球需要及时作出反应，并针对比赛现场的局面，采取相应的排球战术，这对提升学生分析问题、解决问题的能力水平有着重要的作用。排球运动是一项集体运动，需要团队协作才能将战术实施发挥出来，取得理想的比赛成绩。这就要求学生意识到团队协作的重要性，并主动地将个人融入集体中，以集体的利益为主，互相帮助、互相合作，取得理想成绩。排球文化所传递出来的不畏艰难、敢于拼搏的精神鼓舞着学生不断地努力提升自己，对学生培养顽强奋斗的可贵品质有着重要的意义。所以，高校校园排球文化有着重要的教育价值，高校应该意识到排球文化的教育价值意义，并积极开展排球运动，构建排球文化，推进校园文化的建设。

其次，排球文化具有人才培养的价值。高校校园排球文化还具有重要的人才培养价值。高校构建排球文化，使学生感受到排球文化的魅力，并主动地参与到排球文化中来，积极地进行排球运动的锻炼，为培养高素质的体育人才、排球人才奠定了坚实的基础，扩充了我国排球运动的后备力量，对促进我国排球运动事业的发展也有着重要的推动作用，也有助于我国体育事业的蓬勃发展，促进我国体育精神的广泛传播，对激发人们的爱国情怀也有着重要的作用。因此，排球文化具有的人才培养价值也是值得我们去重视和推动的。

最后，排球文化具有较强的娱乐价值。高校校园排球文化的价值还体现在其娱乐价值功能上。当今社会竞争日益激烈，学生学习、就业压力也逐渐增大。学生在课余时间进行排球运动，可以缓解其紧张的情绪，释放压力，调节自身的情绪，丰富自己的业余文化生活，使自己更有激情地投入到接下来的生活、工作中。排球文化所具有的休闲、娱乐元素能够使学生获得快乐的体验，精神上也得到愉悦感，从而达到休闲娱乐的目的。再者，学生通过观看各类排球运动，感受排球运动所带来的趣味性、娱乐性等，使学生放松心情、释放压力，达到文化娱乐的目的。所以说，排球文化具有较强的娱乐价值，对促进校园文化的建设有着重要的推动作用。

综上所述，我们应当重视排球文化的价值功能，并积极推进排球运动的开展，构建校园排球文化，从而能够更好地发挥出排球文化的价值功能，促进校园文化的建设，推动我国体育运动事业的不断发展。

参考文献

[1] 柳志生.高校排球教学训练现状与优化完善[J].当代体育科技，2020，10(03)：54+56.

[2] 陈家斌.浅析高校排球教学现状及教学模式的改进[J].参花(下)，2020(12)：47-48.

[3] 杨俊逸.分析排球扣球技、战术在实战运用中的技巧[J].文体用品与科技，2020(09)：227-229.

[4] 吐尔逊古力·吾买尔.浅谈现代排球技术发展特点及发展前景[J].体育风尚，2020(06)：132-133.

[5] 韩宝昌.高职排球训练中战术意识的养成问题探讨[J].体育风尚，2020(08)：70+72.

[6] 石琼.高校排球教学中战术意识的培养探究[J].文体用品与科技，2020(04)：201-202.

[7] 卡的尔·买买提居马.提升高校排球教学训练质量的方法探讨[J].科教导刊(中旬刊)，2020(10)：110-111.

[8] 黄昌光.高校排球教学改革中对分层教学方法的实践应用探析[J].作家天地，2020(14)：142+144.

[9] 杨荣俊.高校排球课教学中异质分组教学法的应用研究[J].体育科技文献通报，2020，28(04)：83-84.

[10] 康涛，段智惠.谈快乐体育教学法在高校排球教学中的应用[J].才智，2020(10)：115.

[11] 于雅光.论如何在排球课程设计中提高学生的学习兴趣[J].参花(下)，2020(03)：81.

[12] 于雅光.排球课程教学改革探索与设想[J].参花(下)，2020(02)：83.

[13] 李鸿辉.体育趣味游戏在高职排球教学中的应用[J].当代体育科技，2020，10(04)：126+128.

[14] 李晟．发现式学习法在高校排球课程教学中的应用 [J].当代体育科技，2019，9(21)：73+75.

[15] 斯蒂芬 •P• 罗宾斯.管理学 [M].北京：中国人民大学出版社，1997.

[16] 刘娟.茶思维中"工匠精神"对排球战术教学意识培养的重要性 [J].福建茶叶，2017，39(11)：316.

[17] 于雅光．高校排球课教学中学生排球意识培养研究 [J].知识经济，2014(2)：148.

[18] 何旭明．学习兴趣的唤起 [M].北京：教育科学出版社，2010.

[19] 邵伟德．体育教学模式论 [M].北京：北京体育大学出版社，2005.

[20] 宋元平，马建桥．排球运动技能学习分析 [M].北京：北京体育大学出版社，2011.

[21] 江海涛．分层互助教学在排球教学中的实施 [J].体育时空，2015(05)：128.

[22] 杨中兵．贵州省高校体育教育专业排球普修课教学现状调查与分析 [D].成都体育学院，2012

[23] 钟丽．排球规则演变对技战术影响的研究 [J].体育世界 (学术版)，2016(08)：5-6.

[24] 王文娟．试论现代排球技术发展特点及趋势 [J].当代体育科技，2016，6(14)：136-137.

[25] 章晓利.排球正面双手垫球教学中易犯的错误及纠正方法 [J].湖北体育科技，2004(8)：66-68.

[26] 郭磊.排球垫球技术中常见错误及纠正 [J].文体用品及科技，2012(2)：65-67.

[27] 王国亮．翻转课堂引入高校公共体育教学的实证研究 [J].西安体育学院学报，2019(1)：110-116.

[28] 毕博.兰州市高校排球教学引入俱乐部模式探讨 [D].兰州：西北师范大学，2017.

[29] 刘天宇，刘宇舰．高等体育院校排球普修课教学模式创新研究 [J].灌篮，2019(10)：155.

[30] 王殿洪著．排球技术教学与裁判法研究 [M].沈阳：辽宁大学出版

社，2009.

[31] 林森，葛涛，赵岩.再议排球运动之起源 [J].辽宁体育科技，2019，41(04)：126-128.

[32] 廖彦罡.气排球的发展历史及启示 [J].运动，2018(18)：155-156.

[33] 谢鹏飞.排球运动发展解析 [J].当代体育科技，2016，6(25)：181-182.

[34] 耿帅.论排球运动的发展与未来改革 [J].文体用品与科技，2015(22)：10-11.

[35] 黄恩洪，徐连军，唐晓怡主编.高校排球运动理论与实践 [M].北京：中国商务出版社，2007.

[36] 耿燕露，单昭麟.分析高校排球教学现状与教学模式的优化 [J].智库时代，2019(28)：153-154.

[37] 唐春芳，袁文学著.排球教学训练理论与方法 [M].武汉：中国地质大学出版社，2005.

[38] 任杭洲.高校排球教学现状及教学模式的改进研究 [J].体育风尚，2019(09)：278.

[39] 杨建平编著.高校排球运动教学模式探索与实践 [M].哈尔滨：哈尔滨地图出版社，2007.

[40] 施达生等编著.排球教学训练指导 [M].北京：人民体育出版社，1995.

[41] 付彦.高职排球教学中的战术意识培养 [J].今日财富 (中国知识产权)，2018(02)：191.

[42] 张苗苗，杨伟鑫.浅析高职院校排球课程设置的现状与对策 [J].休闲，2019(07)：66.

[43] 李嘉麟.地方性高校排球课程教学现状及改革设想 [J].赤峰学院学报 (自然科学版)，2016，32(17)：158-159.

[44] 裴水廷.高校排球课程设置现状与策略探析 [J].延边教育学院学报，2016，30(02)：38-40.

[45] 戚进冲.高校排球教学面临的困境分析及发展建议 [J].体育世界 (学术版)，2019(04)：134+137.

[46] 袁鹏 . 高职院校排球课混合式教学的探索与实践 [J]. 中国校外教育, 2019(15)：19+21.

[47] 刘名泊 . 高校排球教学存在的问题及改革建议 [J]. 文体用品与科技, 2018(08)：118-119.

[48] 唐晨铭 . 普通高校排球课程建设现状与对策 [J]. 中国农村教育, 2018(04)：34-35.